Weekend dello Spirito

W0314205

Flavia Fiocchi

Weekend dello Spirito

52 proposte tra arte, fede e bellezza

Prefazione di:
Vittorio Robiati Bendaud

SAN PAOLO

Un grazie a Matteo Barbiero,
per due occhi e due mani in più.

Via Giotto, 36 - 20145 Milano

Piazza Soncino, 5 - 20092 Cinisello Balsamo (Milano)
www.edizionisanpaolo.it
Distribuzione: Diffusione San Paolo s.r.l.
Piazza Soncino, 5 - 20092 Cinisello Balsamo (Milano)

Progetto grafico: Ink Graphics Communication, Milano

ISBN 978-88-922-2233-5

PREFAZIONE

di Vittorio Robiati Bendaud

Viaggiare oggi significa molte cose, probabilmente troppe. Vi sono itinerari brevi, di un paio di giorni; traversate marittime; tratte aeree più o meno lunghe, dirette o con vari scali, e con annessi sballottamenti per i cambi di fuso orario; percorsi a piedi o in bicicletta; tragitti in motocicletta con relativi diari; viaggi organizzati, culturali, avventurosi o di puro ozio e divertimento; solleticanti itinerari enogastronomici; pellegrinaggi e tanto altro ancora.

La nostra epoca ha ridotto, pur inevitabilmente e finanche con qualche merito, il viaggiare al suo infido sinonimo di "fare turismo". Il viaggio può ancora essere "interiore", sottotraccia o manifestamente, sì che, oltre alle miglia macinate e ai luoghi attraversati, vi si accompagni anche una presa di coscienza di sé, più o meno intensa? Oppure, ancora, vi è spazio per la possibilità – ricercata o inattesa – di un rinnovato senso di stupore e interesse per il mondo, prossimo o remoto che sia o appaia? La risposta che troverete in queste pagine è affermativa.

Comunque la si pensi, viaggiare – persino in senso metaforico – richiede che si percorra e frapponga una certa distanza rispetto al nostro usuale orbitare. La distanza e il movimento generano il viaggio, anche quello interiore.

Nelle pagine di questo libro, sono state individuate moltitudini di mete italiane, per viaggi brevi ma significativi, in cui si possono liberamente innestare divagazioni e ulteriori approdi. Ciascun percorso coincide con uno scampolo territoriale di quel meraviglioso, incredibile e ben più esteso arazzo che è il nostro Paese; e a ogni scampolo corrisponde un'unità temporale – quei due o tre giorni, per finesettimana lunghi o brevi. La scelta dell'autrice è di coniugare spiritualità e cultura o, meglio, sensibilità laica e sensibilità religiosa, ove non di rado il confine è arduo da tracciare. Infine, essendo qui proposti percorsi in luoghi "spirituali", è d'uopo che coincidano con altrettante opportunità di viaggi nella bellezza.

Viaggiare in Italia è qualcosa che si apprende, in un Paese che non cessa mai di sorprendere. Questa, almeno, è la mia esperienza. L'Italia potrebbe essere forse descritta come il Paese delle tre macroregioni (quella litoranea-insulare, quella alpina e quella appenninica), ove, in alcuni territori misteriosi e splendidi, l'una sfuma nell'altra, tra continuum e discontinuità. La Storia locale e nazionale dell'ultimo secolo

Monte Lussari in provicia di Udine.

– assieme a un folle e non governato processo di urbanizzazione di massa, all'inconsistenza e all'ignominia della politica e a disastri naturali quali terremoti e alluvioni – ha esposto alcune aree a gravi pericoli, non ancora fugati, specie nei dimenticati Appennini. Alcune tra le suggestive, e talora commoventi, mete qui suggerite appartengono proprio a questi territori in estrema sofferenza e arretramento, tra impoverimento, spopolamento, invecchiamento della popolazione, drammi personali e collettivi post-sismici. Il mio consiglio è di partire, rispettosamente e in punta di piedi, esattamente da questi luoghi, che vi accoglieranno nel loro schietto splendore – artistico e paesaggistico – e nella loro non addomesticata semplicità: dalle vallate alpine dimenticate o poco blasonate dalla ipertrofia sciistica al cuore verde dell'Italia, gli Appennini; dagli aspri rilievi liguri-piemontesi a quelli umbro-emiliani cari a da Piero della Francesca, passando per i miei amati Monti Sibillini, tra Umbria e Marche, sino al solenne incanto del Gran Sasso e della Majella.

Abbazia di San Fruttuoso.

INTRODUZIONE

Scrivere dell'Italia e dei suoi infiniti luoghi è insieme onore e moto di meraviglia. Conoscere e aver visto tutto è un obiettivo, anche se il mistero dei borghi, delle vallate, dei resti archeologici e delle mille chiese è patrimonio da tutelare. Sono le storie che ancora ci incantano, viaggi possibili anche solo con la mente. L'Italia con le sue migliaia di bellezze naturali, storico-artistiche, umane, può essere ancora un Paese da scoprire? Da esplorare tra i suoi campanili, le sue piazze e i tesori dell'arte, ma soprattutto da vivere anche attraverso noi stessi, la nostra ricerca interiore? Questa è la "sfida" che lancia questa piccola ma utile guida che ci porta, programmandoli in 52 fine settimana lungo tutto un anno, o nell'arco di tempo che si desidera, a conoscere l'Italia nelle sue più profonde, indelebili e determinanti testimonianze spirituali: monasteri, eremi, ma anche basiliche che costudiscono capolavori dal sapore profetico, testimonianze di apparizioni e simboli del divino che è intorno a noi, in noi. La proposta va da nord a sud, ma la suggestione vuole sempre tener conto delle inclinazioni e delle scelte personali, provando a coinvolgere città e montagna, colline dove perdersi fra filari di vite, fiumi di cui seguire il tracciato, il mare che bagna le nostre coste e le belle isole. Al riparo delle mete più turistiche, delle autostrade che i tour operator hanno creato nelle città più famose, tanti sono ancora i luoghi che accolgono a braccia aperte il visitatore, pronti a raccontare la propria storia, che poi è la storia di tutti noi.

Questo viaggio che, nella volontà del curatore, dura un anno, speso, come in un moderno Grand Tour, in avventure sul territorio italiano, inizia idealmente a Venezia e sull'Isola degli Armeni, per spostarsi poi a Udine e a Cividale del Friuli dove la storia longobarda si rivela invitandoci a riscoprire le origini di una dinastia che ha influenzato fortemente il nord della nostra penisola in termini di diritto, lingua, cultura, usi e costumi. Carlo Magno, che a questo regno mise fine, con la discesa dei Franchi nel 774 d.C., amò a sua volta questo nord-ovest, lasciando tracce del suo passaggio nell'Alto Adige orientale.

Dalla montagna ci si sposta al mare della laguna, seguendo ancora i Carolingi e i siti oggi patrimonio UNESCO. I colli euganei, tornati di diritto tra le mete più richieste del nord Italia, con i loro panorami mozzafiato e gli eccezionali prodotti enogastronomici che caratterizzano queste zone, ci portano verso le grandi città venete: Padova, Verona e Vicenza. I luoghi da scoprire, anche nei centri più noti, sono tantissimi. Come quelli che coinvolgono Milano e la bergamasca: l'abbazia del Cerreto e la Certosa di Pavia, i luoghi del Papa, Sotto il Monte Giovanni XXIII e il santuario di Santa Maria del Fonte a Caravaggio.

I laghi brillano al sole e custodiscono l'esperienza del Sacro Monte di Varallo, mentre allungandosi verso il Piemonte, l'antica abbazia benedettina di Novalesa, in Val di Susa, ci regala un momento di pace e riflessione nel suo chiostro per prepararci alla bellezza dei cicli pittorici risalenti al XI secolo che conserva.

Il sentiero che conduce all'abbazia di San Fruttuoso, arroccato nelle Cinque Terre, è davvero una delle esperienze più incantevole e intime che il nostro territorio sa regalarci. E ancora tante sono le abbazie, da Nonantola a Pomposa, da Camaldoli a Vallombrosa che, non solo per l'accoglienza monumentale che riservano a che ne varca la soglia, ci riportano a un viaggio in noi stessi, nel silenzio e nella bellezza di un luogo, nella storia che l'ha attraversato e, in alcuni casi, nelle testimonianze culturali che vi sono state prodotte.

Il centro Italia è il cuore del viaggio: Toscana, Umbria, Marche e Abruzzo, regioni ospitali, di una bellezza incredibile che sembra guidarci fino al compimento di Assisi, ai luoghi francescani, a una vita che si è fatta esempio universale.

Roma, che è la capitale, non solo per fascino e storia, anche per carattere e testimonianza, per come riesce a raccontare ancora oggi il nostro essere italiani, con le sue più di 900 chiese, è spirito diffuso, interessante da riscoprire in un dialogo tra moderno e antico, tra presente e passato. Piano piano verso sud, passando per Montecassino e la Reggia di Caserta, l'arrivo a Napoli è una botta nello stomaco: la città è espressione degli opposti e dei contrapposti, della luce e dell'ombra che leggiamo nello spirito implacato e implacabile delle opere del Caravaggio conservatevi.

Il passato è ancora fondamento del nostro futuro: lo leggiamo nelle rovine di Paestum e di Pompei, nelle iscrizioni sulle case, sui muri, nelle decorazioni parietali, in quei colori, forme, azioni e gesti così moderni. La Puglia, regione da anni suggerita come meta italiana del cuore da molte testate internazionali, è un crocevia di popoli e testimonianze, così come la Calabria che saluta lo stivale con le chiese e i seminari di Reggio Calabria. Sicilia e Sardegna, due isole molto diverse, imparagonabili se non per la bellezza cristallina del mare, per la difficoltà e, contestualmente, la particolarità di essere isola, la prima regno e signora, ispirazione divina e carnalità, la seconda brulla, verace, intatta, ma perfettamente in contatto con tutto ciò che di più trascendentale abita questo mondo. Se i 52 weekend sono compiuti, il nostro essere sarà certamente più ricco, gioioso e sempre aperto a nuove esperienze.

Weekend dello Spirito

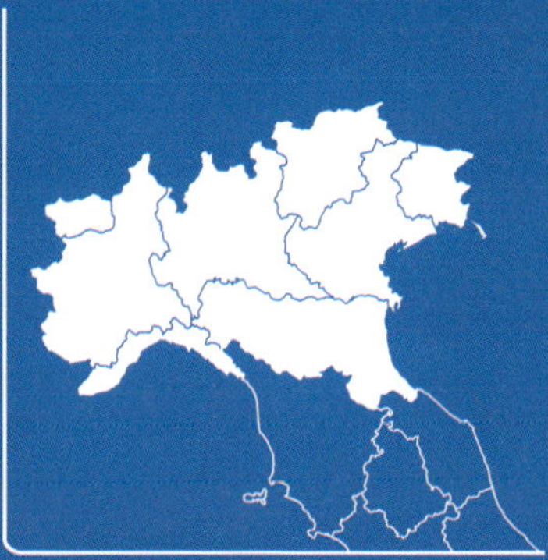

IL NORD

VENEZIA
UDINE
SÜD TIROL
TRIESTE
LA LAGUNA DI GRADO
I COLLI EUGANEI
PADOVA
L'ALTO GARDA
IL VERONESE
VICENZA
IL MILANESE
BERGAMO
NOVARA
TORINO
GENOVA
LE CINQUE TERRE E SAN FRUTTUOSO
LA VIA ROMEA STRADA LONGOBARDA
BOLOGNA
LA FOCE DEL PO E RAVENNA

VENEZIA

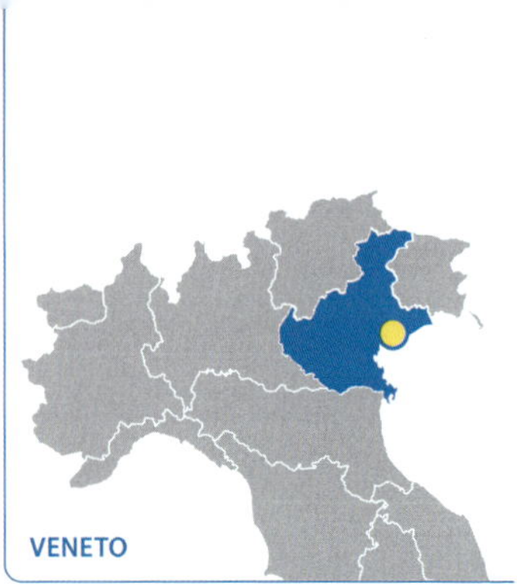

Venezia, con le sue mete, sa riservare sorprese incredibili, luoghi dell'anima che conducono in un passato, lontano o recente non importa: aprono la mente e il cuore al bello e alla comprensione dell'altro, di culture lontane, di ricerca interiore. Un percorso unico quello che si snoda tra la basilica dei Tolentini e le Fondamenta delle Zattere per raggiungere l'isola di San Giorgio e la Fondazione Cini, che ospita dal 2019 le *Vatican Chapels*, il progetto realizzato in occasione della prima partecipazione della Santa Sede alla Biennale di Architettura (2018). Una visita alla piccola chiesa di Santa Croce degli Armeni e una giornata sull'Isola di San Lazzaro sono l'occasione per vivere una Venezia più autentica, crocevia di popoli e culture e depositaria di una storia millenaria.

VENERDÌ SERA

Venezia, città turistica per eccellenza, offre una scelta quasi infinita in tema di ospitalità: alberghi, ostelli, appartamenti, B&B. Le location non sono eccessivamente scomode e, anzi, consentono di scoprire le bellezze della laguna, soggiornando nelle immediate vicinanze della città: non solo Mestre ma anche Cavallino Treporti, Dolo, Tessera, Caorle, per non parlare delle isole, da Murano a Burano fino al Lido.

Campo dei Tolentini.

SABATO

L'arrivo a Venezia non deve spaventare, se in periodi di alto turismo la città può essere invasa da gruppi vocianti e cortei di valigie. Individuare per tempo la propria meta è la migliore soluzione per godersi una città incantevole in qualsiasi stagione (anche con l'acqua alta!).

La chiesa con le colonne corinzie

Non lontano dalla Stazione e da Piazzale Roma, in Campo dei Tolentini, merita una visita speciale la basilica di San Nicola da Tolentino: esterno imponente col pronao e le colonne corinzie, che anticipava il nuovo gusto neoclassico, aggiunto a inizio Settecento dall'architetto Andrea Tirali; interno che pare una galleria di pittura seicentesca veneziana, nella quale spiccano Jacopo Palma il Giovane, Luca Giordano e Bernardo Strozzi.

CHIESA DI SAN NICOLA DA TOLENTINO

Campo dei Tolentini

339 5255766

Lunedì-venerdì: dalle 8.30 alle 12.00 e dalle 16.30 alle 8.30.
Domenica: dalle 16.30 alle 18.30.

Durata visita: 1 h circa.

L'isola e il "bosco" spirituale

Solcare il Canal Grande con il vaporetto è certamente l'esperienza turistica che caratterizza questa città, ma chi non volesse accontentarsi di un panorama da cartolina può scegliere un percorso alternativo che lo porterà alle Fondamenta delle Zattere, limite meridionale della città, da percorrere a piedi oppure servendosi della linea 2 del vaporetto, giungendo all'isola di San Giorgio, casa della celebre basilica edificata dal Palladio, come anche il refettorio

Isola di San Giorgio Maggiore.

del monastero, a metà Cinquecento. Il monastero benedettino oggi ospita la Fondazione Cini, nata nel 1951 per volere di Vittorio Cini, allo scopo di ricordare il figlio Giorgio morto tragicamente il 31 agosto 1949 in un incidente di volo a Cannes: già scrigno di tesori artistici, letterari, musicali e archivistici, dal 2019 ha accolto nel bosco che la circonda le *Vatican Chapels*. Dieci architetti – provenienti da Italia, Spagna, Portogallo, Gran Bretagna, USA, Australia, Brasile, Giappone, Cile, Serbia e Paraguay – sono stati chiamati dal cardinale Gianfranco Ravasi a realizzare ciascuno una cappella, a partire dal modello della "Cappella nel bosco" di Gunnar Asplund, costruita nel 1920 nel cimitero di Stoccolma. Dieci cappelle disseminate nel verde che, mentre rappresentano un percorso nella storia e nel design, ispirano una riflessione interiore con lo sguardo rivolto al trascendente.

FONDAZIONE GIORGIO CINI

- Isola di San Giorgio Maggiore
- 366 4202181
- **Orario Invernale:** dal 6 novembre al 20 marzo: tutti i giorni tranne il mercoledì, dalle 10.00 alle 15.00 (ultima partenza ore 15.00).
  Orario Estivo: dal 21 marzo al 5 novembre: tutti i giorni, dalle 10.00 alle 18.00 a cadenza oraria (ultima partenza ore 18.00).
- **Durata visita:** 2 h circa.

DOMENICA

Una giornata alla scoperta degli armeni

Una domenica veneziana può essere interamente dedicata alla scoperta di un popolo dalla cultura millenaria: gli Armeni. I primi contatti fra gli Armeni di religione cattolica e i Veneziani risalgono agli albori della città lagunare e si intensificarono sempre più con il moltiplicarsi dei commerci verso l'Oriente. In un primo tempo questo popolo fu ospitato in un edificio messo a disposizione dal figlio del doge Pietro Ziani, per poi, nel XV secolo, costruire una propria chiesa, Santa Croce degli Armeni, a oggi l'unica chiesa medioevale d'Italia dove si celebrano funzioni religiose in rito armeno. La chiesa è visitabile solo l'ultima domenica di ogni mese proprio durante la funzione della messa mattutina.

- Rio Terrà de le Colonne, 1059

Un tipico canale.

San Lazzaro degli Armeni.

Da San Marco/San Zaccaria, da cui la chiesa è poco distante, prendendo la linea 20 del vaporetto si raggiunge l'isola di San Lazzaro degli Armeni. Qui, nel 1717, sbarcò, sotto la guida dall'abate Mechitar di Sebaste, un gruppo di monaci che, di questo isolotto, dove sorgeva l'antico lebbrosario abbandonato, fecero un centro di spiritualità e punto di riferimento universale della loro cultura. Il motivo principale per cui i monaci scelsero questo posto è legato al fatto che Venezia, in quel tempo, era uno dei più importanti centri di stampa d'Europa, e compito dei padri era quello di preservare la cultura del proprio popolo, perseguitato da sempre. Vi fondarono perciò una tipografia poliglotta: ancora oggi la biblioteca del convento è una delle più importanti dell'Occidente, con la sua collezione di oltre 4500 manoscritti originali, fra cui il libro più piccolo del mondo. La visita guidata all'abbazia è possibile tutti i giorni nel pomeriggio e comprende gli spazi abbaziali, il museo e la biblioteca; è possibile anche prenotare una visita privata. Tra queste mura visse un grande poeta e intellettuale, Lord George Byron, che, tra il 1816 e il 1818, trascorse a Venezia una stagione di grande attività creativa. Sull'isola, e in particolare nella sua biblioteca, egli passò giornate di pace. Il suo studio è perfettamente conservato e, allora come oggi, trasmette la serenità di un luogo di preghiera e di riflessione adatto a chi nella meditazione cerca una prospettiva eterna.

UDINE

Il Friuli è una regione *slow*, tra bellezze naturali, eccellenze gastronomiche, città da scoprire, borghi e una fetta di mare. Il Friuli è una regione di ricordi, di una storia che qui ha visto cadere migliaia di uomini nel nome di un ideale. Salendo verso la montagna, San Daniele del Friuli ci ricorda una tradizione gastronomica che fa dell'Italia un punto di riferimento in tutto il mondo, mentre è dolce perdersi lungo il Tagliamento, scendendo verso Udine, la capitale della medievale Patria friulana: è, questa, una città che merita un'intera giornata, da dedicare ai vicoli antichi, ai palazzi di stampo veneziano e a una visita all'immagine miracolosa della Madre di Dio conservata nel santuario della Beata Vergine delle Grazie. Ci si può poi perdere nella campagna circostante, che rifornisce le osterie della città di vini pregiati e le trattorie di specialità del territorio, raggiungendo infine Cividale del Friuli, punto di partenza di un itinerario longobardo unico.

San Daniele del Friuli. Interno della chiesa di San Michele.

VENERDÌ SERA

Arrivare a San Daniele del Friuli nel pomeriggio consente, soprattutto nella bella stagione, di godersi i bellissimi panorami che l'ubicazione del paese, adagiato su una collina, rende ancora più avvolgenti. La chiamano "piccola Siena del Friuli" per i cicli di affreschi dell'ex chiesa di Sant'Antonio Abate e per la bellezza del duomo; ma la sera qui è dedicata al buon cibo, al mitico prosciutto e ai vini della regione.

SABATO

Lasciato San Daniele, dopo una ve loce visita al duomo, la strada verso Udine è breve; per questo vale la pena pensare a una piccola deviazione e percorrere, anche in auto, la strada che segue il fiume Tagliamento, collegamento fra il nord e il sud della Regione, ma soprattutto confine naturale fra il *di cà e di là de l'aghe* ovvero il di qua e il di là del fiume. Il Tagliamento ha il medesimo temperamento forte che ha segnato il territorio e i suoi abitanti, ed è l'ultimo dell'Europa centrale che ancora scorra liberamente.

Udine sacra e profana

Udine ha la conformazione classica, tipica delle città del nord-est: una bella piazza centrale, circondata da portici, il classico "salotto a cielo aperto", piazza Matteotti, piazza delle Erbe, e, in alto, il Castello – già sede del patriarca di

Udine, castello.

Aquileia e del Luogotenente veneto della Patria del Friuli – trasformato in Museo nel 1906. Udine è anche città di venerazione e spiritualità: a pochi passi dal centro storico sorge il santuario della Beata Vergine delle Grazie, che custodisce un'immagine miracolosa della Madre di Dio. L'opera apparteneva originariamente al Luogotenente del governo veneziano, il cavaliere Giovanni Emo; dopo la prodigiosa guarigione di una sua cuoca, che si era quasi staccata una mano lavorando in cucina e che l'ebbe risanata rivolgendosi devotamente a quell'icona della Vergine, il Luogotenente pensò che una simile immagine taumaturgica non poteva essere conservata in un luogo profano e decise di inviarla nella vicina chiesa dei santi Gervasio e Protasio, al di là del "Giardino Grande" (oggi piazza 1° Maggio), dove erano stati da poco insediati i frati Servi di Maria: l'8 settembre del 1479 è la data, passata alla storia, che vide la processione trasportare dal Castello alla chiesetta l'immagine della Vergine.

Con l'arrivo dell'icona, anche la chiesa iniziò a mutare, per essere poi completamente rinnovata nel XVIII secolo. La devozione nei confronti di quest'icona non è mai venuta meno.

PARROCCHIA BEATA VERGINE DELLE GRAZIE

- Udine - Piazza I Maggio, 24
- 0432 501739
- **Tutti i giorni:** dalle 7.00 alle 12.00 e dalle 15.30 alle 19.30.
- **Durata visita:** 1 h circa, comprendendo la visita alla parrocchia e al Chiostro.

Imperdibili in città gli affreschi dell'Arcivescovado realizzati da Gianbattista Tiepolo, in quello che all'epoca era Palazzo Dolfin, realizzato su commissione di Dionisio Dolfin, patriarca di Aquileia. La decorazione prende il via dallo scalone d'onore con la "Caduta degli angeli ribelli" e si sviluppa nella galleria del secondo piano con "Abramo e gli Angeli", "Rachele che nasconde gli idoli", e "L'Angelo che appare a Sara"; seguono tre medaglioni sul soffitto rappresentanti "Agar nel deserto" e il "Sogno di Giacobbe"; completano l'impianto decorativo sei statue monocrome in finte nicchie e due chiaroscuri alle testate. Infine, nella sala rossa, sul soffitto, è raffigurato "Il Giudizio di Salomone" e nei quattro medaglioni i profeti Isaia, Geremia, Ezechiele e Daniele, ultimo impegno in città del grande maestro.

La sera sarà un piacere per il palato girare nelle tante osterie tipiche.

DOMENICA

Puntando verso est, lungo la via Cividale, si raggiunge Cividale del Friuli in circa 20 minuti.

Prima di lasciare il capoluogo, merita una visita la piccola chiesa di Santa Chiara, una delle più antiche e, probabilmente, anche una delle meno conosciute dagli abitanti della città.

Cividale del Friuli, Ponte del Diavolo.

Cividale del Friuli, ipogeo celtico.

Cividale e la caccia al tesoro

La città è davvero un forziere di tesori, alcuni più conosciuti, altri meno, cui vale la pena dare la caccia. Cividale è il punto di partenza dell'itinerario longobardo in Italia, riconosciuto dall'UNESCO Patrimonio dell'Umanità. Fondata da Giulio Cesare con il nome di Forum Iulii, da cui viene il termine Friuli, nel 568 d.C., la città divenne sede del primo ducato longobardo in Italia e in seguito, per alcuni secoli, fu residenza dei Patriarchi di Aquileia. Sulle orme della storia, il primo tesoro che incontriamo è il celebre Tempietto, la cui origine e funzione è incerta: la tesi prevalente sostiene che sia stato costruito nella seconda metà dell'VIII secolo come cappella del monastero benedettino femminile di Santa Maria in Valle.

TEMPIETTO LONGOBARDO

Cividale del Friuli
Via Monastero Maggiore, 34

0432 700867 (Biglietteria);
0432 710460 (Prenotazioni visite).

Da ottobre a marzo:
lunedì-venerdì, dalle 10.00 alle 13.00
e dalle 14.00 alle 17.00;
sabato, domenica e festivi,
dalle 10.00 alle 17.00.
Da aprile a settembre:
lunedì-venerdì, dalle 10.00 alle 13.00
e dalle 15.00 alle 18,00;
sabato, domenica e festivi
dalle 10.00 alle 18.00.

▶ **Durata visita:** 1 h circa.

Seconda tappa è necessariamente il Museo diocesano, dove si possono ammirare il bellissimo Battistero di Callisto in marmo bianco e il barbarico Altare di Retchis, mentre nel Museo Archeologico, ospitato nel palazzo dei Provveditori Veneti che affaccia su piazza del Duomo, è conservata la Pace del Duca Orso, una tavoletta di avorio usata come copertina per i Vangeli, con cornice incastonata di pietre preziose. Percorrendo corso Paolino d'Aquileia in direzione del Ponte del Diavolo, simbolo della città, oggetto di un'oscura leggenda, si raggiunge la terza tappa della nostra caccia al tesoro, l'Ipogeo Celtico: sembra sia stato ricavato da una cavità naturale lungo l'argine roccioso destro del fiume Natisone, che scorre sotto. Di età preromana, forse celtica, a oggi se ne ignora la funzione. Forse si trattava di una cisterna per l'acqua. Secondo altri studiosi fungeva da camera funeraria in età celtica. Secondo altri ancora fu carcere in età romana o longobarda.

SÜD TIROL

L'arco montuoso italiano è forse una delle mete turistiche più richieste, d'estate come d'inverno, per famiglie come per gruppi. Ma la montagna non è solo sport, vita all'aperto, delicatezze gastronomiche: è anche luoghi dello spirito e della storia, valli che conservano tesori, come nel caso dell'abbazia di Novacella, il più grande complesso abbaziale del Tirolo, centro spirituale e di sapere che, fin dalla sua fondazione nel XII secolo, porta avanti un'opera di formazione e conserva una magnifica biblioteca. La strada che congiunge Merano, città romantica di mercatini e castelli, alle sorgenti dell'Adige, nel cuore di una valle intatta e affascinante, coniuga la ricerca storico culturale al desiderio naturalistico, i paesaggi alle testimonianze del passaggio dell'uomo: un percorso che segue la storia di Carlo Magno, da Malles a Müstair, per arrivare al monastero di San Giovanni e alla chiesa cimiteriale voluti dall'imperatore in seguito a un voto.

Abbazia di Novacella.

VENERDÌ SERA

L'abbazia di Novacella è aperta tutto l'anno, da lunedì a sabato, escluse le domeniche e i giorni di festività religiosa. Arrivando quindi il venerdì sera, può essere una buona soluzione soggiornare a Bressanone che dista solo 15 minuti: la città, che si sviluppa alla confluenza tra il fiume Isarco (che scende dalla zona del Brennero) e il fiume Rienza (che scende dalla zona di Dobbiaco e delle Tre Cime di Lavaredo), è la città più antica del Tirolo. Piccolo gioiello architettonico, offre un'accoglienza variegata, per tutte le tasche. Una passeggiata serale tra le fontane e i parchi varrà la visita.

SABATO

Con le sue dolci colline e i prati verdissimi a cornice, l'abbazia di Novacella sorge dal 1142, anno in cui Hartmann,

Abbazia di Novacella, cortile interno con tempietto.

abate dell'abbazia dei Canonici Regolari di Sant'Agostino di Klosterneuburg, eletto vescovo di Bressanone, ne consacrò la chiesa. All'inizio dell'anno successivo, papa Innocenzo II emise per Novacella una bolla di conferma e di protezione; nel 1157 l'imperatore Federico I Barbarossa, di cui Hartmann era confessore, prese l'abbazia sotto la sua protezione. Ma Novacella non è solamente la sua antica storia – che la vide molto impegnata anche culturalmente, nello *scriptorium* dove si producevano manoscritti e preziose miniature –, è anche un presente vivo ed entusiasmante.

Una giornata in abbazia

Consultando la mappa dell'abbazia ci si rende subito conto che in essa è racchiuso tutto un mondo; per questo possiamo dedicarvi un'intera giornata, in cui conosceremo meglio la regola di Agostino, la più antica d'Occidente, redatta dal santo di Ippona nel 397.

Ad Agostino non importa tanto la definizione delle piccole cose quotidiane, quanto piuttosto l'atteggiamento di fondo dell'amore cristiano, da cui dipende la riuscita della comunità: i monaci agostiniani, che reggono da sempre quest'abbazia, portano avanti il medesimo pensiero. Entrando nel sito, ci accoglie il cosiddetto Castel Sant'Angelo, forse l'esempio più interessante in Tirolo di una costruzione a pianta centrale, così chiamato in quanto ricorderebbe quello più celebre sito a Roma. La strada principale ci conduce direttamente verso la biblioteca, tesoro indiscusso dell'abbazia, con i suoi 42.000 volumi conservati in 42 librerie, con seggi scolpiti, in una sala progettata dall'architetto Giuseppe Sartori, realizzazione settecentesca con ori e stucchi. Altri 75.000 volumi trovano posto nelle sale adiacenti. Qui passò anche il codice contenente i *Carmina Burana*, importantissimo documento, risalente al Duecento, con il corpus dei testi poetici scritti tra l'XI e il XII secolo in latino, provenzale e tedesco, alcuni dei quali accompagnati da spartiti musicali. Oggi è conservato nella Bayerische Staatsbibliothek di Monaco di Baviera. L'abbazia ospita anche una pinacoteca con una collezione di affreschi e altari del XV e inizi del XVI secolo. Al centro della struttura si trova il Pozzo delle meraviglie, una struttura ottagonale coperta, costruita nel 1669. Nelle lunette sono raffigurate le sette meraviglie del mondo antico e, come ottava meraviglia, orgogliosamente, è stata raffigurata l'abbazia stessa.

La Cappella Vittoriana, situata nella parte ovest del complesso, è

Merano, Kurhaus con le Tre Grazie danzanti.

probabilmente uno degli edifici più antichi del monastero.

Un momento di pace possiamo trovarlo nel giardino dell'abbazia, che ci accoglie con l'antica sequoia, gli alberi secolari, la parte barocca con fontane e aiuole, e naturalmente il giardino delle erbe, con più di 75 varietà. Sempre all'interno del giardino si possono ammirare la voliera e il *piscinium*, una sorta di gazebo attorno al quale era presente un fossato, ora chiuso e trasformato in fioriera, nel quale si allevavano i pesci. Eccoci al chiostro e alla collegiata: formato da 19 portici decorati con figure di santi, scene della loro vita e motivi biblici. Oggi il chiostro è accessibile a tutti. Purtroppo, le antiche vestigia non sono più visibili; l'attuale chiesa è frutto dei lavori del periodo barocco, iniziati nel 1735 e in gran parte completati entro il 1744. Gli affreschi di Matthäus Günther (1705-1788) ritraggono Nostra Signora Maria, la vita e l'opera di sant'Agostino e scene della vita abbaziale. All'interno della chiesa si trova la cappella della Misericordia, già presente in epoca gotica, oggi riportata allo splendore da un importante restauro degli anni Cinquanta. Di fronte all'ingresso della basilica, il convitto, di forma quadrangolare, occupa una vasta fetta del complesso, mentre di fronte alla basilica (lato destro, uscendo), sorge l'antica chiesa parrocchiale dedicata a Santa Margherita. Due ultime chicche per concludere una giornata ricca di bellezza: la cosiddetta Selva Stone House, casa del poeta, compositore e politico Oswald von Wolkenstein, grande benefattore dell'ordine agostiniano, probabilmente qui sepolto; e l'azienda agricola, sul limitare della proprietà abbaziale: essa è attiva dal 1142 ed è, oggi, membro di Gran Cru d'Italia. I vini che qui si producono, la grappa, i succhi, le tisane, il tutto accompagnato da ottimi snack tirolesi sono degustabili presso la cantina dell'abbazia all'ingresso e acquistabili nel negozio del monastero.

ABBAZIA DI NOVACELLA

Varna - Via Abbazia, 1

0472 836189

L'abbazia è visitabile tutto l'anno, da lunedì a sabato, escluse le domeniche e i giorni di festività religiosa. Lunedì, dal 1° gennaio al 1° aprile il museo rimane chiuso alle persone singole senza prenotazione. È vivamente consigliata la visita guidata.

Durata visita: una giornata.

DOMENICA

Merano è una città alpina e termale; custodisce nel suo centro storico edifici liberty, tra cui spicca il Kurhaus, eretto nel 1874, affacciato sulla passeggiata Lungo Passirio, con le Tre Grazie danzanti, posizionate sulla sua sommità, quasi a sottolinearne il senso di leggerezza e raffinatezza. Un percorso consigliato è la passeggiata Tappeiner, un sentiero di 4 km che costeggia il Monte di Merano (Küchelberg) circa 100 m sopra la città e, dal centro città, porta fino al paese di Tirolo.

Ripresa la strada, dopo una sosta a Naturno, dove possiamo ammirare gli affreschi alto medievali della chiesetta di San Procolo e il grazioso paese noto per il suo famoso speck, si passa per Lasa, con le strade e le chiese rivestite del famoso marmo bianco: i produttori e lavoratori vi organizzano interessanti tour per approfondire tecniche e particolari realizzazioni.

LASA

- www.marmorfuehrung.com
- 329 2043340
- **Marble tour da aprile a ottobre,** a cura di Franz Waldner.
- **Durata visita:** mezza giornata.

La chiesa di Carlo Magno in Val Venosta

Arrivati a Malles Venosta, capoluogo della regione Alta Val Venosta, dolcemente posizionata ai piedi della Landa di Malles, scopriamo un centro storico affascinate e ricco di storia: le case medioevali, le chiese romaniche, i mercati storici, in particolare quello di San Giorgio che si tiene a primavera dedicato alle piante e ai fiori della valle, e quello di San Vito. Ammirando le verdi montagne notiamo un campanile in pietra, una chiesetta preromanica, un luogo idilliaco che nasconde un prezioso tesoro: la chiesa di Santo Stefano. L'edificio risale alla metà dell'VIII secolo, epoca della quale oggi restano pochissime testimonianze architettoniche: a navata unica, è caratterizzata da porte e finestre ad arco. In particolare, nelle finestre absidali sono conservati gli affreschi che ritraggono i committenti: un ecclesiastico che sorregge un modellino di una chiesa a navata unica, e un nobile signore feudale con una spada, considerato l'unico ritratto esistente di un nobile franco in costume tradizionale. Nella nicchia centrale troviamo Gesù Cristo affiancato da due angeli, mentre quella settentrionale riporta scene che hanno per protagonista papa Gregorio Magno. La nicchia meridionale ospita l'immagine di santo Stefano. Questi affreschi, realizzati attorno all'anno 800, sono una delle rare testimonianze della pittura su parete carolingia. Il romanico, da queste parti, è una ricchezza; è storia e arte, è il nostro passato che qui si fa testimonianza e racconto, attraverso giornate dedicate e tour nei ben 25 siti che il territorio conserva: non solo Santo Stefano, San Vito e la torre di Fröhlich a Malles Venosta, ma anche la città di Glorenza, il monastero di San Giovanni a Müstair e la chiesa di San Nicolò, sulla strada che da Burgusio giunge all'abbazia di Monte Maria, consacrata nel 1199 circa e famosa per il soffitto a cassettoni dipinti risalente al XVI secolo.

Malles Venosta, torre di Frolich.

TRIESTE

"La mia anima è Trieste". A dirlo è James Joyce, forse il più mitteleuropeo tra gli scrittori del Novecento. E come lui, anche la "sua" Trieste si affaccia su molti mondi, molti sguardi, molte lingue. Città cambiata e in cambiamento, che merita una visita attenta per non lasciarsi abbagliare dal suo grande passato né da un presente che si crea giorno dopo giorno, Trieste si scopre anche a tavola, con la sua cucina un po' marinara, un po' montagnina, con influenze tedesche e sapori mediterranei. E, se il corpo così si ritiene soddisfatto, lo spirito non è da meno nello scoprire questi confini e relativi sconfinamenti, di terra e di pensiero, certamente avvicinabili in piazza Unità d'Italia che tutto abbraccia, ma anche nel rumore del mare sul Molo Audace, nel silenzio del Vecchio Porto, nella via della Bora, così evocativa da non aver bisogno di spiegazione, a un tavolino di un caffè storico, per ricordare i grandi scrittori che in questi luoghi stesero alcune delle più belle pagine della letteratura mondiale.

Trieste vista dal fiume.

VENERDÌ SERA

La cattedrale di San Giusto è l'altro cuore di Trieste. Edificata sui resti di una basilica paleocristiana della metà del V secolo, San Giusto accoglie i visitatori fino alle 19.00 (la domenica fino alle 20.00), ed è bello scoprirla anche in una visita serale, quando il rosone gotico si riempie della luce della luna. Proprio il rosone sembra indicare la strada dell'ingresso alle cinque navate della chiesa, per nulla straniante nonostante la grandezza. La basilica infatti, è il risultato dell'unione, che si fa risalire al Trecento, di due chiese precedenti: quella di sinistra consacrata alla Vergine assunta (secolo V), e quella di destra consacrata a San Giusto, martire triestino e patrono della città, del secolo XI. Incamminarsi nella notte triestina significa scoprire le viuzze della città vecchia, piazza Barbacan, via Tigor, piazzetta Santa Lucia.

SABATO

Due simboli di Trieste (la Risiera di San Sabba e il Tempio Nazionale) per essere visitati, chiedono impegno. Non sono propriamente centrali, per cui consigliamo di dedicare un giorno a ognuno.

La Risiera di San Sabba

Prende il nome dal rione in cui si trova, lo stabilimento costruito nel 1898 per la pilatura del riso e divenuto tristemente noto durante la Seconda guerra mondiale come campo di prigionia nazista, nonché unico campo di sterminio in Italia.

Dapprima utilizzato come campo per i militari italiani, dopo l'8 settembre diventa campo di detenzione ed eliminazione di ostaggi, partigiani, detenuti politici ed ebrei. Imponente, oggi decadente, razionale come una prigione, organizzato come una fabbrica, sembra di vedervi ancora occhi impietriti di paura, corpi senza speranza nella "cella della morte", come veniva chiamato il primo stanzone all'ingresso dove venivano riuniti coloro che erano destinati a una morte rapida, probabilmente per cremazione. Il silenzio fa male in questi luoghi, mentre nell'edificio a tre piani si possono vedere ancora i laboratori

Risiera di San Sabba.

di sartoria e calzoleria dove lavoravano i prigionieri e le minuscole celle in cui venivano stipate fino a sei persone.

E ancora, in un secondo edificio, le camerate dei prigionieri destinati a essere deportati in Germania: Dachau, Auschwitz, Mauthausen. Il loro destino, nella maggior parte dei casi, era già scritto. Non è una visita facile quella a San Sabba, in particolare nel cortile centrale, dove è ancora visibile l'impronta dell'edificio destinato a forno crematorio, distrutto dai tedeschi in fuga nel 1945; ma è necessaria, per fermarsi a contemplare la storia, per capirne le depravazioni e gli abomini, per leggere la sofferenza in quelle celle e in quei lunghi e freddi corridoi dove la vita finisce per comando di qualcuno. Il 15 aprile del 1965 la Risiera di San Sabba è stata dichiarata monumento nazionale, a firma di Giuseppe Saragat, e poi restaurata su progetto dell'architetto Romano Boico. È possibile, ed è anzi molto consigliato, prenotare una visita guidata della Risiera, per la quale vi sono varie possibilità: quella tradizionale, della durata di un'ora circa; quella guidata, preceduta da un intervento monografico di contestualizzazione e approfondimento dei temi; e infine la possibilità di collegare la visita a quella di altri luoghi cittadini di storia e memoria.

RISIERA DI SAN SABBA

Trieste - Via Giovanni Palatucci, 5

045 826202

prenotazione.ingresso.risiera@comune.trieste.it; serviziodidattico@comune.trieste.it

Aperto tutti i giorni.

Durata visita: 2/3 h circa.

Tempio Nazionale di monte Grisa.

DOMENICA

Il secondo simbolo della città, che abbiamo scelto, ci guarda dall'alto. Trieste è certamente una città di mare, ma con la montagna alle spalle: il monte Grisa, l'altopiano del Carso, con la celebre Grotta Gigante.

Tempio Nazionale

Camminando da piazza Unità d'Italia verso il mare e voltandosi a rimirare la città e il suo golfo, si nota, sul promontorio, un monolite bianco. Moderno, razionale, definitivo. Si tratta del santuario nazionale a Maria Madre e Regina, la cui storia è davvero unica. Frutto di un voto fatto dall'arcivescovo di Trieste e Capodistria Antonio Santin durante la guerra, perché Trieste si salvasse, la sua costruzione venne effettivamente proposta nel 1948 come Tempio nazionale dedicato alla Madonna.

Ci vollero dieci anni prima che venisse posata la prima pietra. L'edificio è stato progettato dall'architetto Antonio Guacci su schizzo dello stesso arcivescovo Santin: la struttura triangolare evoca la lettera M come simbolo della Vergine Maria, e si colloca in pieno fra le chiese postconciliari caratterizzate da spazi e materiali nuovi. Alto circa 40 metri, con un'aula inferiore di 1600 metri quadrati e una superiore di 1500 metri quadrati, potrebbe, con tutto quel cemento armato, dare una sensazione di pesantezza e immobilità, invece grazie alla luce che gioca tra le tante vetrate triangolari, il tutto si alleggerisce, si fa elevazione nella chiesa superiore, raccoglimento e silenzio in quella inferiore. Il Tempio è stato consacrato dal Patriarca di Venezia cardinal Giovanni Urbani il 22 maggio 1966. I triestini sono soliti appellare il monumento con il simpatico diminutivo di "formaggino".

TEMPIO NAZIONALE DI MONTE GRISA

- Trieste - Loc. Contovello, 455
- 040 225290
- **Tutti i giorni** 7.30 - 21.00.
- **Durata visita:** 1 h circa.

Val Rosandra

Il Carso è a pochi passi da Trieste; è la "pietraia" al confine tra Italia e Slovenia. Luogo della Grande guerra, luogo di dolore e sconfitta. Oggetto oggi di scoperta e ri-scoperta di un patrimonio naturalistico ricchissimo, lungo l'unico corso d'acqua che solca il Carso triestino, la Rosandra. Percorrendo questo torrente, si raggiunge l'antica chiesetta di Santa Maria di Siaris, già documentata nel 1367, quando era meta di pellegrinaggio per i bestemmiatori che dovevano recarsi qui a piedi nudi. Oggi è completamente avvinta dall'ambiente circostante; raramente è aperta, ma di certo offre ai visitatori un panorama eccezionale sulla vallata.

LA LAGUNA DI GRADO

Quando tramonta il sole sulla laguna veneta gli occhi si riempiono d'incanto, lo spirito esulta e il cuore è in pace. La laguna è un pezzettino d'Italia un po' dimenticato, ma ancora emozionante. Con quella di Grado, rappresenta il comprensorio lagunare più settentrionale della penisola. Alimentata quasi esclusivamente da fiumi di sorgiva, si estende per circa 16.000 ettari, dei quali quasi 2.400 di terre emerse, e ospita la riserva regionale "Foci dello Stella", un esteso canneto con molte specie di uccelli, che popolano e animano tutta l'area. La natura si fa spettacolo e cultura: nel Museo archeologico della Laguna di Marano possiamo scoprire la storia plurimillenaria di questi luoghi, dai villaggi neolitici agli insediamenti romani, fino al Medioevo e al Rinascimento. Da Marano possiamo seguire tutta la costa, a scoprire l'antica città di Aquileia, per arrivare fino a Grado e compiere così un giro completo della laguna, arrivando al suo punto più a nord, mentre la luce si fa crepuscolare sul santuario di Barbana, al largo di Grado, sull'omonima isola.

VENERDÌ SERA

Bibione, Lignano, Aprilia: la mente corre a quelle estati anni Cinquanta quando questi luoghi esplosero nella loro vocazione turistica. Ma la laguna non finisce qui. Marano Lagunare è un perfetto punto di partenza per scoprire le bellezze naturalistiche di quest'area, ma non solo: il borgo merita una visita perché ci consente di comprendere meglio il territorio soggetto al dominio veneziano. Marano è un'antica fortezza, e il centro storico conserva l'antico impianto, di cui possiamo ancora vedere un baluardo – di Sant'Antonio o del Moro –, le torri, i bastioni e le porte.

SABATO

Discostarsi un poco dalla laguna non significa abbandonare la ricchezza che questa ha saputo difendere nei secoli. Qui infatti sorge una delle città con più storia e più fascino d'Italia: Aquileia. Fondata nel 181 a.C. come colonia romana e come postazione offensiva per le operazioni militari contro i Galli, Aquileia ha mantenuto del suo passato l'antico cardo cittadino, i resti del foro, la basilica civile, il mausoleo, le terme e le mura, divenendo così una delle principali testimonianze esistenti dell'antica grandiosità romana, tant'è che, nel 1998, è stata dichiarata patrimonio dell'Umanità dall'UNESCO.

La basilica patriarcale

Dedicata alla Vergine e ai santi Ermacora e Fortunato, la basilica ha una storia architettonica le cui radici affondano negli anni immediatamente successivi al 313 d.C. quando, grazie all'Editto di Milano che poneva termine alle persecuzioni religiose, la comunità cristiana ebbe la possibilità di edificare liberamente il primo edificio di culto. Nei secoli successivi, dopo la distruzione di questa prima chiesa, sede vescovile, la stessa venne ricostruita per ben quattro volte, sovrapponendo le nuove costruzioni ai resti delle precedenti, per arrivare all'attuale conformazione che si presenta, nel complesso, in forme romanico-gotiche. Leggermente decentrata rispetto al centro della città, la basilica ha una sua eleganza e armoniosità rispetto al paesaggio circostante, ma è soprattutto al suo interno che conserva un patrimonio unico: il pavimento è costituito da un meraviglioso mosaico policromo del secolo IV, portato alla luce dagli archeologi negli anni 1909-12, a oggi il più esteso d'epoca paleocristiana del mondo occidentale (ben 760 mq): basterebbe da solo a ripagare il pellegrino del lungo viaggio; l'elegante soffitto ligneo a carena di nave risale al secolo XV e di non minore importanza sono gli affreschi sopravvissuti conservati

Aquileia, basilica. Particolare dal mosaico del pavimento.

Isola di Barbana, vista dalla laguna.

nella Cripta, la cui realizzazione risale al IX secolo, epoca in cui il Patriarca di Aquileia Massenzio apportò molti cambiamenti strutturali al complesso.

La cripta fu voluta per custodire le spoglie di alcuni santi, patroni della città, protagonisti poi degli affreschi murari. Sulle volte a crociera è infatti raccontata la storia di Ermacora, primo vescovo di Aquileia, e del suo diacono Fortunato. Il primo affresco presenta san Pietro nell'atto di incaricare san Marco per l'evangelizzazione della città. Quindi possiamo vedere l'investitura di Ermacora, proprio per mano di san Pietro; nel terzo affresco ecco il martirio di Ermacora per decapitazione e, sullo sfondo, Fortunato in attesa di subire lo stesso destino. Infine, nel quarto episodio, la sepoltura dei due martiri. La passione di Cristo è rappresentata nelle quattro lunette e, nella parte centrale della volta, spicca la Vergine con il bambino. Qui tutto è raccoglimento e pace, e grande profondità artistica che si cela nei dettagli, nei colori ancora vivi, punto d'incontro tra gotico e romanico.

SANTUARIO MADONNA DI BARBANA

- Gorizia - Isola di Barbana
- **Da Grado:** www.motoscafistigradesi.it
- 0431 80453
- **Aperto tutti i giorni:** dalle 10.00 alle 12.30 e dalle 13.30 alle 16.30.
- **Durata visita:** 2 h circa.

DOMENICA

C'è una bellissima strada che da Aquileia riporta sulla laguna e quindi a Grado: la strada statale 352, costruita su un tracciato della via Julia Augusta. Essa un lungo tratto attraversa letteralmente la laguna. Uno spettacolo incredibile: tutto intorno è acqua, canneti, isole (tra cui quelle di Gorgo e Ravaiarina), la Valle del Moro, la fauna che si può incontrare e si deve rispettare. Leggermente spostata verso oriente, si scorge l'Isola di Barbana, sede di uno dei più antichi monasteri mariani del mondo. L'isola che, grazie a un regolare servizio di traghetti è collegata a Grado, da cui dista solo 5 chilometri, è interamente occupata dal monastero retto oggi da una comunità di benedettini. La nascita del santuario della Madonna di Barbana risale all'anno 582, quando una violenta mareggiata minacciò la città di Grado; il patriarca Elia (571-588), come ringraziamento alla Madonna per aver salvato la città, fece erigere una prima chiesa. Da allora molto è cambiato, ma il santuario e l'isola continuano a essere meta di pellegrinaggio, in particolare in occasione delle feste mariane. Qui si può anche soggiornare e assaggiare i prodotti del monastero: creme, essenze, birre e amari.

BASILICA PATRIARCALE DI AQUILEIA

Aquileia - Piazza Capitolo, 1

0431 919719

Lunedì-sabato dalle 10.00 alle 18.00.
Domenica dalle 12.00 alle 18.00.

Durata visita: 1 h circa.

Grado è la punta estrema, luogo di arrivo ma anche di ripartenza: lo sguardo va alla laguna di Marano ma anche al golfo di Trieste; è collegata in maniera indissolubile (anche dalla strada prima citata) con Aquileia. Grado è porto fluviale, cresciuto dopo la deviazione del fiume Natisone. È stata definita "l'isola che c'è", per la sua collocazione geografica: 10 km di spiaggia sabbiosa, circondata da 16.000 ettari di laguna punteggiata da oltre 100 isolotti, che ne fanno un luogo dello spirito. Il centro storico, sviluppatosi senza una vera pianta, conserva l'antica chiesa di Santa Maria delle Grazie, una delle due basiliche paleocristiane della città, costruita alla fine del VI secolo per volontà del Patriarca Elia; poco distante, la basilica di Santa Eufemia – il duomo –, con le sue tre navate culminanti nell'abside caratterizzato da un grande affresco raffigurante Cristo attorniato dai simboli degli Evangelisti, dalla Madonna, e dai santi Ermacora, Giovanni Battista e Fortunato. Santa Eufemia è conosciuta anche per il suo pulpito policromo del XI secolo, ma il vero simbolo, imperdibile e infallibile, svetta lì accanto alla sommità del campanile medioevale: l'angelo segnavento, il San Michele, dono di Venezia ed emblema universalmente noto della città.

Grado, basilica di Sant'Eufemia.

I COLLI EUGANEI

Forse perché in Italia abbiamo tanto, forse troppo, ci sono luoghi o intere zone che sono state poco considerate, poco valorizzate, quasi non fossero all'altezza di mete turistiche. Nulla di più sbagliato. L'area dei Colli Euganei, morbidi nel cuore della pianura veneta, offre natura, cultura, architettura e buon cibo. Quindici comuni (tra i più famosi: Abano Terme, Arquà Petrarca, Este, Monselice, Vo' Euganeo, Teolo); fortezze e castelli – il Castello di Monselice, la Rocca degli Alberi, solo per citarne alcuni –; le ville – una per tutte, Villa dei Vescovi –; le abbazie e i santuari – Praglia, Carceri… –; la zona termale, fiore all'occhiello di questi luoghi. Partiamo quindi per un viaggio ideale tra spiritualità e benessere che non può che iniziare da Abano, dove il termalismo ha origini antichissime.

VENERDÌ SERA

Prendetevi un pomeriggio intero per visitare Abano. Per scoprire la città, ma anche per dedicare qualche ora ai benefici delle sorgenti naturali di acqua calda. Sembrerà di essere immersi nella storia. Il culto delle acque termali si perde nei secoli e già gli antichi autori latini definivano prodigiose quelle euganee. Così nacque Abano – dal nome del dio Aponus, dispensatore di salute, il cui santuario era stato innalzato nella zona, dedita già da allora a quel benessere che ancora oggi la caratterizza nei tanti centri termali che ogni hotel della città può offrire ai visitatori. Dopo aver percorso la centrale via delle Terme, potremmo spingerci verso la parte settentrionale per visitare il monastero di San Daniele, luogo di raccoglimento e di pace, risalente al XI secolo, e oggi retto da una comunità di monache benedettine.

SABATO

L'abbazia di Praglia

Una giornata di belle scoperte ci attende. Lasciata Abano, scegliamo come prima tappa l'abbazia di Praglia. Siamo ai piedi dei Colli Euganei, lungo la strada che conduceva a Este. Fondata tra il XI e il XII secolo, l'abbazia fu sempre molto attiva e florida; i monaci benedettini, cacciati per due volte (durante la soppressione napoleonica del 1810 e per la legge veneta del 1867), tornati definitivamente nel 1904 hanno saputo renderla parte del territorio: hanno investito risorse e inventiva, sia nelle opere di bonifica in generale, sia nell'introdurre e intensificare nel paesaggio agrario colture specifiche come la vite. La cantina dell'abbazia è parte essenziale della visita. I vini qui prodotti offrono un ottimo ricordo da portare a casa.

La chiesa abbaziale è dedicata all'Assunta e risale alla fine del XV secolo: edificata su disegno di Tullio Lombardo, con pianta a croce latina e a tre navate. Il portale è opera di Andrea Moroni, mentre all'interno si trovano opere di pittori veneti dei secoli XVI-XVII, tra questi *l'Ascensione di Cristo* del padovano Domenico Campagnola, collocata nel catino absidale. Il monastero è complesso e affascinante, articolato in quattro chiostri: doppio o della clausura, botanico, pensile e rustico. Alla seconda metà del XV secolo risalgono il chiostro botanico, un tempo destinato alla coltivazione delle piante medicinali e trasformato oggi in giardino; il chiostro doppio, circondato dalle celle dei monaci e il chiostro pensile o "del Paradiso", collocato al primo piano e caratterizzato da colonne e capitelli finemente lavorati. Più tardo è il chiostro rustico su cui affacciano la foresteria e il centro per conferenze e attività culturali. La biblioteca, dove ha sede anche un importante laboratorio di restauro dei libri, conserva circa 100mila volumi. Un ultimo piccolo ma dolce aneddoto: Antonio Fogazzaro ambientò proprio a Praglia il suo *Piccolo mondo moderno*.

ABBAZIA DI PRAGLIA

- Teolo - Via Abbazia di Praglia, 16
- 0499 999300; 0499 999476
- visiteguidate@praglia.it
- **Tutti i giorni** dalle 7.00 alle 19.00; le visite sono guidate ed è obbligatoria la prenotazione.
- **Durata visita:** 2 h circa.

Abbazia di Praglia.

Villa dei Vescovi.
Luvigliano di Torreglia.

La giornata prosegue con la visita della Villa dei Vescovi, oggi bene del FAI (Fondo Ambiente Italiano) a cui è stata donata nel 2005 da Maria Teresa Olcese Valoti e Pierpaolo Olcese. La villa è di una bellezza unica, per la posizione, adagiata su un poggio dei Colli Euganei, e per l'architettura. I "Vescovi" del nome sono quelli di Padova che, fin dall'XI secolo, erano proprietari di questi luoghi, dove già nel 1474 è documentata una pieve. Dobbiamo aspettare il secolo successivo e l'importante figura del cardinale Francesco Pisani per vedere la nascita della villa vera e propria. Pisani, vescovo di Padova dal 1524 al 1564, scelse questo come luogo di villeggiatura e di incontri culturali. La villa, a pianta quadrata, con logge sui tre lati, sul modello delle ville romane, fu iniziata dall'architetto veronese Giovanni Maria Falconetto, che passò i lavori all'allievo Andrea Da Valle e quindi a Giulio Romano, conosciuto dal Pisani a Roma. La villa è elegante e proporzionata, corrisponde perfettamente all'ideale bucolico di corrispondenza tra natura e architettura; nulla è fuori posto. Forse perché pensata come luogo di riposo e di studio, ritrovo di intellettuali e artisti, sa creare quel clima di ristoro adatto al pensiero. Il verde intorno, i giardini che sono visitabili e vivibili – è possibile anche fare un pic-nic nel parco – contribuiscono alla perfezione del luogo, e l'occhio si rilassa mentre entra nella dimora attraverso lo scalone interno, accedendo così al piano nobile per visitare il salone delle feste, la sala da pranzo e le stanze del vescovo. La giornata può finire con un bicchiere di vino degustato presso l'enoteca della villa o anche, semplicemente, aspettando in silenzio il calar del sole nella loggia.

VILLA DEI VESCOVI

- Padova - Luvigliano di Torreglia
- 0499 930473
- www.villadeivescovi.it
- **Marzo-novembre:** da mercoledì a domenica, dalle ore 10.00 alle 17.00. **Aprile-ottobre:** da mercoledì a sabato, dalle 10.00 alle 18.00, domenica dalle 10.00 alle 19.00.
- **Durata visita:** 2 h circa.

DOMENICA

Dopo una bella serata, magari trascorsa a Monselice, dove il Castello e la Villa Duodo sapranno creare la giusta combinazione di storia e raffinatezza, il miglior modo per concludere il weekend è quello di visitare Arquà Petrarca, delizioso borgo medioevale, un po' bomboniera, ma certamente autentico nelle sue strade, la chiesa di Santa Maria Assunta, la Loggia dei Vicari, e, naturalmente, la casa del Petrarca. Ad Arquà, il poeta si trasferì nel 1369, forse perché il luogo gli ricordava il paesaggio toscano a lui caro, e qui trascorse i suoi ultimi anni di vita in pace e tranquillità. La casa è un piccolo gioiello che ci riporta indietro nei secoli. Con l'attuale allestimento museale ci consente di seguire le tappe del Petrarca uomo e letterato. Dopo la sua morte, infatti, la proprietà passò al genero per poi finire, a metà Cinquecento, nelle mani di Paolo Valdezocco che commissionò gli affreschi celebrativi raffiguranti la vita e il contenuto di alcune opere del vate. La decorazione del salone centrale rappresenta scene ispirate a composizioni del *Canzoniere*, mentre la stanza dell'Africa rievoca le imprese di Scipione l'Africano contenute nel poema epico in latino intitolato appunto *L'Africa*; la stanza da letto denominata "di Venere" prende invece il nome dalla dea qui raffigurata accanto al dio Vulcano, che forgia le frecce di Cupido. Anche il piccolo brolo che circonda la casa ci parla di un Petrarca alla ricerca della natura e della pace, dell'*otium* e della lettura. Visitare una casa appartenuta a un grande della nostra letteratura è un modo per capirne l'anima, anche dopo secoli.

CASA DEL PETRARCA

Arquà Petrarca - Via Valleselle, 4

0429 718294

Marzo-ottobre: dalle 9.00 alle 12.30 e dalle 15.00 alle 19.00.
Novembre-febbraio: dalle 9.00 alle 12.30 e dalle 14.30 alle 17.30.

Durata visita: 1 h circa.

Particolare della casa del Petrarca.

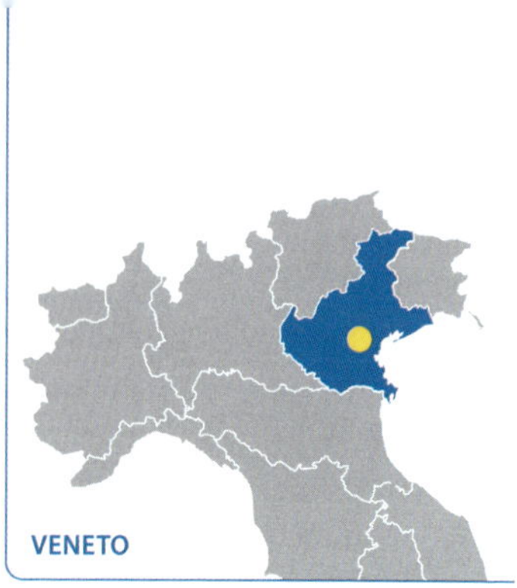

Città dal glorioso passato e dal complesso presente, Padova sorge legata alle acque, in particolare al fiume Brenta. Un'antica leggenda vuole che Antenore, mitico eroe troiano, avesse guidato i Veneti nella loro trasmigrazione dall'Asia Minore in Italia, arrivando a fondare la città nel 1184 a.C. Amica di Vicenza, Verona e Treviso, discepola di Venezia, Padova attraversa i secoli con una vocazione artistica e musicale: la prima sacra rappresentazione italiana di cui si abbia memoria ebbe luogo qui nel 1243 e il primo teatro chiuso, quello dello "Stallone", fu istituito nel 1642, per ospitare poi nel XVIII e XIX secolo le grandi opere di Paisiello, Zingarelli, Rossini e molti altri.

VENERDÌ SERA

Padova ha il suo centro nevralgico e popolare in piazza delle Erbe, dove ha sede anche il Palazzo della Ragione, uno dei più celebri monumenti civili eretti in Europa all'epoca dei Comuni. Fu edificato a partire dal 1218 ed è oggi visitabile fino alle ore 19.00. La grande sala centrale, voluta da fra Giovanni degli Eremitani, che tra il 1306 e il 1308 unì i tre grandi ambienti in cui era suddiviso il piano superiore, ideando una nuova copertura a forma di carena di nave rovesciata, conserva quel che resta degli affreschi di Giotto e bottega: il ciclo è suddiviso in 333 riquadri, si svolge su tre fasce sovrapposte ed è uno dei rarissimi cicli astrologici medievali giunti fino ai nostri giorni. Spicca anche il grande cavallo ligneo, realizzato da Annibale Capodilista per una giostra e in seguito donato dalla famiglia alla città.

SABATO

La città, nelle prime ore della mattina, si rivela in tutta la sua bellezza: c'è il mercato ortofrutticolo in piazza delle Erbe, c'è piazza dei Signori con il suo orologio, primo in Italia, che indica, oltre alle ore, i mesi, il giro del sole per lo zodiaco, le fasi lunari e i moti dei pianeti. E poi Prato della Valle, una grandiosa piazza triangolare che, fino al 1775, era un acquitrino insalubre e poi divenne, grazie al provveditore della Serenissima Andrea Memmo, un grande giardino ovoidale circondato da un canale e da una serie di statue di personaggi illustri. Si dice che sia la piazza più grande d'Europa.

Il complesso degli Scrovegni e Giotto

Padova però è soprattutto Giotto; e Giotto è tutto agli Scrovegni. La cappella venne edificata tra il 1303 e il 1305 dal banchiere padovano Enrico Scrovegni che, dedicandola alla Madonna, voleva riscattare le colpe del padre che professava l'attività di usuraio.

L'edificio è molto semplice dal punto di vista architettonico: a navata unica con volta a botte, progettato probabilmente da Giotto stesso, sorge su un'area archeologica di estremo interesse, data la presenza dell'anfiteatro romano, di cui si possono ammirare ancora i resti nei giardini dell'Arena.

La cappella originariamente sorgeva in contiguità al palazzo della famiglia Scrovegni, distrutto nell'Ottocento. Al progetto iniziale si aggiunse in un secondo tempo la piccola abside, per ospitarvi il sarcofago di Enrico Scrovegni, morto nel 1336. Quando Giotto venne chiamato a Padova era già conosciuto per la decorazione della basilica superiore di Assisi e celebrato come innovatore per la sua capacità di ritrarre il reale con assoluta aderenza e di inventare nello stesso tempo nuove soluzioni spaziali. Il maestro concepì per la piccola cappella un ciclo decorativo articolato a tre livelli: in quello superiore inserì gli *Episodi della vita di Maria*, in quello mediano gli *Episodi della vita di Cristo* e in quello inferiore gli *Episodi della Passione*.

Giotto, Cappella degli Scrovegni.

Ogni singolo episodio è posto in un riquadro separato da elementi architettonici, completati con un finto basamento marmoreo in cui sono collocate le raffigurazioni allegoriche dei Vizi e delle Virtù. Sulla parete della controfacciata, Giotto dipinse il Giudizio Universale; sulla volta, un cielo stellato con clipei dedicati agli evangelisti e ai dottori della Chiesa. Con questo ciclo, l'artista raggiungeva la piena maturità espressiva, testimoniata dall'intensità delle espressioni dei personaggi, dalla perfezione cromatica e dall'osservazione minuta del paesaggio.

Basilica di Sant'Antonio.

CAPPELLA DEGLI SCROVEGNI

- Padova - Piazza Eremitani, 8
- 049 2010020
- **Tutti i giorni** dalle 9.00 alle 19.00.
- **Durata visita:** 15 minuti.

Padova però è anche il suo santo, Antonio, il nume tutelare della città. La basilica a lui dedicata venne eretta tra il 1232 e la metà del Trecento per accoglierne le reliquie, a imitazione della basilica veneziana di San Marco, e conserva la celebre Cappella dell'Arca, alla quale lavorarono i maggiori scultori veneti dell'epoca: lungo le pareti sono disposti nove rilievi marmorei, con scene della vita e miracoli di sant'Antonio; al centro sorge l'altare-tomba del santo, eseguito da Tiziano Aspetti.

La sinagoga e il Museo ebraico

A sud di piazza delle Erbe, merita una visita il Ghetto ebraico, dove spiccano le quattro colonne con capitelli tutti diversi, in via San Martino e Solferino. In via dell'Arco si trovano l'Hotel Majestic Toscanelli – un tempo sede dell'Accademia Rabbinica – e le case-torri sopraelevate, tipiche del quartiere. Palazzo Strozzi, in via San Martino e Solferino 37, accolse l'esule fiorentino Palla Strozzi che, nel 1434, giunse a Padova. Attraversando un sottoportico si arriva nella Corte Lenguazza, vero cuore del quartiere. In via delle Piazze c'è la prima grande sinagoga di rito tedesco, inaugurata nel 1525 e distrutta nel 1943 da una squadra di fascisti. Il suo restauro è stato ultimato nel 1998. Tornando in via San Martino e Solferino, al numero 13, troviamo la sinagoga di rito italiano; abbiamo notizie anche della presenza di una sinagoga di rito spagnolo. A fine Ottocento, i tre riti furono riuniti nella grande sinagoga tedesca, dove si praticò il solo rito italiano. Tutte queste vie e viuzze sono allegre e animate grazie alle attività commerciali caratteristiche e storiche che non hanno abbandonato questi luoghi neanche dopo la soppressione del Ghetto. Per completare la conoscenza del Ghetto, è utile un passaggio al Museo della Padova ebraica, collocato nella sinagoga Ashkenazita, fondata nel 1522 e attiva fino al maggio del 1943. Il museo racconta e raccoglie le testimonianze del popolo ebraico in città, gli eventi e la ritualità, ma anche la vita delle famiglie nelle case e nei luoghi di culto.

MUSEO DELLA PADOVA EBRAICA

- Padova - Via delle Piazze, 26
- 049 661267
- **La domenica** dalle 10.00 alle 18.00 e su prenotazione; la visita alla sinagoga Italiana è sempre guidata dal personale del Museo.
- **Durata visita:** 30 minuti.

DOMENICA

Una perfetta domenica padovana non può che cominciare con una colazione al Caffè Pedrocchi, delizioso e storico ritrovo del centro, voluto da Antonio Pedrocchi – citato anche da Stendhal ne *La Certosa di Parma* – a inizio Ottocento. Saziato il corpo, passiamo allo spirito: lasciato il centro e superato il Prato della Valle, si incontra il grandioso tempio di Santa Giustina, che secondo alcuni studiosi sorgerebbe sulle rovine di un tempio pagano, il più antico luogo di culto della città. La chiesa è dedicata alla memoria di Giustina, giovane patrizia cittadina martirizzata nel 304 durante la tremenda persecuzione di Massimiliano. Secondo la tradizione, il padre della martire, Vitaliano, alto funzionario imperiale (forse convertito al cristianesimo da san Prosdocimo), fece costruire il primo nucleo della chiesa che sarebbe diventata la sede della prima cattedrale cristiana della città. La chiesa primigenia fu demolita nel 1502 per essere trasformata nel maestoso edificio, realizzato tra il 1532 e il 1579, da diversi architetti, tra questi Andrea Moroni e Andrea da Valle. Ci colpisce subito la facciata, rimasta grezza, con il grande portone centrale e, alle spalle, il campanile. L'interno è molto ricco, le navate laterali sono scandite da cappelle, impreziosite da pale d'altare di grandi artisti, fra i quali Luca Giordano e Palma il Giovane. Sulla navata di destra, dietro l'Arca di san Mattia, si trova il cinquecentesco Pozzo dei Martiri, che raccoglie le reliquie dei martiri padovani. Poco oltre si trova il Sacello di San Prosdocimo, residuo del complesso primitivo. La basilica ospita le spoglie di diversi santi: oltre a santa Giustina, qui riposano anche san Prosdocimo, san Massimo, sant'Urio, santa Felicita, san Giuliano, e sono conservate le reliquie di san Mattia apostolo e san Luca evangelista. Per chi volesse concludere la domenica con qualcosa di unico e magico, consigliamo la visita all'Orto Botanico, il più antico orto scientifico universitario del mondo nella sua sede originaria, fondato nel 1545. Oggi l'Orto Botanico accoglie 6000 specie diverse, e dal 1997 fa parte della Lista del Patrimonio Mondiale UNESCO come bene culturale. Tra i preziosi alberi storici dell'Orto, il più famoso è una palma di San Pietro messa a dimora nel 1585 e resa famosa da Goethe, che le dedicò alcuni scritti e opere scientifiche; vi sono poi un platano orientale del 1680 con il fusto cavo, un ginkgo del 1750 e una magnolia forse risalente al 1786.

ORTO BOTANICO DI PADOVA

Padova - Via Orto Botanico, 15

049 8273939

Dal martedì alla domenica e tutti i giorni festivi.
Da novembre a marzo,
dalle 9.00 alle 17.00.
Da aprile a settembre
dalle 10.00 alle 19.00.
Ottobre dalle 10.00 alle 18.00.

Durata visita: 2 h circa.

Palazzo della Ragione.

L'ALTO GARDA

Il lago ha anche un altro nome, che pochi conoscono, ed è Benaco; il che rimanda all'epoca romana, quando lo specchio d'acqua era venerato come divinità associata al dio Nettuno. Fu solo nel Medioevo che si cominciò, nel nominarlo, a fare riferimento all'omonima cittadina situata sulla sponda veronese.

Il lago di Garda si trova a cavallo fra tre regioni: Lombardia (provincia di Brescia), Veneto (provincia di Verona) e Trentino-Alto Adige (provincia di Trento), ed è fiancheggiato dall'imponente massiccio del monte Baldo. Accoglie cinque isole: la più grande è quella del Garda seguita dall'isola di san Biagio (conosciuta anche come Isola dei Conigli), quindi dalle isole dell'Olivo, di Sogno e del Trimelone. Il Garda è una delle principali mete turistiche italiane, in grado di stupire sempre e di rivelare panorami e luoghi inaspettati.

VENERDÌ SERA

Riva del Garda è la punta settentrionale del lago, con le sue spiagge e un occhio rivolto ai monti, circondata com'è dal Rocchetta, dal Baldo e dal Brione. Ottimo punto di partenza, quindi, anche per escursioni e camminate. La sera a Riva del Garda è tutta da dedicare ai monumenti e alle luci che con la

Riva del Garda. Punto panoramico.

luna riflettono sullo specchio del lago. Il centro storico è un dedalo di viuzze sormontate dall'alta torre Apponale, il simbolo della città. Tutto il lungolago ruota intorno a questo centro, con una disposizione ordinata dei palazzi che a metà dell'Ottocento trasformarono Riva in una ambita meta turistica europea.

SABATO

La zona dell'alto Garda è meta ideale per gli amanti della natura, delle camminate e della ricerca di sé in luoghi incontaminati. Le valli sono quiete e accoglienti, i borghi deliziosi. Tra questi non possiamo non citare Arco e Balbido, due comuni che possono diventare le destinazioni perfette di una giornata alla scoperta della zona. Già nella seconda metà dell'Ottocento, Arco fu un importante luogo di cura climatica. L'arciduca Alberto d'Asburgo vi fece edificare la propria residenza invernale, la Villa Arciducale, circondata da un parco lussureggiante, l'Arboreto, dove oggi si possono ammirare piante esotiche e mediterranee. Gli Asburgo abbellirono la città con parchi e giardini, ville liberty e bellissimi palazzi, rendendo Arco una città unica nel suo genere. Uno dei suoi simboli è senza dubbio il castello, tra le fortezze medievali più suggestive di tutto l'arco alpino: voluto dai conti d'Arco sulla cima di una torre rocciosa, che domina la piana del fiume Sarca, la sua bellezza ha ispirato artisti e poeti come Rilke o Vasco Pratolini, che vi soggiornò per cure mediche. Il castello ospitava 120 stanze, un'ampia biblioteca, una sala per il gioco della palla, eleganti giardini e la cappella di Santa Maria Maddalena.

Per raggiungere il castello è necessaria una breve escursione a piedi di circa venti minuti, partendo dal paese, a pochi chilometri di distanza dal lago di Garda. Il nostro consiglio è di prendersela comoda per godere, lungo il cammino, del bellissimo panorama che il sentiero tra gli alberi può regalare.

Proseguendo il viaggio sul versante trentino del lago, possiamo visitare l'antico borgo medioevale di Canale di Tenno, giunto quasi intatto sino ai giorni nostri: le case in pietra, le viuzze silenziose, le volte a botte e le dolci finestre hanno attratto sin dal secondo dopoguerra artisti da tutta Europa. Questi hanno lasciato un segno tangibile del loro passaggio in paese. Tra tutti, il

Castello di Arco.

pittore torinese Giacomo Vittone, che scelse Canale come soggetto per molte delle sue opere. È a lui che oggi è intitolata la Casa degli Artisti, luogo di dimora e ritrovo per gli artisti che visitano il borgo. Poco fuori dal paese, a circa mezz'ora di passeggiata, ecco il lago di Tenno, dal caratteristico colore turchese: un'oasi di pace, con quella sua piccola isola centrale, il verde dei prati e le spiagge dorate.

DOMENICA

Dedichiamo la domenica al versante destro del lago di Garda, direzione Monte Baldo. Siamo tra le province di Trento e di Verona, e questo monte, molto amato e frequentato, è conosciuto anche come "il giardino d'Europa" per la grande varietà di flora che raccoglie. Per una spettacolare vista del lago di Garda dall'alto, si consiglia una salita con la funivia Malcesine-Monte Baldo, aperta da giugno a novembre, che in pochi minuti porta a quasi 1800 metri di quota e grazie alla cabina girevole consente di godere del panorama a 360°.

Il santuario della Madonna della Corona

Il vero gioiello della zona, perfettamente incorniciato nell'ambiente, lo troviamo arrivando a Ferrara Monte Baldo: è il santuario della Madonna della Corona. Addossato alla roccia, incorniciato dal cielo, è una di quelle piccole ma grandi scoperte che la montagna sa regalarci: le notizie della sua fondazione si perdono nei secoli; documenti medievali registrano la presenza in questa zona di eremiti legati all'abbazia di san Zeno in Verona già intorno all'anno Mille e, dalla seconda metà del 1200, l'esistenza di un monastero e una cappella dedicata a santa Maria di Montebaldo, entrambi accessibili attraverso uno stretto e pericoloso sentiero nella roccia. Quel che è certo è che la statua in pietra della pietà, poi venerata come Madonna della Corona, fu motivo della fondazione del santuario. La primitiva chiesa venne completamente inglobata da una nuova e più ampia, costruita a partire dal 1625, e conclusa nel 1685. Sul finire del secolo XIX la chiesa fu ampliata e dotata di una nuova facciata in stile gotico.
La conclusione dei lavori fu solennizzata il 17 settembre 1899 con la cerimonia d'incoronazione della statua dell'Addolorata. Ma non era la fine della storia della Corona: negli anni Venti vennero rifatti il campanile e la strada d'accesso. Nel dopoguerra la chiesa fu ampliata nel presbiterio. Nel 1974 vi fu l'ennesima decisione di abbattere la chiesa esistente e di costruirne una più grande, completata nel 1978 e dedicata il 4 giugno del 1978. Il 17 aprile del 1988 venne visitata anche da Giovanni Paolo II.

Tanta storia per arrivare a visitare un luogo magico per la sua posizione, ancorato alla roccia, da cui sembra nascere assorbendone forza e vigore; luogo perfetto nei suoi colori che riprendono le venature della montagna e svettante nella verticalità della valle. Non poco valore, infine, hanno i tesori che conserva: tra questi la Scala Santa, costruita a imitazione di quella romana, formata da 28 gradini da salire in ginocchio meditando e pregando la Passione del Signore.

SANTUARIO DELLA MADONNA DELLA CORONA

Ferrara di Monte Baldo
Vicolo Santuario, 1

045 7220014

Aperto tutto l'anno:
da novembre a marzo,
dalle 8.00 alle 18.00; da aprile
a ottobre, dalle 7.00 alle 19.30.

Durata visita: 2 h circa.

Santuario della Madonna della Corona.

IL VERONESE

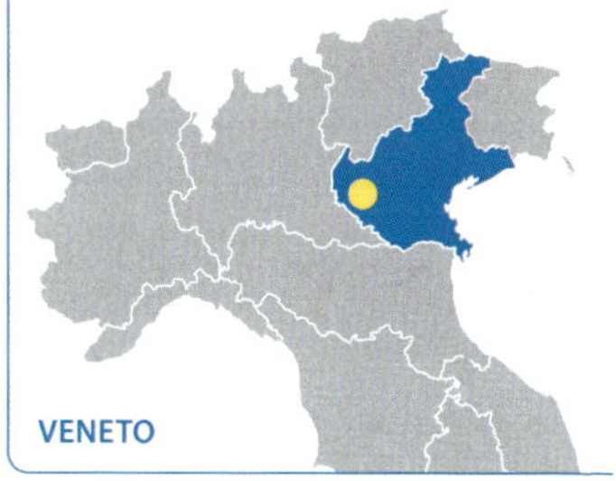

«Dicono che Verona è romantica, è pittoresca; e perciò anche dialettale; è una grande citta, è capitale e provinciale a un tempo», scriveva Guido Piovene. E a lui, vicentino, dobbiamo credere, se vogliamo capire l'anima di questa città e la sua storia. Ci sono la Verona romana e quella medievale, le tracce della dominazione veneziana e la Verona sotterranea. Naturalmente poi c'è la Verona che a inizio Trecento accoglie Dante, ospite di Bartolomeo della Scala, e successivamente del fratello Cangrande, tra il 1312 e il 1318: all'apice della sua potenza sotto la signoria dei Della Scala, Verona era un polo culturale tra i più importanti d'Italia. La città oggi ricorda il Sommo poeta con una statua in piazza dei Signori, mentre il prestigio dei Della Scala è ancora riconoscibile nella maestosità di Castelvecchio, il castello voluto da Cangrande, oggi visitabile secondo il progetto del celebre architetto Carlo Scarpa, che ne ha curato il restauro.

Verona, balcone di Giulietta.

Verona, vista dell'Arena.

VENERDÌ SERA

Verona porta con sé, tra gli altri, un riferimento letterario che è impossibile non conoscere, una storia che ha creato intorno alla città un'aurea di romanticismo e poesia. E non tutto è fantasia. Pur non visitando mai, con ogni probabilità, questi luoghi, William Shakespeare scelse però il Veneto e le sue città – Verona, Venezia e Padova – come ambientazione per diverse sue opere. Montecchi e Cappelletti (i Capuleti del dramma shakespeariano) sono state veramente grandi famiglie rivali nel Medioevo. Romeo e Giulietta sono esistiti realmente? Poco importa. Sotto al balcone, poi definito di Giulietta, in quello che era il palazzo dei Dal Cappello, possiamo ancora sognare, ripercorrendo una storia d'amore tragica, ma iconica, in un'epoca lontana quanto affascinante, che ci permette di conoscere una Verona medioevale molto italiana.

SABATO

Verona ha il fascino dei borghi tagliati da un fiume, ma la storia qui è un po' diversa; l'Adige, fino al 1882, era una delle principali risorse economiche della città: c'erano cantieri navali, mulini galleggianti, piccole industrie e attività artigianali, idrovore e depositi merci; i mulini in città erano oltre 400, collegati alla riva tramite dei ponticelli. Nel settembre del 1882, gli argini dell'Adige cedettero in vari punti, a Bolzano e a San Michele all'Adige, e la terribile inondazione che ne seguì coinvolse anche Verona, oltre a Trento e al Polesine. La città conserva ancora i segni e le ferite della tragedia. Fu la fine di Verona città d'acqua. L'amministrazione comunale decise di canalizzare il fiume nel suo tratto urbano e interrarne tutti i rami minori. Così oggi possiamo passeggiare sul lungofiume, goderci un sabato mattina nel Parco dell'Adige, per poi ritornare verso il centro e dedicarci alla magnificenza di San Zeno o lanciarci nel percorso "Verona Minor Hierusalem".

San Zeno

È una chiesa capolavoro dell'architettura romanica, dedicata a san Zeno, vescovo della città, morto nel 380 d.C.

San Zeno, Pala Correr.

Nella zona dell'attuale chiesa sorgeva il cimitero dove il santo fu sepolto: sulla sua tomba Teodorico volle costruire una prima chiesa votiva. Più volte distrutta e riedificata, essa assunse l'attuale forma e struttura, rispettando i canoni dello stile romanico veronese, sotto il vescovo Raterio, nel 967 e fu ulteriormente ingrandita nel 1138. L'edificio, come si presenta ai giorni nostri, fu terminato nel 1398 su progetto di Giovanni e Nicolò da Ferrara con rifacimenti del soffitto e dell'abside in stile gotico. Ci colpisce subito la facciata risalente al XII secolo, in tufo con bifore in marmo rosa, con il bel protiro che precede il portale, formato da una volta sorretta da colonne che hanno come base dei leoni – caratteristica degli edifici religiosi emiliani –. Nel centro è collocato un grande rosone, denominato la "Ruota della Fortuna", opera del Brioloto, risalente al XIII secolo. Nella lunetta sopra il portone, ecco San Zeno. L'interno si sviluppa su tre livelli: la cripta, del X secolo, nella quale si conservano le spoglie del santo; la parte centrale, a tre navate, con un bellissimo soffitto ligneo del XIV secolo; il presbiterio dove troviamo, sull'altare maggiore, il sarcofago con i resti di tre santi vescovi veronesi: san Lupicino, san Lucillo e san Crescenziano. Poi, il capolavoro, la Pala Correr, meglio conosciuta come Pala di San Zeno, di Andrea Mantegna. Commissionata da Gregorio Correr, fine umanista, fu eseguita dal grande artista tra il 1456 e il 1459, prima del suoi trasferimento a Mantova, e collocata da lui stesso nel presbiterio della chiesa.

Purtroppo smembrata e ripristinata grazie a delle copie, la Pala è una sacra rappresentazione festante con santi e, nella predella, scene della vita di Cristo.

Verona Minor Hierusalem

In epoca medievale si diffuse la credenza che Verona fosse stata fondata da Sem, figlio di Noè, con il nome di

Gerusalemme minore; così la città divenne meta di molti pellegrinaggi, tanto da sviluppare itinerari dedicati alla devozione e alla fede. Oggi la fondazione *Verona Minor Hierusalem* ha ideato tre itinerari: il primo, "Rinascere dall'acqua", coinvolge cinque chiese situate oltre l'ansa dell'Adige: Santi Siro e Libera, Santo Stefano, San Giorgio in Braida, Santa Maria in Organo, San Giovanni in Valle; il secondo, "Rinascere dalla terra", comprende sei chiese del centro cittadino: San Lorenzo, Santi Teuteria e Tosca, Sant'Eufemia, San Giovanni in Foro, San Benedetto al Monte e San Zeno in Oratorio; il terzo, "Rinascere dal cielo", prende le mosse dalla chiesa di Santa Toscana, per arrivare a Santa Maria del Paradiso, con il famoso reliquiario, e la chiesa dei Santi Nazaro e Celso. Dal Medioevo, quindi, si passa per l'epoca rinascimentale, fino ad arrivare alla chiesa di San Tomaso Cantuariense: lì, a fine Settecento, si esibì Mozart con l'organo di Bonatti. Il percorso termina nella chiesa di San Paolo, in piena zona universitaria, dove è possibile contemplare la pala di Girolamo dai Libri e le pitture di Paolo Veronese.

VERONA

- Verona città
- www.veronaminorhierusalem.it
- Tutto l'anno
- **Durata visita:** 2 h circa.

DOMENICA

Eremo di San Giorgio

Una giornata fuori città può portarci fino alle rive del Garda e, in particolare, alla scoperta dell'eremo di San Giorgio; fondato nel 1663, l'eremo oggi è condotto da una accogliente comunità di monaci camaldolesi, che offre al visitatore ospitalità. L'eremo non è un albergo, né esistono tariffe per trascorrere una notte o un soggiorno più lungo; si può chiedere di essere ospitati rivolgendosi direttamente ai monaci. Durante la permanenza si mangia insieme alla comunità, godendo di una cucina sana e genuina, a base di prodotti coltivati direttamente in loco. Ci sono anche una bella farmacia e una piccola rivendita di prodotti frutto del lavoro dei monaci, tra i quali spicca certamente l'olio extravergine d'oliva.

EREMO DI SAN GIORGIO

- Bardolino - Rocca di Garda
- 045 721 1390
- **Da Pasqua fino al 30 settembre,** dalle 10.30 alle 12.00 e dalle 15.30 alle 17.30. Festivi, dopo la Messa dalle 15.30 alle 17.45 e dalle 18.30 alle 19.00.
  Dal 1° ottobre a Pasqua, dalle 10.30 alle 12.00 e dalle 15.30 alle 17.30. Festivi, dopo la Messa, dalle 15.30 alle 16.45 e dalle 17.30 alle 18.30.
  Chiuso il lunedì.
- **Durata visita:** Mezza giornata.

Meno famosa di Venezia, più piccola di Verona, meno visitata di Padova, Vicenza è un luogo da riscoprire? Assolutamente sì. Legata a doppio filo ad Andrea Palladio, non è solo la città del più noto e amato architetto veneto, ma anche uno scrigno di bellezze artistiche e naturalistiche. Il territorio vicentino infatti viene definito il "giardino del Veneto" per via della bellezza e della varietà del paesaggio e grazie alla presenza di molti elementi di grande interesse culturale: i colli Berici, oasi di tranquillità, i monti Castellari con i loro promontori soleggiati, gli aperti altipiani di Tonezza e di Asiago, gli spettacolosi scenari delle valli dell'Astico e del canale del Brenta-Valsugana, infine le Piccole Dolomiti che completano il meraviglioso paesaggio.

VENERDÌ SERA

Una passeggiata lungo corso Palladio e un aperitivo nei pressi della basilica. Il tardo pomeriggio a Vicenza può iniziare così, proseguendo con la visita a una fondazione, recentemente inaugurata, che va ad arricchire l'offerta culturale della città: la Fondazione Coppola, voluta da Antonio Coppola e aperta in un luogo unico, il Torrione di Porta Castello, luogo di incontro tra storia e presente. Si tratta di un'operazione culturale, inedita per il territorio, che porta all'attenzione dei cittadini e dei visitatori il tema dell'arte contemporanea, in particolare, come sottolinea il fondatore, «un luogo in cui gli artisti emergenti possano dire la loro, un acceleratore culturale, piccolo ma sincero». La fondazione, inaugurata nel 2018, continua a proporre mostre interessanti e uniche.

SABATO

Sulle orme di Palladio

Sono ben sedici gli edifici palladiani che potete facilmente scoprire passeggiando per il centro storico di Vicenza. La visita può iniziare da piazza Matteotti, all'inizio di corso Palladio, dove si trova il celebre Teatro Olimpico, ultimo capolavoro dell'artista e più antico teatro coperto al mondo. Un gioiello architettonico, commissionato nel 1580 dall'Accademia Olimpica, su modello del teatro antico, quasi fosse un palcoscenico all'aperto: Palladio ideò una monumentale scenafronte fiancheggiata da due ali o versure e una cavea semiellittica di tredici gradoni, conclusa alla sommità da un'esedra a colonne.

TEATRO OLIMPICO

- Vicenza - Piazza Matteotti, 11
- 0444 320854
- **Dal 1° settembre al 30 giugno, da martedì a domenica** dalle 9.00 alle 17.00 (ultima entrata 16.30); **dal 1° luglio al 31 agosto, da martedì a domenica** dalle 10.00 alle 18.00 (ultima entrata 17.30). **Chiuso il lunedì.**
- **Durata visita:** 1 h circa.

Di fronte al Teatro Olimpico, un'altra bellissima opera palladiana: il Palazzo Chiericati, ora sede della Pinacoteca Civica e ancora, dopo pochi passi, sulla destra, potete scorgere Casa Cogollo, detta del Palladio. La chiesa di Santa Corona ci riporta alla vita dell'architetto: in questa chiesa, infatti, egli fu sepolto prima di essere spostato, a metà del 1800, al cimitero monumentale di Vicenza. La chiesa di Santa Corona, costruita nel 1270, conserva oggi il Battesimo di Cristo di Giovanni Bellini e l'Adorazione dei Magi di Paolo Veronese. Tornando ancora su corso Palladio si possono incontrare meravigliosi edifici gotici e rinascimentali, tra cui Palazzo Barbaran da Porto e Palazzo Thiene, ristrutturato nel 1542 sempre dal Palladio.

Palladio, Teatro Olimpico.

Particolare della basilica palladiana con la torre Bissara.

È il momento di raggiungere la piazza principale di Vicenza e, quindi, la Basilica Palladiana, l'edificio simbolo della città. Fu proprio il Palladio a coniare per l'edificio il nome di basilica, come nell'antica Roma veniva chiamato il luogo dove si gestivano la politica e gli affari più importanti. Nel 1549, il Consiglio dei Cento affidò all'artista l'incarico per la ricostruzione del vecchio Palazzo della Ragione, che in origine era un grande edificio gotico in mattoni e che serviva come sala riunione del Gran Consiglio. L'intervento del Palladio si concretizzò nella realizzazione di un portico inferiore e di un loggiato superiore, con aperture a "serliana" separate da semicolonne rispettivamente tuscaniche e ioniche. Un'opera architettonica che, così concepita, suggerisce un andamento ritmico e solenne, mai monotono, di una bellezza universale. Il piano superiore dell'edificio è composto dall'unico enorme salone "del Consiglio del Quattrocento", con una copertura a forma di nave rovesciata. Con questo progetto Palladio diveniva ufficialmente l'architetto della città di Vicenza, responsabile di un'opera grandiosa senza eguali nel Cinquecento veneto. La basilica ospita il Museo del gioiello e, nei suoi sotterranei, si trova l'area Archeologica di Corte dei Bissari.

BASILICA PALLADIANA

- Vicenza - Piazza dei Signori
- 0444 222850
- **Mercoledì, giovedì e venerdì** dalle 10.00 alle 17.00.
- **Durata visita:** 1 h circa.

Riprendendo il percorso, ecco l'ennesima piazza importante, quella della cattedrale di Santa Maria Annunciata (duomo della città) con, a fianco, il palazzo vescovile, sede del Museo diocesano.

Un'ultima ma importante visita va fatta al santuario della Madonna di Monte Berico, raggiungibile facilmente dal centro della città percorrendo viale X Giugno, oppure, come fanno per tradizione i vicentini, l'8 settembre (Festa della Madonna di Monte Berico), a piedi, seguendo il percorso dei Portici o salendo le "Scalette di Monte Berico", ovvero i 192 gradini, che iniziano dal monumentale e pure palladiano Arco delle Scalette.

DOMENICA

Villa Valmarana

Possiamo dedicare la domenica alle ville fuori città: la vicina Villa Valmarana ai Nani e la stupenda Villa Almerico Capra detta "La Rotonda", forse il capolavoro più conosciuto dell'architetto vicentino. Villa Valmarana è un gioiello che porta la firma dei Tiepolo. Fu fatta costruire nel 1669 dall'avvocato Giovanni Maria Bertolo, che la lasciò in eredità alla figlia Giulia, monaca del monastero padovano di Ognissanti. Giustino Valmarana la acquistò e a lui dobbiamo i lavori di ampliamento, soprattutto con il coinvolgimento di Giambattista e Giandomenico Tiepolo per le decorazioni. Ma la visita della villa deve partire dal magnifico giardino all'italiana, il profumatissimo roseto, il parco posteriore con il ninfeo e il particolare teatrino, situato sul versante ovest della collina, accanto al giardino all'italiana, di forma rettangolare, affrescato da Giandomenico Tiepolo e Girolamo Mengozzi Colonna. E poi, ecco i Nani, sul muro di cinta della villa: diciassette statue di nani grotteschi, riproducono i classici personaggi protagonisti della Commedia dell'Arte. Probabilmente fu lo stesso Giandomenico Tiepolo l'autore dei disegni preparatori delle sculture. Ai Nani è legata la triste storia della figlia di Giustino Valmarana, nata nana e confinata dal padre nella villa perché non rivelasse la sua condizione. L'interno della villa è un vero capolavoro. Tiepolo, su desiderio del committente, si dedicò in essa a grandi temi epici, privilegiando episodi sentimentali: troviamo quindi la sala di Ifigenia o quella, ispirata dall'*Iliade*, della sfida tra Achille e Agamennone; la sala

Arco delle Scalette di Monte Berico.

dell'*Orlando furioso*, quella dell'*Eneide* e l'altra, bellissima, della *Gerusalemme Liberata*, con l'allegoria del trionfo della virtù sul vizio, della luce sulle tenebre, del bene sul male. Una vera eccezionalità della villa è la possibilità di ammirare l'opera di Giambattista Tiepolo affiancata a quella del figlio Giandomenico, che affrescò la Foresteria, dove poté esprimere al meglio se stesso, libero dallo stile paterno. Troviamo così la Stanza delle Cineserie, con soggetti esotici; la Stanza del Carnevale; poi la Sala dei Contadini e la Sala delle Architetture, detta Gotica. Proprio in queste ultime due possiamo notare lo stile nuovo del Tiepolo figlio, quello agreste: la vita in campagna dei contadini e anche dei signori. Goldoni, proprio in quegli anni, scriveva la *Trilogia della Villeggiatura*.

VILLA VALMARANA AI NANI

- Vicenza - Via dei Nani, 8
- 0444 321803
- **Da novembre a marzo,** tutti i giorni dalle 10.00 alle 16.00; **da marzo a novembre,** tutti i giorni dalle 10.00 alle 18.00
- **Durata visita:** 1h circa.

Villa Almerico Capra

Villa Almerico Capra, detta La Rotonda, è stata definita villa-tempio. Voluta dal canonico Paolo Almerico nel 1566 e progettata dal Palladio, era già abitabile nel 1569, benché ancora incompleta; nel 1591, due anni dopo la morte di Almerico, fu ceduta ai fratelli Odorico e Mario Capra che portarono a termine il cantiere. Almerico la pensava come un palazzo di città in campagna e, per lui, Palladio concepì un modello ideale, una sorta di residenza perfetta, proporzionata, un cubo che nascondeva la grande cupola della sala centrale, un dado cui si addossavano le quattro aperture, ispirandosi al Pantheon di Roma. La sala centrale rotonda, che dà il nome alla villa, affrescata dal pittore vicentino Alessandro Maganza, racconta di allegorie religiose, mentre le pareti e i corridoi sono adornati da figure mitologiche e finte architetture in *trompe l'oeil*, realizzate, nel XVIII secolo dal francese Louis Dorigny. La Rotonda ha da sempre affascinato architetti e non solo, diventando un modello per molte residenze sparse in tutto il mondo, basti pensare alla Casa Bianca di Washington. Piccolo dettaglio cinematografico: un omaggio le giunge persino da uno dei film culto della storia del cinema americano *Via col vento*: la Villa di Rossella O'Hara è una copia della villa di Palladio.

VILLA ALMERICO CAPRA DETTA LA ROTONDA

- Vicenza - Via della Rotonda, 45
- 0444 321793
- **Venerdì, sabato e domenica,** dalle 10.00 alle 12.00 e dalle 15.00 alle 18.00.
- **Durata visita:** 1 h circa.

IL MILANESE

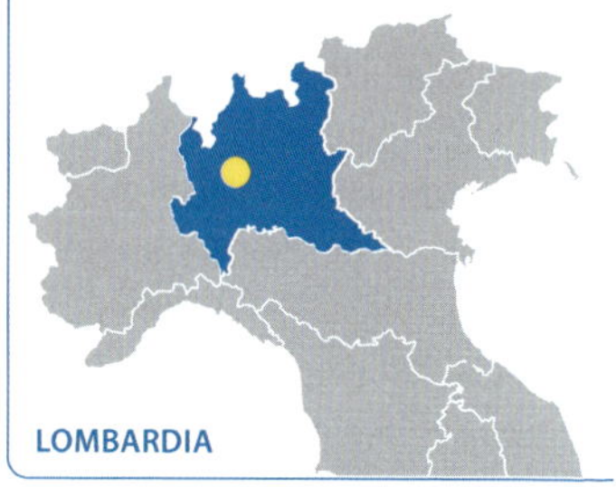

Milano a portata di mano / Ti fa una domanda in tedesco / E ti risponde in siciliano, cantava Lucio Dalla nella sua *Milano*. La città lombarda è così, da sempre un crocevia di popoli e culture che qui si sono espresse e hanno lasciato testimonianze religiose, politiche e architettoniche. Milano ha anime antica e moderna, difende la sua storia e la racconta a chi vuole ancora ascoltarla, ma ha anche un passato recente che non è solo fabbrica e produzione. Città metropolitana simbolo di potere che si è esteso nell'hinterland, verso Pavia, Lodi, Bergamo e il vicino Piemonte, che ha visto il nascere di ricchi monasteri nella pianura padana, di abbazie e luoghi dello spirito. La scoperta di Milano e dei suoi dintorni comincia necessariamente dalla città, dai suoi luoghi simbolo, che spesso restano ancora misteriosi o nascosti. Ma non si può evitare di spingersi fuori dalla cerchia metropolitana, fino alla celebre Chiaravalle, fondata da san Bernardo di Clairvaux nel 1135, tra i più importanti complessi monastici italiani, e alla bella Certosa di Pavia.

VENERDÌ SERA

Milano è una città modaiola e scintillante, piena di locali, ristoranti, intere zone dedicate al buon vivere: i Navigli, Brera, corso Garibaldi. Ma c'è qualcosa di più, quando si attraversi di sera il centro, avvolti da un'aria di festa che si insinua nelle viuzze tra piazza del Duomo e via Torino. Lì si nasconde un gioiello architettonico, la chiesa di San Sepolcro, fondata nel 1030 e consacrata dall'arcivescovo Ariberto d'Intimiano, la cui cripta, luogo di grande pace e spiritualità, già scelta da san Carlo Borromeo come personale luogo di preghiera, è stata recentemente restaurata e restituita alla città: costruita nel punto esatto in cui si incrociavano il Cardo e il Decumano dell'antica Mediolanum, con le stesse pietre levigate che un tempo formavano il lastricato del foro romano, oggi ospita eventi artistici e per questo la si può trovare aperta fino a tarda sera.

SABATO

Milano è molto legata ad alcuni suoi illustri cittadini: dagli antichi, come

Francesco Sforza, Alessandro Manzoni, Cesare Beccaria, ai più recenti, come Dario Fo e Franca Rame. Ma essa si fonda soprattutto sulla figura di sant'Ambrogio: protettore della città, nato a Treviri, l'attuale Trier, nel 339 da una ricca famiglia romana, egli è uno dei quattro "dottori" della Chiesa occidentale, assieme a san Girolamo, san Gregorio e sant'Agostino, che lui stesso battezzò a Milano. Ambrogio era stato un politico: pretore, divenuto governatore della Liguria e dell'Emilia, si trasferì a Milano e qui fu acclamato vescovo della città: era il 7 dicembre del 374. Ambrogio è all'origine del rito ambrosiano che, rispetto al rito romano, si distingue per alcuni elementi della celebrazione; ma soprattutto fu colui che cambiò il volto della città anche dal punto di vista strutturale: ne sono testimoni le chiese di San Nazaro e Sant'Ambrogio, di sicura paternità ambrosiana, e quelle di San Simpliciano e di San Dionigi, attribuite al vescovo dalla tradizione.

San Nazaro

La dedicazione ambrosiana nomina questa chiesa come basilica *apostolorum*; infatti, al suo interno, sono custodite, oltre alle reliquie di san Nazaro, anche quelle degli apostoli Andrea, Giovanni e Tommaso. Costruita tra il 382 e il 386, la chiesa si trova nella zona centrale dell'Università degli Studi, ospitata negli spazi della Ca' Granda, già sede dell'Ospedale Maggiore, opera dell'architetto fiorentino Filarete. Un luogo molto amato dai milanesi, dagli abitanti della zona e dagli storici. Si tratta di un unicum: è la più antica chiesa d'Occidente ad avere una pianta a croce latina, nuova tipologia architettonica che in seguito avrebbe avuto

Milano. San Nazaro. Cappella Trivulzio.

larghissimo successo. Una cappella, all'interno della chiesa, è legata strettamente a due celebri personaggi che alla Milano artistica lasciarono molto: Leonardo da Vinci e Bramantino: la Cappella Trivulzio, posta all'ingresso della basilica, al posto dell'antico quadriportico antistante l'entrata. Venne eretta come mausoleo di Gian Giacomo Trivulzio, condottiero per conto di Luigi XII di Francia, occupatore di Milano dopo la caduta degli Sforza. Fu realizzata da Bartolomeo Suardi detto il Bramantino, di cui è l'unica realizzazione architettonica conosciuta. L'interno della cappella, entro cui avrebbe dovuto trovare posto un monumento equestre di Leonardo da Vinci, mai realizzato, è su tre livelli ed è arricchita da bifore, sarcofaghi e resti di affresco che le conferiscono un impatto monumentale. Molto affascinante l'area archeologica in cui sono visibili le fondamenta della precedente cappella di San Lino del IX secolo.

San Simpliciano e San Dionigi

La basilica di San Simpliciano si affaccia su corso Garibaldi, antica via che collegava Milano a Como. Ambrogio l'avrebbe voluta e dedicata a Maria e alle sante vergini alla fine del IV secolo; fu poi consacrata a Simpliciano, successore di Ambrogio, che qui venne sepolto. Della sua fondazione si scoprirono le prove solo nel XX secolo, grazie alle indagini di Edoardo Arslan, celate dalle molte modifiche che la chiesa aveva subito nei secoli: la ristrutturazione della basilica secondo i canoni dell'arte romanica allora in voga avvenne probabilmente proprio sulla spinta del grande prestigio acquisito tra l'XI e la seconda metà del XII secolo. Nel Cinquecento, la basilica passò ai Benedettini di Monte Cassino che apportarono nuove migliorie, costruirono cappelle laterali e, soprattutto, il secondo chiostro, o Chiostro delle Due Colonne. All'inizio del XVIII secolo venne costruita la cappella del Rosario, situata nel transetto sinistro e vistosamente decorata in stile rococò. Purtroppo ciò comportò la perdita di una parte delle mura paleocristiane originarie. Nel 1870 l'architetto Maciachini rinnovò la facciata rifacendosi allo stile romanico – la basilica è rivestita completamente in mattoni a vista se non per una piccola parte della facciata, ricoperta di lastre di marmo – e conservando il portale centrale, originario romanico.

Della basilica di San Dionigi invece possiamo solo leggere: quella che era chiamata basilica *prophetarum*, infatti, venne distrutta nel Settecento per creare i giardini pubblici di Porta Venezia: la chiesa fu ambito luogo di sepoltura da parte dell'aristocrazia milanese e mantenne un ruolo di primo piano nella Chiesa ambrosiana dal V al XVIII secolo. Qui era sepolto il celebre vescovo Ariberto d'Intimiano, il cui sarcofago venne salvato dalla demolizione e oggi è conservato, insieme alla croce del Carroccio, nel duomo.

Sant'Ambrogio

Oggi Sant'Ambrogio, ieri basilica *martyrum*, perché collocata vicino al cimitero *ad martyres*. Oggi in pieno centro, vicino all'Università Cattolica del Sacro Cuore, ieri nella vasta area del suburbio orientale della città riservata, appunto, alle sepolture. La volle proprio Ambrogio, che la consacrò nel 385-386, inizialmente per conservarvi la propria tomba, poi per accogliere le spoglie dei santi Protasio e Gervasio. Ambrogio vi verrà sepolto, sotto l'altare, nel 397. Purtroppo, della basilica originaria conosciamo solo la pianta; tutto l'alzato è frutto della ricostruzione del IX-XI secolo. Il materiale di costruzione del complesso della basilica è di provenienza locale ed è "povero", principalmente costituito da mattoni di diversi colori, pietra e intonaco bianco. L'inconfondibile quadriportico ci conduce all'ingresso, la facciata a capanna con le due logge sovrapposte e i due campanili; nel presbiterio, sotto il tiburio ottagonale, si trova il famoso altare d'oro, del *magister phaber* Vuolvino: un'arca di legno, rivestita in lamina d'oro e d'argento di 2,5 millimetri, lavorata a sbalzo e decorata con smalti, filigrane, perle e oltre 4000 pietre preziose, coperto dal ciborio del IX secolo. L'abside è su due livelli: in quello inferiore, più basso rispetto alla navata, troviamo la cripta con i corpi dei santi Ambrogio, Gervasio e Protasio e, nel livello superiore, gli stalli lignei del coro (XV sec.). Il catino absidale ospita un mosaico risalente all'XI secolo e raffigurante Cristo redentore tra i santi Gervasio e Protasio; ai lati, due scene della vita di Ambrogio legate alla storia di Milano. Alla fase

Scorcio della basilica di Sant'Ambrogio.

antica appartiene il bellissimo sarcofago di Stilicone, attribuito secondo la tradizione all'imperatore Teodosio, ma più probabilmente commissionato da un personaggio della corte: è scolpito a bassorilievo con episodi della vita di Gesù e rimandi simbolici alla fede cristiana. Non possiamo lasciare la basilica prima di aver visitato il sacello di San Vittore in Ciel d'oro: edificato molto probabilmente tra la metà del V e il VI secolo per ospitare le spoglie di del martire Vittore, associato a Satiro, fratello di Ambrogio, morto tra il 375 e il 378 d.C. Inizialmente indipendente dalla basilica, la cappella è a pianta trapezoidale e conserva l'immagine più antica e realistica di Ambrogio, raffigurato in abiti civili e senza aureola. La basilica venne pesantemente colpita dai bombardamenti del 1943, che distrussero soprattutto la parte esterna del quadriportico, danneggiando la cupola della basilica, il mosaico alle spalle dell'altare e altre parti esterne. Il restauro compiuto negli anni Cinquanta riportò la basilica al suo antico splendore.

Ancora un piccolo aneddoto prima di concludere la visita: proprio sul fianco della basilica, verso la piazza, troviamo una misteriosa colonna: già parte del palazzo imperiale di Milano (di cui rimangono alcune rovine presso l'odierna via Brisa) eretto da Massimiamo nel III secolo. Si presenta con un capitello in stile corinzio, ma sono i due buchi presenti sulla parte inferiore ad attirare l'attenzione. Secondo la leggenda, infatti, questi due fori sono stati causati dallo sbattere delle corna del diavolo, preso a calci da sant'Ambrogio in persona.

Il progetto architettonico di Ambrogio è, alla luce dei secoli passati, di estremo interesse. A questo sembra essersi ispirato il programma novecentesco che, a partire dal 1945, e per tutto il periodo del boom economico, ha interessato Milano e la diocesi ambrosiana (tra le più vaste e popolose al mondo) riempiendola di chiese. Ne sono state costruite circa 300 tra il 1945 e il 1993. A Milano se ne trovano nel Vigentino (chiesa di Santa Maria Liberatrice), in zona San Vittore (San Francesco d'Assisi al Fopponino su progetto di Gio Ponti) a Pioltello (chiesa di Maria Regina), a Niguarda (chiesa di San Carlo alla Cà Granda), al Giambellino (chiesa di San Curato d'Ars), a QT8 (Santa Maria Nascente, su progetto di Piero Bottoni) a Cinisello Balsamo (chiesa di San Giuseppe Operaio), così come a Turro (chiesa di San Gabriele Arcangelo in Mater Dei) e alla Comasina (chiesa di San Bernardo). Grandi architetti progettarono edifici sorprendenti, invitati da Giovanni Battista Montini (arcivescovo della città e futuro Paolo VI). Subito all'inizio dell'episcopato, «questi architetti affrontarono il tema chiesa rispondendo alle necessità dei singoli luoghi, senza rinunciare alla contemporaneità della ricerca architettonica».

DOMENICA

Una giornata fuori città porta a scoprire due luoghi molto cari ai milanesi e alla Lombardia tutta. In direzione sud, verso la città di Lodi, tra grandi campi, pianure coltivate a riso o granturco, dove gli insediamenti umani sono il più delle volte piccoli villaggi, troviamo l'abbazia del Cerreto, fondata nell'XI secolo dai Benedettini provenienti dalla casa madre di Monte Cassino e poi rinnovata durante la riforma cistercense. "Bosco di cerri", da qui sembra derivare il nome del luogo, dove i signori di Cassino possedevano delle terre che, nel 1084, donarono ai Benedettini perché vi fondassero un'abbazia. La chiesa quasi certamente fu edificata intorno al 1160-70, rivestita interamente in laterizio, con alcuni elementi del gotico francese. In breve tempo, l'abbazia divenne un centro attrattivo anche per l'attività di bonifica delle zone circostanti e le continue donazioni che ne garantivano la sussistenza. L'interno è sobrio, con un bel coro ligneo tardo settecentesco. Il complesso è un affascinante luogo di pace e di laboriosità.

ABBAZIA DEL CERRETO

Abbadia Cerreto -
Piazza della Vittoria, snc

0371 72219

Tutti i giorni,
dalle 8.30 alle 18.00.

Durata visita: 1h circa.

Puntando verso Pavia, si raggiunge in breve tempo la splendida Certosa. Voluta dalla famiglia Visconti come

Abbadia del Cerreto.

Certosa di Pavia.

cappella di famiglia, a celebrazione della grandezza della dinastia. La Certosa, la cui prima pietra fu posta nel 1396, oggi racconta del ducato di Milano attraverso l'architettura e la pietra, gli affreschi e i monumenti che proprio ai Visconti e agli Sforza si devono. La Certosa si sviluppa secondo lo schema tipico dell'edificato dei Certosini: due chiostri – su quello grande affacciano le celle e intorno a quello piccolo si svolgono la vita comune e i lavori manuali: a esso è collegata la chiesa. Passato il vestibolo, dal cortile, colpisce immediatamente la facciata della chiesa, capolavoro della scultura lombarda rinascimentale e manierista, iniziata nel 1473 da Guiniforte Solari, con i 61 medaglioni in marmo di Candoglia a figurazioni allegoriche e grandi personaggi dell'antichità, intervallati da piccole statue di profeti, apostoli e santi. Il portale risale al 1501 ed è opera di Benedetto Briosco e collaboratori,

che vi scolpirono le storie della Madonna. L'interno della chiesa fa pensare subito al duomo meneghino, anche se l'effetto complessivo è più pacato grazie all'uso della pietra d'Angera. Le cappelle sono state tutte rimaneggiate nel Seicento e nel Settecento, mentre nel transetto sinistro si possono ammirare gli affreschi del Bergognone, l'Ecce Homo e l'incoronazione di Maria con Francesco Sforza e Ludovico il Moro oranti. Ancora, nel mezzo del transetto, si ergono le statue tombali di Beatrice d'Este e Ludovico il Moro, di Cristoforo Solari, trasportate qui dalla chiesa di Santa Maria delle Grazie di Milano. Infine, nel transetto destro, campeggia il grande monumento sepolcrale di Gian Galeazzo Visconti, la cui salma venne qui trasportata il 1° marzo 1474. Da non perdere, percorrendo la navata destra verso l'uscita, la settima cappella detta dell'Annunciata con l'Annunciazione del Procaccini, e la quarta detta del Crocefisso con la Crocifissione, capolavoro del Bergognone.

Una volta visitata la chiesa, è bello perdersi nei due chiostri, il piccolo affrescato ancora dal Bergognone e scuola nelle lunette e nella volta, il grande, cinto da un portico di 122 arcate. Sul retro della chiesa, un alto muro di cinta delimita i terreni dove vengono coltivate erbe medicinali. In questo spazio, dietro l'abside, si trova anche una grande vasca per pesci in marmo decorato, che in passato serviva ai monaci per allevare pesci d'acqua dolce e conservarvi quelli pescati nei canali adiacenti.

CERTOSA DI PAVIA

Certosa di Pavia -
Via del Monumento, 4

informaCertosa@gmail.com

Dalle 9.30 alle 11.30
e dalle 14.30 alle 17.00.
Chiuso il lunedì.

Durata visita: 2 h circa.

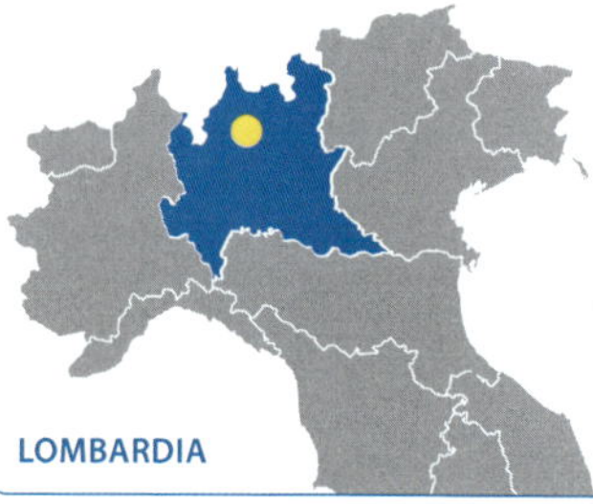

La città di Bergamo è suddivisa in due parti distinte, la "città bassa" e la "città alta": quest'ultima, in posizione più elevata, ospita la maggioranza dei monumenti cittadini, mentre la parte bassa è il fulcro più moderno. Le separano le mura venete, annoverate dal 2017 fra i patrimoni dell'Umanità tutelati dall'UNESCO. Conquistata dai Longobardi, poi dai Franchi, a partire dal XIII secolo, nell'ambito delle lotte tra guelfi e ghibellini, Bergamo cadde sotto l'influenza dei Visconti di Milano, che fortificano la Cittadella. Dal 1428 entrò a far parte dei domini della Repubblica di Venezia: i Veneziani ricostruirono la città vecchia, erigendo possenti mura difensive. Il dominio veneto continuò fino all'epoca napoleonica quando, dopo la breve esperienza della Repubblica Bergamasca, della Repubblica Cisalpina e del Regno d'Italia, con la Restaurazione, la città entrò nella sfera austriaca del Regno Lombardo-Veneto. Gli austriaci furono i fautori della prima industrializzazione del territorio bergamasco, con l'impianto di manifatture tessili. Bergamo avrebbe poi preso parte al Risorgimento, fornendo buona parte dei Mille di Giuseppe Garibaldi. Egli stesso era entrato in città, con i suoi Cacciatori delle Alpi, l'8 giugno 1859.

VENERDÌ SERA

Bergamo è città godereccia: la vita notturna è molto animata; locali e luoghi di ritrovo non mancano ed è molto diffuso il rito dell'aperitivo serale nel centro storico. Così come sono in molti, da primavera in poi, a voler trascorrere la serata a passeggio in città alta (dove si arriva con la funicolare) oppure nei molti ristoranti.

FUNICOLARE PER BERGAMO ALTA

- Bergamo - Viale Vittorio Emanuele II
- atbpoint@atb.bergamo.it
- atb.bergamo.it
- **Aperto tutti i giorni** dalle 10.00 alle 12.30 e dalle 13.30 alle 16.30.
- **Tariffe:** da € 1,30 a € 2,80 a seconda delle zone della città.

Funicolare di Bergamo.

SABATO

È facile innamorarsi di Bergamo, della sua Piazza Vecchia, dei tramonti ammirati dalla città alta, delle cene consumate ammirando il panorama verso la città bassa. Ma un luogo, anzi un edificio più di tutti stupisce sempre per la sua bellezza, incastonato nella piazza, indimenticabile: la Cappella Colleoni. Sul lato della chiesa di Santa Maria Maggiore, dove un tempo sorgeva l'antica sagrestia – che la storia vuole essere stata molto amata dai rettori della chiesa tanto da implorare a che non venisse distrutta – svetta la cappella voluta da Bartolomeo Colleoni, uno dei condottieri più celebrati del XV secolo. Colleoni aveva deciso di edificarsi la tomba nel cuore della città, affidandone la costruzione a Giovanni Antonio Amadeo, probabilmente il migliore architetto sulla piazza in Lombardia. La cappella è in tutto e per tutto una celebrazione del suo fattore, a cominciare dalla facciata, di altezza vertiginosa, così da essere ammirata anche a grande distanza. Amadeo riuscì nell'impresa di realizzare un edificio eclettico e molto caratterizzante, in armonia con la piazza e soprattutto con l'attigua basilica. Sia all'interno sia all'esterno, ogni elemento acquista un significato simbolico; la vicenda dell'umanità, dalle storie bibliche del Libro della Genesi, attraverso le imprese di Ercole, fino al tempo dell'Impero Romano, è un percorso al termine del quale si celebra il condottiero, che si pone in continuità con i grandi personaggi dell'antichità. Sulla sommità della cupola, la statua della Madonna con Gesù Bambino ci ricorda il senso ultimo della vita umana che, attraverso l'intercessione della Vergine, trova in Cristo la salvezza e la redenzione.

Un ultimo dettaglio è posto sulla cancellata di ferro: i tre testicoli, "*i ball*", come le chiamano i bergamaschi, stemma del Colleoni, potente simbolo di fertilità, che fece nascere la leggenda che egli fosse particolarmente dotato e che oggi si ritiene portino fortuna.

Sotto il Monte Giovanni XXIII

Le valli che circondano la città sono meta molto amata dai bergamaschi, così come dai milanesi e dai bresciani. Valli morbide, a volte nascoste, ma oggi

Santa Maria Maggiore
e cappella Colleoni.

decisamente in riscoperta, sia per l'autenticità dei luoghi, che per la bontà dei prodotti enogastronomici. Sono tanti i piccoli borghi da visitare, dopo aver lasciato il capoluogo, magari seguendo un tema artistico, molto presente in questi territori, quello delle "danze macabre", iconografia tardomedievale che rappresentata una danza fra uomini e scheletri: la ritroviamo visitando la chiesa di San Vigilio a Pinzolo, l'oratorio dei Disciplini a Clusone, la chiesa di San Bartolomeo e Palazzo Milese a Cassiglio, e la parrocchiale di San Giacomo ad Averara. Ma c'è un paese, situato all'estremità settentrionale dell'isola bergamasca e delimitato dal Monte Canto, che ci riporta alla memoria un personaggio del nostro recente passato ancora indimenticato: Sotto il Monte Giovanni XXIII. Il paese è da sempre legato all'abbazia rettoria di Sant'Egidio in Fontanella, fondata da Alberto da Prezzate, tanto che, quando questo si sviluppò, venne chiamato Sotto il Monte dei Frati, poi modificato semplicemente in Sotto il Monte. Zone, queste, al tempo molto povere. Le dominazioni che si susseguirono, poco interessarono gli abitanti del borgo, che mantennero la struttura del nucleo abitativo quasi immutata fino al XX secolo. Vi fu un sacerdote cattolico originario del borgo, Angelo Giuseppe Roncalli, che assurse agli onori delle cronache di tutto il mondo, quando venne elevato al soglio pontificio con il nome di papa Giovanni XXIII. Dopo la morte del Pontefice, avvenuta il 3 giugno 1963, il paese, in suo onore, assunse l'attuale denominazione ufficiale di Sotto il Monte Giovanni XXIII. Sopravvive ancora ed è visitabile la cascina dalla struttura classica, con ampio porticato ad arcate e una scala in legno che porta alle stanze dove, il 25 novembre 1881, nasceva il piccolo Angelo Giuseppe.

DOMENICA

Santa Maria del Fonte a Caravaggio

La basilica presso Caravaggio è un monumentale edificio dedicato al culto di Santa Maria del Fonte che, secondo la tradizione cattolica, apparve proprio qui il 26 maggio del 1432, alla giovane contadina Giannetta de'Vacchi. Già in quell'anno, il vescovo di Cremona, Bonincontro de' Secchi, aveva posto sul luogo dell'apparizione la prima pietra per l'erezione di una cappelletta dove accogliere i numerosi infermi che vi si recavano in pellegrinaggio.

Le cronache del 1516 già descrivono la cappella quale chiesa «veramente insigne, con edifizi adatti, ornamenti e pitture venerande», come recitano le parole del privilegio concesso in quell'anno da papa Leone X al santuario. Già pericolante a metà del secolo, la chiesetta fu distrutta e venne in seguito ricostruita. Il santuario di Caravaggio, oggi, oltre a fungere da importante luogo di preghiera, ospita un centro d'accoglienza per pellegrini e ammalati, un centro di consulenza matrimoniale e familiare e di spiritualità.

SANTA MARIA DEL FONTE PRESSO CARAVAGGIO

Caravaggio - Viale Giovanni XXIII

0363 3571

Tutti i giorni, dalle 6.30 alle 19.00.

Il complesso è prettamente un luogo di preghiera e di spiritualità.

Caravaggio. Santuario e piazzale con l'obelisco.

NOVARA

Chi non conosce Novara potrebbe immaginarla come una città industriale, poco pensata per un weekend di relax, a metà strada tra le operose Milano e Torino; invece è ricca di storia e riserva un centro storico ricco accattivante anche per palati esigenti. La città conserva molte testimonianze del nostro passato: da un graticolato d'epoca romana, ai palazzi medievali nell'antico Broletto, agli edifici rinascimentali come quello del Podestà, fino al barocco e all'architettura di fine Ottocento. La città, con l'importanza che ha rivestito nei secoli da un punto di vista religioso, è un buon punto di partenza per raggiungere il vicino lago d'Orta e così visitare due luoghi veramente speciali per chi cerca raccoglimento e meditazione. Prima tappa: il Sacro Monte di Varallo, dove vivere un personale pellegrinaggio in Terra Santa, com'era nella volontà del suo ideatore; e, come seconda tappa, le sponde del lago dove, con una breve navigazione, si può visitare la splendida Isola di San Giulio, sede di un monastero magico e leggendario, certamente affascinante.

VENERDÌ SERA

Il centro storico di Novara, leggermente sopraelevato rispetto al resto della città, regala scorci inaspettati: il vero cuore della città è tra corso Mazzini e corso Italia, dove si trova anche il reticolato romano che ne ricorda le origini. Oltre al duomo e al battistero, una visita merita anche il Broletto, vecchio quartiere amministrativo della città di epoca medievale, così come gli attigui Palazzo del Podestà e Palazzo dei Paratici.

SABATO

Dopo un'ottima colazione, preferibilmente con i famosi biscotti di Novara, lasciamo la città diretti a Varallo, per compiere l'ascesa al Sacro Monte.

Il Sacro Monte di Varallo

Il cammino è stato pensato alla fine del XV secolo dal francescano Bernardo Caimi di ritorno dalla Terra Santa. In un momento in cui sarebbe stato difficile, per i pellegrini, affrontare il viaggio, egli volle ricostruire qui i luoghi della vita

Varallo, Sacro Monte.

di Gesù, così da permettere a tutti di compiere un percorso di preghiera, raccoglimento e meditazione.

Il pellegrinaggio consta in 44 cappelle (45 con la basilica), raffiguranti la vita di Gesù. Ognuna di esse è ricca di affreschi (in tutto sono circa 4000) e statue lignee (circa 800) raffiguranti l'intera vita del Messia galileo. Il "pellegrinaggio" termina alla basilica, opera ben più tarda rispetto all'inizio dei lavori. Bernardo, da uomo coinvolgente qual era – sue erano le descrizioni dei luoghi di terra santa per gli affreschi – riuscì a coinvolgere nel suo progetto tutta la comunità della zona e soprattutto i nobili, che continuarono a portare avanti l'opera fino alla completa realizzazione e ai continui rimaneggiamenti e restauri che fortunatamente ci regalano oggi un gioiello di ingegnosità e devozione.

SANTUARIO DEL SACRO MONTE DI VARALLO

- Varallo Sesia
- 0163 51131
- rettore@sacromontedivarallo.it
- Il complesso del Sacro Monte e le cappelle sono sempre aperti e visitabili.
- **Durata visita:** 1 h e mezza circa (su prenotazione).

Isola di San Giulio.

DOMENICA

Il lago d'Orta

Nato dal ghiacciaio del Sempione, il lago d'Orta è meta di grande fascino, ricca di storia e abitata fin da Neolitico. Sulle rive di questo specchio d'acqua i Longobardi hanno cercato di impedire la discesa dei Franchi, non riuscendoci però: il povero Mimulfo ci rimise la testa. Per troppo tempo il grande valore turistico, ma soprattutto ambientale, del territorio non è stato valorizzato e difeso, con il rischio, negli anni Sessanta e Settanta, che fosse completamente distrutto l'ecosistema naturale a causa di un'industrializzazione senza regole. Oggi il lago è tornato al suo splendore e conserva incredibili gioielli naturalistici e tutta la bellezza di scorci romantici, nonché notevoli opere architettoniche.

Isola di San Giulio

Di fronte a Orta San Giulio si trova il vero tesoro dell'omonimo lago: l'isola omonima, un paradiso di pace, raggiungibile in pochi minuti a bordo di piccole

Orta San Giulio. Sacro Monte, vista interna di una cappella.

imbarcazioni che partono ogni 15 minuti (a partire dalle 9:00) dalla centrale piazza Motta. Al suo interno, un'unica strada segue il perimetro dell'isola del silenzio. Oggi vi abitano alcune suore di clausura benedettine, ma in origine fu un possedimento longobardo e, in seguito, dei vescovi di Novara. La leggenda vuole che l'isola fosse abitata da mostri e serpenti che san Giulio, nel 390, sconfisse fondando poi la chiesa che oggi ne custodisce le spoglie. La facciata e la scalinata della basilica di San Giulio affacciano direttamente sulle acque blu del lago, creando suggestivi riflessi. Eretto sui resti di una struttura del IX secolo, l'edificio subì gravi mutilamenti sotto Ottone I; è sopravvissuto il presbiterio originario, insieme ad alcuni elementi romanici: le absidi, i capitelli e i matronei. All'interno della basilica ci si può perdere, ammirando gli affreschi e soprattutto leggendo le iscrizioni lasciate dai pellegrini che passavano di qui, come se se si trattasse di un immenso libro del ricordo per i viaggiatori.

Da non perdere la cripta, che conserva le spoglie di san Giulio in una teca di cristallo. L'isola rimane un posto magico, custode di storia che si respira nell'aria e, semplicemente, muovendovi un primo passo.

BASILICA DI SAN GIULIO

- Orta San Giulio - Isola San Giulio
- 0322 905163
- **Aprile-metà ottobre**, dalle 9.30 alle 18.00. **Ottobre-marzo**, dalle 9.30 alle 12.00 e dalle 14.00 alle 17.00. Il monastero essendo di clausura non è visitabile.
- **Durata visita:** 2 h circa.

Torino è una città dalla storia millenaria. Fu fondata probabilmente attorno al III secolo a.C. dai Taurini, una popolazione celto-ligure; fu poi trasformata in colonia romana da Augusto, con il nome di Iulia Augusta Taurinorum, nel I secolo a.C. Dopo il dominio ostrogoto, fu capitale di un ducato longobardo, per poi passare, divenuta capitale di marca carolingia, sotto la signoria nominale dei Savoia nell'XI secolo. Dal 1720 fu capitale del Regno di Sardegna, che nel XIX secolo avrebbe portato all'unificazione italiana e che fece di Torino la prima capitale del Regno d'Italia (dal 1861 al 1865). La città è al centro di un anfiteatro montuoso che ingloba alcune delle più belle vette alpine: il Monviso, monte sul quale nasce il Po, il Rocciamelone, e i massicci del Gran Paradiso, del Monte Bianco, e del Monte Rosa, senza dimenticare il Cervino.

VENERDÌ SERA

Per visitare Torino di sera la cosa migliore è partire dal Quadrilatero romano, nel centro storico della città. Viuzze strette e squadrate, in cui è (quasi) impossibile perdersi, tutte uguali ma tutte con una propria fisionomia. Dal Quadrilatero (quartiere) ai quadrilateri delle piazze del centro, che sono quattro e sono disposte a rombo. Ennesimo quadrilatero. Le più famose: piazza Castello e piazza San Carlo, sono i vertici, con ai lati piazza Carlo Alberto e piazza Carignano, più raccolta e intima. Ma essendo a pochi passi l'una dall'altra sono da includere tutte e quattro tra le realtà

Museo egizio.
Particolare della Sfinge.

da visitare a Torino. La vera chicca resta il Museo egizio (sì, anche di sera). Visitarlo di giorno è un'esperienza meravigliosa, ma farlo di notte è talmente suggestivo da far sembrare che tutto prenda vita. Può essere una vigilia davvero diversa.

MUSEO EGIZIO

- Torino - Via Accademia delle scienze, 6
- 011 440693
- **Lunedì**, dalle 9.00 alle 14.00. **Martedì-domenica**, dalle 9.00 alle 18.30.
- **Durata visita:** da 1 a 2 h circa.

SABATO

Torino è una scacchiera, a guardarla bene. Strade dritte, parallele e perpendicolari. Ma non ci si annoia, si studia e poi si fa la propria mossa. Uno dei tanti itinerari possibili, ci conduce a Porta Palatina, per farci poi addentrare nel centro storico, giù fino a via Po, con il suo porticato e le edicole dove trovare vecchi libri e dischi, fino al fiume da attraversare per poter visitare la chiesa, con la C maiuscola, della Gran Madre e, per finire, un momento di relax al parco del Valentino.

Santuario della Consolata

Il santuario della Consolata, o secondo la denominazione ufficiale, chiesa di Santa Maria della Consolazione, è uno dei luoghi di culto più antichi di Torino. Dedicato a Maria, invocata con il titolo di "Consolatrice", è considerato il più importante santuario della città, oltre che un capolavoro del barocco piemontese. L'edificio è il risultato di numerosi interventi operati nel corso dei secoli. Gli ultimi ampliamenti si possono raccogliere in tre grandi fasi di rimaneggiamenti, attuati tra il Seicento e gli inizi del Novecento. La chiesa è famosa anche per la pianta, unica nel suo genere: un grande corpus ellittico anticipa la navata principale a pianta esagonale, con due coppie di cappelle ogivali che affiancano la cappella centrale, con funzione di abside, dove è collocato l'altare maggiore, rimaneggiato dal Guarini sul finire del XVII secolo. La torre campanaria, edificata sul finire del X secolo al completamento della precedente chiesa di Sant'Andrea, fu opera dell'architetto monaco Bruningo, e rappresenta l'unica testimonianza della precedente chiesa romanica sulla quale è stato edificato l'attuale santuario. Per la sua costruzione fu utilizzato del laterizio per gran parte di epoca romana, proveniente da rovine di abitazioni patrizie circostanti; alcuni rilievi marmorei, ancora oggi, sono ben visibili nella parte sottostante.

SANTUARIO DELLA CONSOLATA

- Torino - Via Maria Adelaide, 2
- 011 4836100
- **Tutti i giorni:** dalle 6.30 alle 19.30.
- Visite guidate gratuite anche in lingua straniera.

Chiesa della Gran Madre

Opera dell'architetto della corte sabauda Ferdinando Bonsignore (1760-1843) che diede alla chiesa forme e proporzioni ispirate dichiaratamente a quelle del Pantheon di Roma, la chiesa venne ultimata nel 1831 come parte del quinto ingrandimento della città di Torino voluto da Carlo Felice. Con essa sorse anche la grande piazza Vittorio Veneto. È l'unica chiesa della città di proprietà comunale, che la acquisì per festeggiare il ritorno del re Vittorio Emanuele I di Savoia, il 20 maggio 1814, dopo la ritirata dell'esercito di Napoleone e la fine del dominio francese.

L'edificio sorge rialzato rispetto alla piazza circostante, grazie a un basamento elevato, costituito da un'ampia scalinata, al termine della quale si trova il grande pronao, costituito da sei colonne frontali. Secondo la tradizione, la chiesa sorgerebbe sul luogo ove, nell'antichità, si trovava un tempio dedicato alla dea egizia Iside, conosciuta anche come "Grande Madre".

Una delle due statue ai lati della scalinata, quella di sinistra, rappresenta una donna che tiene nella mano destra un libro aperto e con la sinistra leva un calice. Per gli amanti dell'esoterismo tale statua, rappresentante ufficialmente la Fede, non sarebbe altro che la stessa Madonna, con in mano il Santo Graal, e indicherebbe un punto che dovrebbe portare al ritrovamento del prezioso calice, inducendo molti a pensare che la leggendaria reliquia si trovi proprio in questa città.

CHIESA CATTOLICA PARROCCHIALE GRAN MADRE DI DIO

- Torino - Piazza Gran Madre di Dio, 4
- 011 8193572
- **Tutti i giorni**, dalle 7.30 alle 19.00.
- **Durata visita:** 1 h circa.

Chiesa della Gran Madre di Dio.

DOMENICA

Il bello di Torino è anche il suo essere circondata da meravigliosi luoghi da scoprire: le Langhe, il vercellese, l'arco alpino e i tanti paesi che rendono il Piemonte una regione eccezionale da un punto di vista culturale, artistico ed enogastronomico, a cominciare proprio dai dintorni del capoluogo.

Convento di San Domenico a Chieri

Arrivati a Chieri, ultima propaggine del Monferrato verso Torino, alla metà del Duecento, i frati domenicani iniziarono a costruire, in prossimità delle mura, la loro chiesa e l'annesso convento: è il grande complesso visibile ancora oggi nel centro della città. Edificato intorno a due chiostri, conserva ancora molte tracce del primo edificio medievale. Nei secoli fu ampliato e rimaneggiato e, nel Seicento, assunse più o meno l'aspetto attuale. La chiesa rappresenta, con il duomo, il più significativo esempio d'arte gotica a Chieri. Nel primo Seicento il pittore Guglielmo Caccia, il Moncalvo, lasciò nel coro e nella cappella del Rosario una testimonianza straordinaria della sua arte. Intorno alla chiesa e al convento, un lungo muro quattrocentesco delimita il grande giardino e l'orto conventuale. Inizialmente, la chiesa era di tipo gotico a tre navate, ma nel corso del XIV secolo vennero costruite ai suoi fianchi numerose cappelle patrizie. Se si osserva la facciata, si può notare come non sia lineare e piatta, ma segua l'andamento delle antiche mura di protezione della città. La chiesa conserva diversi antichi tesori, tra cui pregiate opere del Moncalvo quali: *La Resurrezione di Lazzaro* e *La Moltiplicazione dei pani*. Sempre a lui fu affidata nel 1614 la decorazione del coro. Dopo le confische dei beni ecclesiastici, nel 1871 i padri domenicani poterono rientrare e, a fine Ottocento, la chiesa subì modifiche interne dettate dal gusto dell'epoca, oltre a un rafforzamento della facciata che minacciava il crollo.

CONVENTO DI SAN DOMENICO

Chieri - Via S. Domenico, 1

011 9403911

Dal martedì alla domenica dalle 9.00 alle 12.00 . **Lunedì mattina** chiuso.

Durata visita: 1 h circa.
Possibilità di visite guidate.

Chiesa di san Domenico, Chieri.

Affacciata sul Mar Ligure, per oltre sette secoli capitale dell'omonima Repubblica, Genova era ed è la città simbolo della marineria, del commercio e della conseguente attività bancaria e industriale. Il suo porto, il più esteso d'Italia, è uno dei più importanti a livello europeo. L'origine del suo nome risale al termine latino *Genua*, dalla radice indoeuropea *geneu-* ("ginocchio") oppure da *genu-* ("mascella, bocca"); *genu-*, quindi, sarebbe un'allusione alla foce ("bocca") di uno degli antichi corsi d'acqua del sito o la forma stessa dell'insediamento sul mare. Durante il Medioevo il toponimo fu alterato in *Ianua*, latino per "porta di ingresso", "passaggio" e ciò ha fatto nascere la leggenda che vuole la città prendere il nome dal dio romano Giano, protettore delle porte: proprio come il

Genova porto.

Giano bifronte, infatti, Genova ha due facce: una rivolta verso il mare, l'altra oltre i monti che la circondano.

La città dei cantautori

A partire dagli anni Sessanta, nel capoluogo ligure nacque quella che poi venne definita la "scuola genovese" della canzone d'autore italiana. Tra i più noti esponenti della cosiddetta "scuola storica", che ottenne successo a partire dagli anni Sessanta, si collocano: Umberto Bindi, Fabrizio De André, Bruno Lauzi, Gino Paoli, Giorgio Calabrese e Luigi Tenco. Erano soliti ritrovarsi nel quartiere Foce e, in particolare, al bar latteria "Igea" (che ispirò Gino Paoli nella canzone "Quattro amici al bar", del 1991), in via Casaregis. Inizialmente utilizzata per definire il nucleo storico, la definizione è stata poi estesa ad altri cantautori genovesi della prima generazione, e poi agli esponenti della nuova generazione, primi tra i quali Ivano Fossati e Francesco Baccini.

VENERDÌ SERA

Cosa fare a Genova di sera? I veri genovesi fanno festa per strada. I locali notturni e i pub si trovano tutti nel centro storico, luogo unico nel suo genere.

La Libreria delle Erbe

Questo locale notturno ha una storia davvero singolare: una volta era una libreria antiquaria, mentre ora è uno

Genova, via del Campo.

dei locali più frequentati e accoglienti di tutta la città. La Libreria delle Erbe è sempre aperta, potrete passare un sabato sera alternativo con in una mano un libro e nell'altra un buon cocktail.

LIBRERIA DELLE ERBE

- Genova - Piazza delle Erbe
- 391 1777282
- caffeletterariogenova@gmail.com
- **Sempre aperto.**

SABATO

Il mare la fa da padrone: tutto a Genova brilla di più, con quel riflesso azzurro che arriva dall'orizzonte, anche quando è grigio, anche se piove o le case di via del Campo si fanno tristi e fatiscenti. Il Porto Antico è il punto d'arrivo di un sabato mattina da trascorrere passeggiando lungo via Garibaldi, il salotto buono, con i suoi palazzi signorili, e poi per piazza De Ferrari, presso il

Palazzo Ducale, passando per San Lorenzo, duomo della città. Riqualificato nel 1992 dal celebre architetto Renzo Piano, dopo decenni di abbandono, il Porto Antico è tornato alla vita, e oggi è spazio culturale e di relax; ospita il frequentatissimo Acquario e, in qualche modo, rappresenta l'occhio della città aperto al mondo.

Santuario della Madonnetta

Genova, come dicevamo, è mare e monti: infatti, uno dei luoghi più interessanti e spirituali della città si trova in posizione rialzata rispetto al centro storico. Quello della Madonnetta è uno dei principali santuari mariani della provincia. Situato nell'omonima *crêuza* (salita della Madonnetta), prende il nome da una statua in alabastro della Madonna, donata nel 1650 dal mercante savonese Giambattista Cantoni e ricoverata dal predicatore Carlo Giacinto di Santa Maria sul poggio, in cima al quale fu poi costruito, in stile barocco, il santuario. Edificato tra il 1695 e il 1696 per i frati agostiniani scalzi, il santuario si caratterizza per un sagrato ottagonale, pavimentato a ciottoli bianchi e neri, disegnato nel 1732 da Bartolomeo Storace. Il santuario è sede permanente di un prestigioso presepe genovese, visibile tutto l'anno, animato da una ottantina di statuine di scultori del passato raffiguranti sia persone del popolino, intente a adempiere alle mansioni quotidiane, sia nobili a passeggio. Sul piano strettamente artistico, il pregio maggiore di questo presepe deriva dalla presenza delle figure della Natività interamente in legno, attribuite a Gaggini. Per raggiungere il santuario è possibile utilizzare la pratica funicolare Zecca-Righi, oppure percorrere la salita della Madonnetta da corso Firenze.

Chiesa di San Lorenzo.

SANTUARIO DELLA MADONNETTA

- Genova - Salita della Madonnetta
- 010 2725308
- **Festivi** dalle 10.00 alle 12.00; **feriali** dalle 16.00 alle 18.00.
- **Durata visita:** 1 h circa.

DOMENICA

Staglieno. Cimitero monumentale

Friedrich Nietzsche, Guy de Maupassant, Mark Twain ed Evelyn Waugh sono solo alcuni dei tanti personaggi che hanno lasciato testimonianze del loro passaggio a Staglieno. Tutti, pur in modo diverso, ricordano il fascino di questo luogo di memorie pubbliche e private, in cui la volontà monumentale si unisce alla suggestione "romantica" del paesaggio, in un intreccio strettissimo fra architetture, memorie storiche e natura. Il cimitero di Staglieno fu aperto ufficialmente al pubblico il 1° gennaio 1851. Sebbene in questa data fosse ancora largamente incompiuto, ne era ormai tracciata la specifica fisionomia architettonica, funzionale e simbolica. L'incarico della progettazione era stato affidato già nel 1835 all'architetto civico Carlo Barabino (1768-1835) il quale però non riuscì a portare a termine l'opera per l'improvvisa morte nel 1835. Il compito di sviluppare il progetto fu affidato, allora, al suo allievo e collaboratore Giovanni Battista Resasco.

Del progetto barabiniano, Resasco mantenne la struttura quadrangolare come nucleo di base, accentuandone il carattere monumentale. La forte suggestione di questo impianto architettonico è tuttora percepibile e suscitava grande ammirazione nei contemporanei che, entrati dall'ingresso principale, si trovavano immersi in un'ampia scenografia, costituita dal succedersi di porticati monumentali, stilisticamente omogenei, culminanti nella imponente architettura del Pantheon. Una volta portato a termine, l'effetto veniva esaltato nel suo insieme dall'inserimento nel contesto ambientale naturale.

Un'integrazione paesistica che fu ulteriormente accentuata nel tempo con alcuni ampliamenti specificamente naturalistici, quali l'area acattolica e il cimitero degli Inglesi, approntati negli ultimi decenni del XIX secolo e nel primo del XX.

La scelta del Resasco risultò dunque particolarmente vincente e segnò la fortuna di Staglieno come modello nazionale e internazionale di riferimento: vi si combinavano, infatti, la tipologia del cimitero architettonico neoclassico, di tradizione mediterranea, sempre più caratterizzatosi nel corso del tempo come "galleria" di monumenti, e quello di tipo naturalistico, più specifico, dopo gli anni Quaranta, dell'area nordeuropea e anglosassone (a cominciare da quello parigino del Père-Lachaise).

CIMITERO MONUMENTALE DI STAGLIENO

- Genova - Piazzale Giovanni Battista Resasco
- 010 5576400
- **Tutti i giorni:** dalle 7.30 alle 17.00.
- **Durata visita:** 2 h circa.

LE CINQUE TERRE E SAN FRUTTUOSO

I primi documenti storici sulle Cinque Terre risalgono all'XI secolo. Nel XVI secolo, per contrastare gli attacchi dei Turchi, gli abitanti del territorio rafforzarono le vecchie fortificazioni e costruirono nuove torri di difesa. Il paesaggio delle Cinque Terre oggi è molto cambiato rispetto al passato: una trasformazione dovuta all'opera dell'uomo, che nei secoli ha cercato di renderlo sfruttabile, soprattutto in collina. Una fitta trama di terrazzamenti a fasce, detti *ciàn*, interrompe le forti pendenze e dà spazio a piane sostenute da muretti a secco, su cui sorgono orti, vigne, scalinate, casolari, mulattiere. Grazie alla felice posizione del territorio, soleggiato e riparato dai venti del nord, queste terre sono state da sempre coltivate soprattutto a vite e a olivo, con una produzione di grande qualità.

VENERDÌ SERA

Le Cinque Terre sono la parte naturale più incontaminata e affascinante della Liguria. Riomaggiore, Manarola, Corniglia, Monterosso e Vernazza, paesi aggrappati su scogliere a strapiombo sul mare. Questi borghi fanno parte di un Parco Nazionale e, dal 1997, sono Patrimonio dell'Umanità tutelato dall'UNESCO. La costa delle Cinque Terre può apparire inospitale, ma è anche ricca di incantevoli baie e di meravigliosi sentieri panoramici da scoprire.

Panorama delle Cinque Terre.

Nell'entroterra si nascondono bellissimi borghi medievali, caratteristici santuari, botteghe artigiane e piatti tipici tutti da gustare.

La sera è sicuramente da dedicare a una passeggiata lungo una di queste meravigliose perle, per gustare il tramonto sul mare e la cucina tipica del luogo. Se siete a Manarola o a Riomaggiore, percorrete il Sentiero dell'Amore, per una passeggiata romantica con il sottofondo del mare che batte sugli scogli.

SABATO

Dedichiamo la giornata alla via dei santuari, un percorso non particolarmente difficile che unisce in varie tappe cinque edifici di culto. È un percorso affascinante, alla portata di chiunque, frazionabile anche in più tappe, fra sentieri che attraversano terreni, terrazzati, orti, antichi casolari, piccolissimi nuclei abitati spesso abbandonati e che regalano panorami sulle Cinque Terre e spunti di riflessione storica e spirituale.

Percorso da Monterosso al santuario di Nostra Signora di Soviore

Quello di Nostra Signora di Soviore è il più antico santuario ligure, citato in un documento del 1225. La chiesa divenne celebre all'epoca della peste nera, quando fu usata come ricovero per i pellegrini. Cipressi e lecci secolari cingono questo luogo rendendolo rilassato e accogliente.

- **Tempo di percorrenza:** 1 h 30 minuti circa difficoltà escursionistica.

Percorso da Corniglia al santuario di Nostra Signora delle Grazie

Il santuario di Nostra Signora delle Grazie, edificato agli inizi del Novecento sul fianco del monte, in sostituzione di una cappella attestata fin dal 1584, sorge a 390 metri di altitudine sopra Corniglia. Una leggenda narra che nel Settecento gli abitanti del paese, recatisi nell'edificio sacro per restaurare un dipinto della Madonna, lo avrebbero trovato miracolosamente intatto e dai vividi colori.

- **Tempo di percorrenza:** 1 h 30 minuti circa difficoltà escursionistica.

Vista di Riomaggiore.

Percorso da Riomaggiore al santuario di Nostra Signora di Montenero

La chiesa di Nostra Signora di Montenero, a tre navate, è attestata per la prima volta nel 1335 ed è frutto di ristrutturazioni terminate nell'Ottocento. Il dipinto della Vergine, secondo la leggenda altomedievale e bizantino, è in realtà un olio su tela probabilmente del XVI sec.

▶ **Tempo di percorrenza:** 1 h 30 minuti circa difficoltà escursionistica.

Percorso da Vernazza al santuario di Nostra Signora di Reggio

Il santuario Nostra Signora di Reggio, con facciata romanica, è citato fin dal 1248. All'interno è custodita l'immagine della Vergine. Lecci, cedri, ippocastani e il più antico cipresso secolare di Liguria (800 anni) ombreggiano il piazzale, nel quale una fonte sgorga da pittoreschi mascheroni.

▶ **Tempo di percorrenza:** 1 h circa difficoltà escursionistica.

Percorso da Manarola al santuario di Nostra Signora della Salute

Le prime attestazioni della chiesa di Nostra Signora della Salute la datano al 1240. All'interno, a navata senza abside, costruita con conci regolari di pietra, si venera un'immagine della Madonna incoronata nel 1861. La facciata dallo stile romanico presenta un portale a ogiva e una piccola bifora.

▶ **Tempo di percorrenza:** 1 h circa difficoltà escursionistica.

PARCO NAZIONALE DELLE CINQUE TERRE

Riomaggiore - Via Discovolo, presso Stazione Manarola

0187 762600

DOMENICA

Con breve tragitto, passando per Portofino, l'abbazia di San Fruttuoso è tappa obbligata. Incastonato come una perla in un luogo inaccessibile alle automobili, questo monastero domina questi luoghi fin dall'anno Mille. La leggenda vuole che Prospero, vescovo di Terragona, si fosse rifugiato nella piccola baia, per costruire una chiesa dove custodire le reliquie di san Fruttuoso.

Con i monaci benedettini la chiesa divenne il nucleo per l'abbazia, costruita intorno al X secolo.

Nel XIII secolo, grazie alla ricca e potente famiglia Doria, che utilizzò una sala dell'abbazia per le proprie sepolture, vennero aggiunti il chiostro superiore e il loggiato a due ordini di trifore.

Nel 1983 l'intero complesso fu donato dalla famiglia Doria Pamphili al FAI. Da allora, grazie a un grande lavoro di restauro, sono state portate alla luce le testimonianze romaniche oggi custodite nel Museo. La visita alla abbazia è particolare anche per la strada da fare per arrivarci: a piedi si possono percorrere i sentieri del Parco di Portofino, oppure si può arrivare in battello da Camogli (servizio attivo tutto l'anno) oppure da Recco, Portofino, Santa Margherita Ligure, Rapallo, Sestri Levante, Lavagna, Chiavari e Genova (servizio stagionale).

ABBAZIA DI SAN FRUTTUOSO

- Camogli - Via S. Fruttuoso, 13
- 0185 772703
- **Gennaio, febbraio, marzo, ottobre, novembre e dicembre:** dalle 10.00 alle 15.45.
  Aprile, maggio e seconda metà di settembre: dalle 10.00 alle 16.45.
  Giugno, luglio, agosto e prima metà di settembre: dalle 10.00 alle 17.45.
- **Durata visita:** 1 h circa.
  Possibilità di visite guidate.

Portovenere: rocca e chiesa di San Pietro.

LA VIA ROMEA
STRATA LONGOBARDA

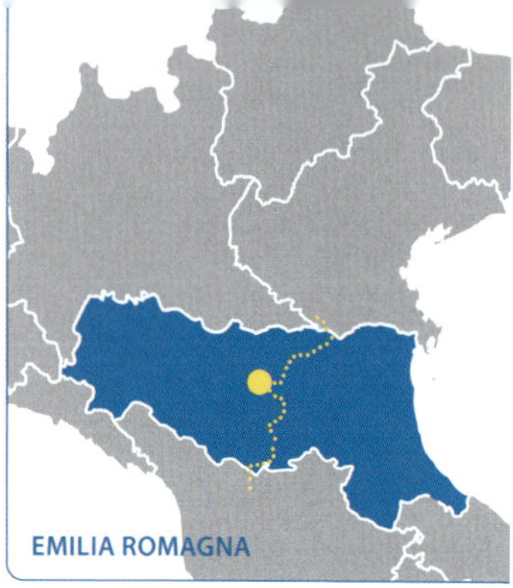

La Via Romea Strata Longobarda è una via di comunicazione tra il nord Italia e Roma che, seguendo indicativamente il fiume Panaro, attraversa la pianura emiliana, l'Appennino modenese, il pistoiese, per congiungersi alla Via Francigena all'altezza dell'Arno. Fa parte di un sistema di vie e antichi percorsi di pellegrinaggio che collegavano l'Europa Centro Orientale con l'Italia, passando le Dolomiti. La Via Romea, in tutti i suoi rami e deviazioni, non è da intendersi quale una strada ben precisa, ma come un itinerario diffuso e conosciuto tra pellegrini, mercanti e chi volesse spostarsi dal nord verso Roma o prendere le direttrici liguri per Santiago de Compostela.

VENERDÌ SERA

Fermandosi a Modena, come in tutta l'Emilia Romagna, non si rischia mai di rimanere delusi. Sono molte le zone nel centro storico dove è possibile sostare per un drink o per cena. Per quanto riguarda la zona di via Gallucci si possono trovare numerose birrerie e, per chi lo desidera, si possono anche gustare piatti tipici dello *street food*, rivisitato in chiave modenese, come le crescentine. Piazza Pomposa è luogo di ritrovo dei giovani; qui ci sono molti locali di vario genere: bar con diverse caratterizzazioni, ristoranti tradizionali o innovativi, osterie e gelaterie. Infine, nel cuore di Modena, piazza XX Settembre è il luogo ideale per una pausa pranzo o una cena romantica.

SABATO

Abbazia di Nonantola

L'abbazia di Nonantola era una delle tappe più importanti della Via Romea Strata Longobarda, tanto che il tratto nei pressi dell'abbazia si chiama proprio Nonantolana. Fu fondata nel 752 dall'abate Anselmo sul territorio ricevuto in dono dal re longobardo Astolfo. Parte della donazione, oltre a un vasto territorio per lo più paludoso, era anche un ampio possedimento di boschi nella zona appenninica di Fanano. La costruzione dell'attuale chiesa, in stile romanico, ha avuto inizio

Nonantola, oggetto di pregio dal museo diocesano.

nell'VIII secolo, così come il monastero benedettino di cui si sono conservate le sale del refettorio. L'abbazia conserva alcune reliquie importanti e famose, tra cui alcune stauroteche (reliquiario paleocristiano contenente frammenti della croce di Cristo), lipsanoteche (teche per conservare le reliquie) e rarissime reliquie tessili del IX secolo, rinvenute per caso in abbazia e ora esposte presso il Museo. Il pezzo più importante è la stauroteca della Santa Croce di Gesù, giunto a Nonantola da Costantinopoli al tempo dei primi abati che fungevano da ambasciatori per Carlo Magno presso l'Impero d'Oriente. Altri oggetti di devozione e curiosi, degni di menzione, sono un braccio di san Silvestro e la cassetta-reliquiario in argento contenente le calotte craniche dei martiri Senesio e Teopompo.

Dal 2011 sono in esposizione anche due straordinari tessuti datati IX-X secolo. Uno rosso (di chiara e sicura fattura presso gli opifici di Costantinopoli) con aquile all'interno di orbicoli e uno bianco con sopra ricamati leprotti, leonesse e cervi (di fattura dell'Egitto fatimita o dell'Italia Meridionale). I due tessuti facevano parte del corredo funebre di san Silvestro I papa e sono in ottime condizioni di conservazione, nonostante il trascorrere dei secoli. Il tesoro dell'abbazia è oggi visibile presso il Museo benedettino e diocesano, situato a pochi metri dalla chiesa. Il Museo è allestito nel palazzo abbaziale, adiacente alla basilica dedicata a San Silvestro. È stato ricavato negli spazi che un tempo ospitarono gli ambienti dell'antico complesso monastico, poi il seminario abbaziale, fondato da san Carlo Borromeo.

Due sono le parti attraverso cui si articola la visita: la prima è quella prettamente di carattere diocesano, che raccoglie diverse testimonianze storico-artistiche delle chiese dell'arcidiocesi di Modena. Può ospitare esposizioni tematiche, opere recentemente recuperate o provenienti da contesti in cui sarebbe difficile la loro salvaguardia, custodia e valorizzazione. La seconda è quella legata alla millenaria storia dell'abbazia di Nonantola.

Fu il primo abate, sant'Anselmo, a procurare il nucleo originario di codici per il monastero. Presto si creò anche uno *scriptorium*, l'officina scrittoria di Nonantola, che diventò uno dei principali centri di formazione della scrittura pre-carolingia. I cataloghi bassomedievali elencano circa 250 codici, solo per quanto riguarda le opere liturgiche e patristiche, che dovevano costituire la metà circa della biblioteca intera.

Durante il XVII secolo, gran parte dei libri venne concentrata a Roma, presso la casa generalizia della congregazione cistercense di san Bernardo in Italia. I codici rimasero quindi nella biblioteca del monastero della basilica di Santa Croce in Gerusalemme, detta anche basilica Sessoriana, fino alla presa di Roma. Presso di essa permane tuttora il fondo Sessoriano, che custodisce il nucleo più importante dell'antica biblioteca nonantolana, con 45 codici. Recentemente è stato digitalizzato per la consultazione nella sala manoscritti della Nazionale Centrale stessa.

Tre rilevanti codici non hanno mai abbandonato la sede originaria e fanno parte del percorso espositivo del Museo Benedettino e Diocesano, con un'apposita sala.

ABBAZIA DI NONANTOLA

- Nonantola - Piazza Abbazia, 1
- 059 549025
- **Tutti i giorni:** dalle 9.00 alle 17.30.
- Ogni domenica alle 15.00, davanti al Museo, una guida dell'Abbazia è disponibile per visitatori senza prenotazione.
- **Durata visita:** 1 h 30 minuti circa.

DOMENICA

Reggio Emilia

Cuore dell'Emilia, forse ancora più genuina e godereccia di Bologna, Reggio è davvero la città della domenica, per offerta culturale ed enogastronomica. Iniziamo dalle specialità della zona, giusto per stuzzicare l'appetito: i tortellini verdi, i cappelletti, l'erbazzone, lo gnocco fritto con i salumi e le chiazze, i bolliti con la salsa verde, i valigini reggiani. Per finire, la torta di riso. Tutto questo facendo omaggio a quel prodotto unico e invidiatissimo che è il Parmigiano Reggiano, prodotto esclusivamente nelle province di Parma, Reggio Emilia, Modena e parte delle province di Mantova e Bologna, tra pianure, colline e montagne racchiuse tra il Po e il Reno. Le forme di Parmigiano Reggiano vengono lasciate riposare nei magazzini, disposte su tavole di legno: lentamente la parte esterna del formaggio si asciuga, formando una crosta naturale, senza trattamenti, perciò perfettamente edibile.

Parmigiano Reggiano.

Reggio Emilia: teatro municipale.

La stagionatura minima è di 12 mesi, necessari per la qualifica DOP, ma le caratteristiche migliori vengono acquisite con una stagionatura di almeno 2 anni. Una domenica rinfrancante per lo spirito e per il corpo potrebbe proprio partire dalla visita di un caseificio, per poi dedicarsi alla scoperta di un altro prodotto simbolo della zona, l'aceto balsamico. Consigliamo una visita all'acetaia San Giacomo di Novellara, azienda familiare che da generazioni produce aceto balsamico tradizionale di Reggio Emilia Dop, dove degustare e conoscere, catturando ogni attimo del "mondo del balsamico": prendere contatto con l'atmosfera di un procedimento artigianale che si ripete costante da anni, costituisce un'esperienza unica.

Tornando in città, vale la pena una passeggiata lungo corso Garibaldi, fino a piazza Roversi, per vedere la chiesetta del Cristo e, naturalmente, il duomo, dedicato a Santa Maria Assunta, che costudisce nelle cappelle laterali alcune tele di Palma il Giovane e del Guercino, per dedicare poi la sera, se possibile, al teatro. Reggio infatti è famosa per i suoi teatri: l'imponente neoclassico Teatro Municipale e il Teatro Ariosto.

Reggio Emilia, teatro Valli.

Bologna è una vecchia signora dai fianchi un po' molli, così nelle parole di Francesco Guccini: mai definizione della città emiliana fu più azzeccata, e ancora *Bologna capace d'amore, capace di morte*. Bologna è una città meravigliosa, giovane e accogliente, divertente e godereccia. È città benestante, artistica e sapiente. Del resto, proprio qui, già nel XI secolo, era attiva l'Alma Mater Studiorum, considerata da molti la più antica università del mondo, tuttora in funzione. Bologna è la sua storia: il massimo splendore nel XIII secolo, tanto da essere paragonata a Parigi; le guerre del XIV secolo, il successivo dominio papale e il governo delle famiglie cittadine che la abbellirono con palazzi e chiese. Dal XVI al XVIII secolo, la città rimase inserita nello Stato della Chiesa, governata da un legato del Papa a cui si affiancava il Senato della città. Con Napoleone, Bologna diventava prima capitale della Repubblica Cispadana e poi seconda città per importanza, dopo Milano, della Repubblica Cisalpina.

VENERDÌ SERA

C'è una zona di Bologna che negli ultimi anni è cambiata molto, rivalutandosi appieno: il quartiere Porto. Il nome – curioso per la città – deriva dalla presenza di un porto sul canale Navile, riportato alla luce e visibile dal terrazzo di via Don Minzoni nell'area della Manifattura delle Arti. Qui hanno sede il MAMbo, il Museo d'arte contemporanea di Bologna, la Manifattura

Piazza Maggiore e basilica di San Petronio.

delle Arti, il Museo civico medioevale in Palazzo Ghisilardi-Fava e, soprattutto, la cineteca, un'eccellenza a livello mondiale, nata nel 1962 e trasferita, nel 2000, nell'ex Manifattura Tabacchi in via Riva di Reno. La cineteca oggi conserva oltre 46.000 pellicole, prevalentemente in 35 e 16 mm, ma anche in Super 8 e in altri formati minori.

Passeggiando nel quartiere si arriva in piazzetta Pier Paolo Pasolini, inaugurata nel 2012: vi si affaccia il Cinema Lumière, la più longeva tra le sale italiane gestite da una Cineteca, inaugurata il 17 gennaio 1984 in via Pietralata per poi essere trasferita, nel 2003, in via Azzo Giardino, nell'area ridisegnata dall'architetto Aldo Rossi, dove hanno trovato sede anche la biblioteca "Renzo Renzi" e i laboratori universitari del DAMS.

SABATO

Un sabato a Bologna può, anzi deve essere di scoperta, con il naso all'insù. Bologna è la sua grande piazza Maggiore, con le due torri, Grisenda e degli Asinelli – quest'ultima visitabile –; ma è anche la storia delle strade e dei quartieri come il Ghetto ebraico, lungo via dell'Inferno e le stradine che la intersecano. Questa zona, riservata agli Ebrei fin dal XVI secolo, era un tempo chiusa da due cancelli, all'imbocco delle attuali via Oberdan e via dei Giudei. Qui la comunità ebraica fu protagonista di una incessante attività economica e culturale che ebbe fine nel 1593, quando fu costretta a lasciare la città perché lo Stato Pontificio aveva stabilito che nei suoi territori potevano esserci solo due ghetti, a Roma e ad

Santa Maria della vita: compianto sul Cristo morto. Niccolò dell'Arca.

Ancona. Il quartiere conserva ancora il fascino di un'epoca passata, con le volte e i portici bassi, i vicoli, i passaggi stretti e bui e le decorazioni degli edifici. Bologna è tutta anche in quella chiesa centrale, alle spalle di piazza Maggiore e di San Petronio: Santa Maria della Vita, al cui interno è conservato un gruppo scultoreo imperdibile, opera di Niccolò dell'Arca. Lo scultore è riuscito a rendere così bene le espressioni di dolore sui volti dei sei personaggi in lacrime intorno al corpo di Gesù, che sembra davvero di sentirne la disperazione. Gabriele d'Annunzio definì quest'opera "un urlo di pietra".

Lungo via Farini, fino a via de' Carbonesi, possiamo scoprire i resti della Bologna più antica, visitando il Teatro romano, posto in un palazzo settecentesco nei pressi della chiesa di San Paolo Maggiore. Costruito nel I secolo a.C., questo fu il primo teatro in muratura dell'architettura romana, che prima di allora aveva realizzato questi edifici solo in legno. Del monumento si perse traccia sino al 1977, quando, all'interno di un edificio del centro storico, cominciarono i lavori di ristrutturazione per l'apertura di un grande magazzino. Gli interventi portarono alla luce i resti dell'antica struttura, che vennero recuperati e integrati nel nuovo spazio commerciale. Dopo la definitiva chiusura dei negozi, tutto fu lasciato in stato di abbandono per diversi anni, fino a quando un nuovo restauro ha reso visibile l'ambiente.

Non sarebbe male, a questo punto, fermarsi un attimo per pranzo o per uno snack veloce al Mezzo di Mercato, il mercato storico di Bologna oggi rinnovato e rimodernato. Tre piani di bancarelle dove comprare carne e pesce, oppure frutta e verdure fresche.

Due luoghi speciali e anche un po' intimi a cui dedicare il pomeriggio sono il Museo Morandi e la Fondazione Cardinale Giacomo Lercaro.

Il Museo Morandi

Il Museo Morandi conserva la più vasta e importante collezione pubblica dedicata al pittore Giorgio Morandi, nata grazie alla donazione da parte di Maria Teresa Morandi, sorella dell'artista. Il Museo ha avuto sede a Palazzo d'Accursio fino a novembre 2012, quando è stato trasferimento al MAMbo per consentire lavori di ristrutturazione. La collezione comprende, provenienti dalla casa di via Fondazza dove l'artista visse e lavorò dal 1910 al 1964, modelli, arredi e suppellettili originali, la piccola raccolta privata di arte antica dell'artista, accanto a un percorso per immagini della sua vita e a una biblioteca con più di 600 volumi. Morandi è un artista infinito, comprensibile eppure così sfuggente, ripetitivo eppure mai uguale a se stesso, intimo e spirituale: possiamo riassumerlo in questa sua frase: «Si può viaggiare per il mondo e non vedere nulla. Per raggiungere la comprensione è necessario non vedere molte cose, ma guardare attentamente ciò che vedi».

MUSEO GIORGIO MORANDI - MAMBO

- Bologna - Via Don Giovanni Minzoni, 14
- 051 6496611
- **Il martedì e mercoledì** dalle 14.00 alle 19.00; **giovedì** dalle 14.00 alle 20.00; **venerdì, sabato, domenica e festivi** dalle 10.00 alle 19.00. **Chiuso i lunedì non festivi.**
- **Durata visita:** 1 h circa.

La Fondazione Cardinale Giacomo Lercaro

Nato da una raccolta d'arte, regalo che alcuni artisti e professori dell'Accademia delle Belle Arti (tra cui Aldo Borgonzoni, Pompilio Mandelli, Enzo Pasqualini e Ilario Rossi) fecero all'arcivescovo emerito di Bologna, cardinale Giacomo Lercaro (1891-1976), per festeggiare il suo ottantesimo compleanno. Fu dell'arcivescovo stesso la decisione di consentire a tutti di godere delle opere, allestendo la collezione nelle sale di Villa San Giacomo, la residenza cardinalizia sulle colline

Mezzo di Mercato, lo storico mercato di Bologna.

bolognesi. L'amore del Lercaro per l'arte non smise mai, tanto che si dovette trasferire la collezione nell'attuale sede di via Riva di Reno. La collezione permanente oggi comprende opere di Giacomo Manzù, Arturo Martini, Francesco Messina, Mimmo Paladino, Vittorio Tavernari, Giovanni Boldini, Georges Rouault, Ettore Spalletti e molti altri. Tra le opere di pittura e grafica, lavori di Giacomo Balla, Filippo de Pisis, Renato Guttuso, Antonio Mancini, Giorgio Morandi, Adolfo Wildt. La fondazione oggi è ripensata secondo il concetto di *Wunderkammer*, ovvero di camera delle meraviglie, quel primo stadio di sviluppo dell'idea di Museo come raccolta privata di oggetti curiosi e unici.

FONDAZIONE CARDINALE GIACOMO LERCARO

- Bologna - Via Riva di Reno, 57
- 051 6566210
- **Da lunedì al giovedì:** dalle 9.00 alle 13.00. **Venerdì:** dalle 15.00 alle 19.00. **Sabato e domenica chiuso.**
- **Durata visita:** 1 h circa.

DOMENICA

Santuario della Beata Vergine di San Luca

Una domenica sui colli bolognesi: fin dal 1100 d.C. alcune fonti parlano di un eremo situato sul Colle della Guardia, dove si era stabilito un certo Eutimio, eremita giunto da Costantinopoli portando con sé una tavola di cedro sulla quale era dipinta un'immagine della Vergine in stile bizantino antico. Nel 1149 l'eremo passò a due sorelle, Azzolina e Bice, figlie di Rampertino di Gherardi di Guezo. Le due sorelle furono raggiunte da altre giovani donne che desideravano vivere una vita in preghiera. Nel 1741 iniziarono i lavori di costruzione del santuario nelle forme in cui lo vediamo oggi. L'edificio, a pianta circolare con brevi bracci a croce greca, ha una sola navata e l'effetto di maestosità complessiva è dato dal grande tamburo che sorregge la cupola con lanterna. Il corpo del vecchio monastero domenicano e il campanile sono incorporati nel lato meridionale della costruzione. Dietro al presbiterio si accede con una scala a una tribuna, nella quale, entro una nicchia, è custodita la preziosa icona. L'immagine sacra è meta di pellegrinaggio non solo per i devoti bolognesi ma anche per pellegrini che giungono dalla regione e in generale da tutto il territorio nazionale. L'opera raffigura una Madonna col Bambino secondo la classica iconografia orientale di tipo *odighítria* o *hodigitria*, cioè di "Colei che indica la Via", considerata la "Madonna dei viaggiatori".

SANTUARIO MADONNA DI SAN LUCA

- Bologna
  Via di San Luca, 36
- 051 6142339
- **Tutti i giorni** dalle 7.00 alle 18.00.
- **Durata visita:** 2 h circa.

Bologna, porticato della chiesa di San Luca.
Con i suoi 3,5 km di cammino, è il più lungo porticato del mondo.

LA FOCE DEL PO E RAVENNA

Quello del Po è l'unico delta esistente in Italia, nonchè una delle più grandi riserve di zone umide con sbocco a mare privo di sbarramenti e, soprattutto, il più lungo tratto di litorale sabbioso non antropizzato. È composto da un tratto di fiume di rilevanti dimensioni e portata, con dune, zone umide principalmente salmastre e isole fluviali con golene. Le attività umane sono presenti secondo un'intensità decrescente da monte a valle. L'agricoltura è l'attività principale, favorita dalle bonifiche del secolo scorso, ma pure le zone umide sono oggetto tuttora di attività umane, quali la pesca tradizionale e la molluschicoltura praticata nelle lagune. Inoltre, nel territorio si trovano numerose testimonianze storiche e culturali di notevole interesse, oltre ad alcune ville veneziane del XVII secolo.

VENERDÌ SERA

Ravenna è il comune più grande dell'Emilia Romagna, capoluogo dell'omonima provincia, benché i ravennati non si ritengano "romagnoli". La loro è una città antica, capitale per tre volte nella travagliata storia della penisola italica, dal 1996 patrimonio UNESCO. Si trova in una posizione strategica, vicina, da una parte, al delta del Po ricco di pesce e fertile, dall'altra all'Adriatico, cosa che le permette di essere anche porto nei traffici marittimi. D'estate, durante la manifestazione *Mosaici di Notte*, molti dei tesori musivi della città si possono visitare anche di sera con percorsi guidati. È così possibile unire arte e divertimento con una passeggiata tra negozi aperti, bar, ristoranti e pizzerie, alla scoperta di angoli romantici e monumenti meravigliosi, in un'atmosfera magica.

SABATO

La città, anche solo per una breve passeggiata, è capace di sorprendere. A poca distanza uno dall'altro si trovano la tomba di Dante, la basilica di San Giovanni Evangelista con mosaici del Duecento, quella di San Apollinare Nuovo e il mausoleo di Galla Placidia: solo alcuni dei preziosi tesori di questa città.

Interno Mausoleo Galla Placida

Mausoleo di Galla Placidia

Esternamente è molto semplice e modesto, soprattutto se confrontato con la ricchezza e l'impotenza delle altre basiliche; ma il vero tesoro del mausoleo si trova all'interno, con i suoi capolavori musivi illuminati dalla luce dorata delle lastre di alabastro delle finestre. Voluto da Galla Placidia, sorella dell'imperatore Onorio e artefice del trasferimento della capitale dell'Impero Romano d'Occidente da Milano a Ravenna nel 402 d.C., è un edificio avvolto in un'atmosfera magica.

MAUSOLEO GALLA PLACIDIA

- Ravenna - Via San Vitale, 17
- 0544 541688
- **Da novembre a febbraio,** tutti i giorni, dalle 10.00 alle 17.00. **Da marzo a novembre,** tutti i giorni, dalle 9.00 alle 19.00
- **Durata visita:** 1 h circa.

Il biglietto per visitare il Mausoleo è cumulativo e comprende: la basilica di Sant'Apollinare Nuovo, il Battistero Neoniano, la basilica di San Vitale, il Museo e la Cappella Arcivescovile. Il biglietto è valido per sette giorni consecutivi dalla data di emissione e dà diritto a un solo ingresso per monumento.

Basilica di San Vitale

Entrando nella basilica di San Vitale si ha la sensazione di perdersi. Lo sguardo vaga negli spazi soffermandosi sui pregiati mosaici per poi, finalmente, presentarci di persona a Teodora e Giustiniano. È uno dei monumenti più importanti dell'arte paleocristiana in Italia. Fondata da Giuliano Argentario, a pianta ottagonale, fu consacrata nel 548. L'influenza orientale, a cui la storia della città è legata, qui è ben visibile con la fusione di elementi decorativi dei due mondi: da una parte elementi

Ravenna, San Vitale, particolare del mosaico.

romani come la cupola, la forma dei portali e le torri, dall'altra elementi bizantini come l'abside, i capitelli, la costruzione in mattoni. Sul pavimento del presbiterio un gioiello nascosto: un labirinto simbolo della purificazione dell'anima dopo un tortuoso percorso. Alla basilica a tre navate si sostituisce un nucleo centrale a pianta ottagonale, sormontato da una cupola, poggiante su otto pilastri e archi. La cupola e i nicchioni furono affrescati nel 1780 dai bolognesi Barozzi e Gandolfi e dal veneto Gua rana.

BASILICA SAN VITALE

- Ravenna - Via Argentario, 22
- 0544 541688
- **Da novembre a febbraio**, tutti i giorni, dalle 10.00 alle 17.00; **da marzo a ottobre**, tutti i giorni, dalle 9.00 alle 19.00.
- **Durata visita:** 45 minuti circa.

Basilica di Sant'Apollinare nuovo

Fatta costruire da Teoderico nel 505, accanto al suo palazzo, come chiesa di culto ariano, dopo la riconquista bizantina fu intitolata a san Martino, vescovo di Tours. Secondo la tradizione, nel IX secolo, le reliquie di sant'Apollinare furono traslate qui dalla basilica di Classe: fu in quell'occasione che ricevette l'intitolazione. È detta "nuovo" per distinguerla da un'altra chiesa presente in città dedicata al medesimo santo. La basilica presenta un semplice e armonioso portico di marmo databile al XVI secolo. Sul lato destro, il bel campanile cilindrico, caratteristico delle costruzioni ravennati, risale al IX o X secolo. All'interno sopravvive la meravigliosa decorazione musiva dell'antica costruzione, la quale dal punto vista stilistico, iconografico e ideologico consente di seguire l'evoluzione del mosaico parietale bizantino dall'età teodoriciana a quella giustinianea. Le ventisei scene cristologiche, risalenti al periodo di Teoderico, rappresentano il più grande ciclo monumentale con storie del Nuovo Testamento e, fra quelli realizzati a mosaico, il più antico giunto sino a noi.

BASILICA DI SANT'APOLLINARE NUOVO

Ravenna - Via di Roma, 52

0544 541688

Da novembre a febbraio, tutti i giorni, dalle 10.00 alle 17.00;
da marzo a ottobre, tutti i giorni, dalle 9.00 alle 19.00.

Durata visita: 1 h circa.

DOMENICA

Lasciando Ravenna e dirigendoci verso il Delta del Po vediamo svettare in lontananza l'antico campanile dell'abbazia di Pomposa. Eretto nel 1063 dall'architetto Deusdedit, ricordato su una delle pareti, il campanile ha una leggerezza architettonica data dai nove moduli di cui è composto e dalle caratteristiche finestre che lo rendono unico nel suo genere. L'abbazia, una delle più antiche e importanti del nord Italia, fu eretta intorno ai secoli VI-VII su un'isola boscosa chiamata Insula Pomposia. Già dall'anno Mille divenne uno dei maggiori centri monastici accogliendo personaggi illustri e diventando fondamentale per la cultura medievale con i suoi monaci amanuensi. La chiesa abbaziale, sorta successivamente rispetto al monastero, oggi è una delle più preziose testimonianze dell'epoca. Costruita tra l'VIII e il IX secolo è divisa in tre navate, con due file di colonne sormontate da capitelli in stile bizantino. Di pregio, come spesso accade, il pavimento, che si presenta ricco di mosaici di diverse epoche e stili. Nell'abside si trova l'affresco di Cristo in gloria, di scuola giottesca, opera di Vitale da Bologna. Anche le pareti della navata centrale sono coperte di affreschi raffiguranti storie del Nuovo e Vecchio Testamento.

ABBAZIA DI POMPOSA

Codigoro - Via di Roma, 52

0533 719119

Dalle 8.30 alle 19.00. **La chiesa è visitabile tutti i giorni**, il complesso abbaziale è **chiuso il lunedì**.

Durata visita: 1 h circa.

Abbazia di Pomposa.

Weekend dello Spirito

IL CENTRO

BADIA PRATAGLIA - CAMALDOLI - VALLOMBROSA
FIRENZE - PISTOIA
AREZZO - SAN SEPOLCRO - LA VERNA
MONTALCINO - VAL D'ORCIA E CORTONA
URBINO E LA FONTE AVELLANA
ANCONA - LORETO - RECANATI
ASSISI
L'AQUILA
ROMA ANTICA E MODERNA
CASTEL GANDOLFO E I CASTELLI ROMANI
FIUGGI - I MONASTERI DI SUBIACO - AGNANI

BADIA PRATAGLIA CAMALDOLI VALLOMBROSA

Parco delle foreste casentinesi. Isola nella nebbia.

La riserva naturale Badia Prataglia è un'area protetta, tra la Toscana e l'Emilia-Romagna, all'interno del Parco Nazionale delle Foreste Casentinesi, Monte Falterona e Campigna, una delle 149 riserve naturali e foreste demaniali del Raggruppamento Carabinieri per la Biodiversità. I gesti e le usanze degli abitanti di Badia Prataglia, paese poco distante da Camaldoli, sono ancora oggi intrisi dal secolare rapporto tra spiritualità e foresta, tra lavorazione del legno e artigianato locale. Nei pressi del Centro Visita del paese è possibile fare l'esperienza dell'Arboreto e Museo forestale "Carlo Siemoni", tecnico boemo al quale il Granduca Leopoldo aveva affidato la cura della foresta. Non possiamo non segnalare anche il Sentiero Natura posto tra Badia Prataglia e l'eremo di Camaldoli, che ha come tema la faggeta e alcuni suoi "abitanti": faggio, abete bianco, acero di monte, i tritoni e le salamandre.

VENERDÌ SERA

Camaldoli è indissolubilmente legata al monastero e all'eremo. Qui, come da tradizione, è possibile pernottare.

Anche oggi la comunità monastica di Camaldoli accoglie chiunque voglia condividerne l'esperienza umana e spirituale nella ricerca di Dio. Apre, dunque, le sue porte a credenti e non credenti, purché abbiano desiderio di confrontarsi nel rispetto dei propri cammini personali. Le modalità di accoglienza presenti all'eremo e al monastero di Camaldoli possono essere varie: nei tempi di Quaresima, Pasqua, Avvento e Natale per momenti di ritiro e di preghiera; per occasioni spirituali e culturali; ospitalità per gruppi autogestiti.

COMUNITÀ DI CAMALDOLI

- Camaldoli - Arezzo
- 0575 556012
- **Tutto l'anno.**
- Nel rispetto della vita dei Monaci si prega sempre di prendere contatto.

SABATO

Monastero di Camaldoli

Il monaco Romualdo, giunto, attorno al 1012, presso le foreste Casentinesi, decise di fondare un eremo in un'ampia radura. Costruì cinque celle e un piccolo oratorio dedicato al Santo Salvatore Trasfigurato. In poco tempo furono aggiunte altre quindici celle. A Camaldoli è possibile incontrare le due dimensioni dell'essere monaco. Nel monastero, oltre alla preghiera e al dialogo con Dio, si dà ampio spazio al lavoro e all'ospitalità dei pellegrini. Nell'eremo, parola che rimanda ai Padri del deserto, la vita si caratterizza per una scelta spirituale solitaria. I monaci e gli eremiti seguono la stessa regola, ma con stili differenti.

Dal portone si accede al cortile interno, dove troviamo la foresteria, la chiesa con il coro monastico, l'antica

Camaldoli, immagine dell'eremo visto dall'alto.

cella di san Romualdo, oggi all'interno della biblioteca, e il refettorio. Un piccolo cancello divide il monastero dall'eremo dove i monaci vivono nelle loro celle. In una di queste, per un periodo, è stato anche san Francesco d'Assisi. La chiesa si trova al centro dell'eremo proprio per simboleggiare la centralità della preghiera nella vita di ogni monaco. Venne costruita in stile romanico, ma in seguito subì parecchie ristrutturazioni; oggi vi è predominante lo stile barocco. L'antica farmacia, luogo centrale per un monaco dedito sia alla preghiera che al lavoro, è ancora oggi in piena attività. Inizialmente era legata a una richiesta di san Romualdo stesso al priore Pietro, affinché costruisse poco lontano dall'eremo un ospizio per i malati. Fin dai primi anni vi fu un grande sviluppo, oltre che dell'arte farmaceutica, anche dei prodotti erboristici e perfino di prodotti cosmetici: per la precisione di "cosmeceutici", cioè cosmetici con proprietà curative.

SACRO EREMO DI CAMALDOLI

Camaldoli - Arezzo

0575 556021

Aperto tutto l'anno.

DOMENICA

L'abbazia di Vallombrosa si trova in provincia di Firenze, nella Riserva Naturale Biogenetica di Vallombrosa. È un'area naturale protetta demaniale della regione Toscana.

La storia della foresta è legata a quella di un altro gruppo di monaci benedettini, detti Vallombrosani. In un bosco già composto prevalentemente da latifoglie, i monaci iniziarono dal XIV secolo l'impianto dell'abete bianco, il cui legno era destinato al taglio e, successivamente, alla vendita ai cantieri navali. L'attività forestale divenne il settore principale dell'economia monastica e i terreni di proprietà crebbero nel corso degli anni. La congregazione dei Vallombrosani sorse per impulso di san Giovanni Gualberto, nato da un'illustre famiglia fiorentina: egli, nel 1036, si ritirò con pochi seguaci in un luogo chiamato allora Acquabella sul Pratomagno. Il primo documento che parla di Vallombrosa racconta di una donazione del chierico Alberto alla comunità alla quale si era unito. Nel documento si menziona, ancora prima di un edificio, una comunità di monaci che si riuniva in un oratorio in legno. Vent'anni dopo, il 9 luglio del 1058, il cardinale Umberto di Silva Candida consacrò l'intera chiesa in pietra, che doveva avere un piccolo monastero annesso.

Di questa chiesa arcaica si perde traccia con i lavori del periodo trecentesco (dal 1215 al 1230), epoca a cui viene fatta risalire la costruzione del campanile. La forma attuale è però sostanzialmente quella del Seicento/primo Settecento. È in questo periodo che si realizzano il chiostro grande, la sacrestia, la torre, il refettorio e l'abbazia prende la classica forma benedettina.

I monaci sarebbero stati allontanati dall'abbazia una prima volta all'epoca degli editti napoleonici nel 1810 e una seconda volta nel 1866, in ossequio alle regie leggi sulla soppressione degli ordini religiosi. Ma i Vallombrosani non si estinsero e, nel 1949, ritornarono alla loro casa madre.

Il monastero pertinente alla clausura si struttura intorno al chiostro della Meridiana, costruito nel Quattrocento sotto l'abbaziato di Francesco Altoviti.

Dal chiostro si accede all'aula capitolare, anch'essa quattrocentesca, oggi utilizzata come sala convegni, e all'anti refettorio, dove si trovano un lavabo in pietra del 1606 e un'altra grande pala in terracotta invetriata con la Madonna con il Bambino, san Giacomo e san Giovanni Gualberto: è attribuita a Santi Buglioni. La cucina si presenta divisa da un camino con cappa in un primo ambiente che conserva l'aspetto originario, e un secondo, secentesco.

Il chiostro del Mascherone, più piccolo, detto così per la presenza di una vasca con una testa di leone, fu costruito nel tardo Cinquecento e mostra sul fondo una loggia opera di Alfonso Parigi del 1589. Lo stesso architetto costruì nel 1584 anche la biblioteca, rimodernata nel primo Ottocento e di stile neoclassico.

ABBAZIA DI VALLOMBROSA

- Reggello - Via San Benedetto, 2
- 0558 62251
- **Tutto l'anno** dalle 7.00 alle 12.00 e dalle 15.00 alle 19.00
- **Solo in luglio e in agosto** visite guidate, martedì e venerdì, alle 10.30 e alle 12.00.
- **Durata visita:** 2 h circa.

L'abbazia di Vallombrosa.

FIRENZE E PISTOIA

È stata definita "museo a cielo aperto", un'ideale di bellezza, città d'arte e di cultura. Vi sono conservate opere di straordinario valore, il suo patrimonio architettonico è conosciuto in tutto il mondo: Firenze è, per l'Italia, una ricchezza che, soprattutto oggi, deve essere valorizzata e tutelata. In più, è città internazionale e imprenditoriale: ha puntato molto sul turismo ma senza

Duomo di Firenze e via adiacente.

tralasciare la qualità, e vuole essere una scoperta sempre nuova sia per chi ancora non la conosce, sia per chi ha già ammirato la cupola del Brunelleschi, Palazzo della Signoria, Ponte Vecchio o quell'indimenticabile panorama tagliato dal fiume Arno che si ammira da piazzale Michelangelo. Firenze è storia di ieri ma, siamo certi, anche progetto di domani.

VENERDÌ SERA

Il centro storico di Firenze è conosciuto a livello mondiale: da piazza della Signoria a piazza del Duomo, da Santa Maria Novella a Santa Croce, gli Uffizi, il Bargello e la Galleria dell'Accademia. C'è un luogo magico, a Firenze, circoscritto da una piazza con la sua chiesa: la basilica della Santissima Annunziata. Una passeggiata nel tardo pomeriggio può portarci proprio qui: la piazza, progettata dal Brunelleschi nel 1419, mentre lavorava nel vicino Spedale degli Innocenti, sembra fatta per essere ammirata nella sua armonia e eleganza. Al centro campeggia la scultura di Ferdinando de' Medici a cavallo, realizzata dal Giambologna; sugli archi dello Spedale, spiccano i medaglioni di Andrea della Robbia; ed ecco le due particolarissime fontane di Pietro Tacca. All'Ammannati si deve il progetto di Palazzo Grifoni, ma i lavori furono terminati dal Buontalenti; infine, accanto a Palazzo Grifoni, la loggia dei Servi di Maria ideata da Baccio d'Agnolo e Antonio da Sangallo il vecchio e realizzata fra il 1516 e il 1525.

La basilica è come se osservasse la piazza: la storia vuole che qui, nel XI secolo, sorgesse un piccolo oratorio dove si installarono sette uomini che diedero vita all'Ordine dei Servi di Maria, nato, come dice il nome, con lo scopo di servire e onorare la Vergine. Proprio alla Madonna è legata l'unicità di questa basilica, che contiene un'opera di grandissimo valore. Nel 1252, infatti, i frati decisero di abbellire l'edificio e chiesero al pittore fra Bartolomeo di dipingere un ritratto della Vergine; questi, distrutto per il fatto che non sarebbe riuscito a rendere giustizia a tanta bellezza, alla fine si addormentò, esausto e stanco dopo tutti i tentativi falliti. Quando si svegliò, scoprì che la mano di un angelo aveva terminato i dettagli del viso della Vergine, motivo per cui il dipinto fu chiamato la "Miracolosa Annunciazione".

SABATO

La Certosa di Monte Acuto

Firenze, per tutte le sue bellezze, meriterebbe cento weekend dedicati a scoprirne luoghi celebri e nascosti, musei, chiese, piccoli tesori nei crocicchi delle vie, palazzi storici e siti di specialità enogastronomiche. Dovendo sceglierne uno a cui dedicare una giornata intera, che sia di raccoglimento e scoperta, abbiamo optato per la

Certosa, complesso monumentale situato sulla sommità del Monte Acuto, un colle di forma conica che si trova nelle vicinanze dell'abitato del Galluzzo, paese a sud della città.

Il complesso monastico fu voluto da Niccolò Acciaioli, personaggio di spicco dell'ambiente politico ed economico del Trecento, appartenente a una delle famiglie di banchieri più ricche della città e ambasciatore presso la Corte Angioina del Regno di Napoli. Il luogo fu scelto perché la posizione elevata del monastero e la presenza ai piedi della collina dei due torrenti, la Greve e l'Ema, garantivano l'isolamento necessario alle regole di vita della comunità certosina e sarebbe stato, naturalmente, con più facilità difendibile dalle frequenti incursioni degli eserciti, impegnati nelle continue guerre che Firenze sosteneva contro le città e gli Stati vicini.

La Certosa è dedicata al martire Lorenzo, ed è stata in continua trasformazione fino al XVI secolo, anche se altri pregevoli lavori sono continuati fino al XVIII secolo e oltre. Molte le evoluzione artistiche qui conservate. In particolare, l'opera di Jacopo Carucci, detto il Pontormo, che in seguito alla peste che colpì la città nel 1523, si rifugiò presso la Certosa. Durante il soggiorno, dipinse gli affreschi del chiostro grande, dedicati alla Passione di Cristo, oggi conservati nella pinacoteca di Palazzo Acciaiuoli, che domina l'ingresso della Certosa. Da non perdere la sala capitolare, d'importanza centrale nella vita certosina: lì si trova anche il monumento funebre, opera di Giuliano da Sangallo, dedicato a una delle personalità di spicco tra i priori succedutisi alla guida dell'ordine: don Leonardo Buonafé. Questi fu alla guida della comunità dal 1495 al 1501, allorché divenne "spedalingo", cioè responsabile dell'ospedale di Santa Maria Nuova e, in seguito, vescovo di Cortona.

Nel 1958 i Certosini dovettero lasciare la Certosa, essendo ormai ridotti a poche unità, per trasferirsi a Farneta, nei dintorni di Lucca; vennero sostituiti dai monaci cistercensi di Casamari (Frosinone), la cui regola di vita, più aperta al "mondo", avrebbe permesso un maggiore inserimento della Certosa nel panorama culturale e spirituale di Firenze. Dal 1997 la cura della Certosa è stata affidata alla comunità di San Leolino, già presente a Fiesole e formata da sacerdoti e laici che hanno mantenuto la vocazione spirituale originaria, garantendo però maggiori occasioni di visibilità e cultura a un luogo unico e particolarmente accogliente.

Prima di lasciare la Certosa, merita una visita, non solo culturale, il negozio dei monaci che, come da tradizione, producono liquori e distillati. Le vinacce utilizzate provengono dal Chianti e sono selezionate attentamente. Il distillato viene lasciato riposare il tempo sufficiente in botti di rovere e poi aromatizzato per ottenere i vari tipi di

Certosa di Monte Acuto.

liquore come l'alchermes, gli amari e il leggendario Gran Liquore o le Gocce correttive. Con il distillatore, i monaci della Certosa di Firenze realizzano anche delicati profumi da uomo e da donna.

CERTOSA DI FIRENZE

- Via della Certosa, 1
- 055 2049226 / 055 4937355
- **L'interno della Certosa è visitabile dal martedì al sabato e la domenica pomeriggio con visita guidata di circa un'ora.** Le visite hanno inizio alle 10.00, 11.00, 15.00, 16.00. 17.00.
- **Durata visita:** 2/3 h circa.

La chiesa dell'Autostrada

Di ritorno dalla visita alla Certosa, con una piccola deviazione lungo il raccordo autostradale, possiamo raggiungere una chiesa simbolo: quella di San Giovanni Battista, conosciuta come la chiesa dell'Autostrada per la sua particolare collocazione fra l'Autostrada del Sole e la A-11 Firenze-Mare. Inconsueta e, per questo, ancora più speciale, la chiesa fu progettata e realizzata dall'architetto Giovanni Michelucci tra il 1960 e il 1964 su commissione di Società Autostrade, che aveva già dato avvio a un progetto di costruzione in memoria degli operai che avevano perso la vita in quel luogo. Michelucci "rimediò" al progetto precedente con una precisa idea, riassunta in questa dichiarazione: «Il mio pensiero si fermò sull'idea del percorso: il visitatore, che passava da un percorso di tipo meccanizzato e da una velocità meccanizzata alla velocità dell'uomo che cammina, avrebbe dovuto avvertire di continuare il suo percorso ma a un passo diverso, e ricercando sensazioni diverse da quelle provate durante il viaggio. Nacque così un disegno fondamentale, uno dei primissimi disegni della chiesa che indica un percorso molto articolato che dalla quota del terreno porta in alto fino alla croce». Una chiesa che non lascia indifferenti, moderna e razionale, fatta di tratti e intermezzi di luce, che ha come idea di base "il viaggio". In pietra, scalpellata a mano, si estende su una superficie di 3500 metri quadri e raggiunge un'altezza di 26 metri. Il suo interno sembra essere dedicato al vetro e al ferro, con le ampie vetrate, le strutture e i bassorilievi in bronzo. Le chiese novecentesche dividono spesso la critica e i visitatori, nonché i fedeli, che le amano o le odiano, le trovano spoglie o eccessivamente razionali. Superando ordini classici, gotico e barocco, ogni epoca ha i suoi canoni e il cemento armato può essere quello del secondo Novecento. La chiesa dell'Autostrada è un gioiello tra gli ulivi, è un progetto architettonico e di fede, è il punto di arrivo di una ricerca che dal romanico passa attraverso il gotico internazionale e arriva fino a noi. Su uno svincolo autostradale.

DOMENICA

Pure i dintorni di Firenze sono noti a livello internazionale: Fiesole, il Chianti, il Mugello. Ma anche li comuni anticamente nemici: Pisa, Prato, Pistoia e Lucca. Pistoia è a metà strada tra Firenze e Lucca ed è facilissima da raggiungere dal capoluogo. Ha un centro storico delizioso, dominato dal duomo, risalente al X secolo e intitolato a san Zeno.

La statua del santo si trova sul tetto della cattedrale accanto a quella del patrono della città: san Jacopo. Bellissima la facciata in stile romanico a cui fu aggiunto nel XIV secolo il portico, completato nel 1505, quando Andrea Della Robbia realizzò l'archivolto invetriato del portale centrale, con al centro lo stemma dell'Opera di San Jacopo e la lunetta in terracotta con la Madonna col Bambino per il portale sottostante. Una volta entrati, possiamo ammirare nella Cappella del Crocifisso l'altare d'argento di San Jacopo: un capolavoro dell'oreficeria gotica italiana, composto da 628 figure scolpite, in lamina d'argento a sbalzo con inserti di smalto colorato, pietre dure preziose, altorilievi. L'altare fu oggetto di un celebre atto vandalico, citato anche da Dante, nel 1293, da parte di Vanni Fucci. Questi, durante una notte del carnevale, entrò in duomo con la sua banda e depredò la cappella del santo di oggetti preziosi, tra cui tavole d'argento, reliquie e arredi. All'altare non si smise di mettere mano fino al XIX secolo: il nucleo originale del 1287 prevedeva una tavola argentea rappresentante i dodici apostoli; quindi, nel 1316, Andrea di Jacopo d'Ognabene fu incaricato di fare un nuovo pannello che si compone di 15 riquadri; nel 1349 si aggiunse la grande statua in argento di Giglio Pisano, raffigurante san Jacopo in trono. Nel 1361 si ampliarono i fianchi. Il lato sinistro fu terminato nel 1364 dagli orafi fiorentini Francesco Niccolai e Leonardo di San Giovanni, mentre quello destro con le Storie di san Jacopo in nove formelle è opera di Leonardo di San Giovanni. Nella parete della cattedrale che si trova a sud spicca il monumento sepolcrale di Cino da Pistoia, poeta e giurista trecentesco.

Di notevole importanza anche il campanile, al quale la città è molto legata. Costruito in occasione dell'ultimo ampliamento della cattedrale, tra il X e il XIII secolo, è documentato per la prima volta nel 1250, quando vi fu collocata una delle campane, detta "Focaia". Lasciata Pistoia, addentrandosi nella sua quieta campagna, che tanto ha dato all'orticoltura e al giardinaggio nell'accezione più artistica del termine, si può raggiungere un luogo magico, di certo intimo, che ha fatto molto parlare di sé negli anni Ottanta e Novanta, come casa dell'arte contemporanea e dei migliori artisti di quegli anni. Emilio Vedova iniziò qui a dipingere i suoi celeberrimi tondi, Richard Long vi lasciò L'anello verde di Prato nel 1985, Daniel Buren posizionò le sue strutture specchianti colorate e Dani Karavan, straordinario artista israeliano, vi pensò progetti permanenti dal grande significato politico e umano. Tutto questo e molto di più è la Fattoria di Celle con l'immensa collezione della Famiglia Gori.

Campanile del duomo di Pistoia.

COLLEZIONE GORI

Fattoria di Celle - Via Montalese, 7
51030 Santomato (Pistoia)

0573 30285

info@goricoll.it

La visita è solo su appuntamento.

AREZZO SANSEPOLCRO E LA VERNA

Ce la invidiano tutti, lo sappiamo, la Toscana. E hanno ragione. Non solo per il patrimonio artistico di Firenze e Siena, l'unicità di Pisa e la sua torre, le mura di Lucca, ma anche per quelle dolci colline, i filari, i colori che si susseguono di stagione in stagione e che questi luoghi sanno custodire. I ciottoli delle vie, le pietre delle case, le taverne caldi e accoglienti. Arezzo

Arezzo, piazza Grande.

sembra riassumere tutte le caratteristiche di questa regione, nell'aspetto, nell'animo e… nella pancia.

VENERDÌ SERA

Per iniziare a scoprire la città, nel tardo pomeriggio o verso sera, possiamo scegliere di vederla dall'alto! Saliamo fino alla Fortezza Medicea, posta sul colle di San Donato e fatta costruire, rispettando in parte i disegni originali di Giuliano e di Antonio da Sangallo, tra il 1538 e il 1560, per ordine di Cosimo I de' Medici, là dove prima sorgeva il Cassero di San Donato: da lì si gode un panorama mozzafiato. La Fortezza – che ha un perimetro pentagonale con cinque bastioni: della Diacciaia, della Spina, del Belvedere, della chiesa e del Soccorso – oggi ospita mostre e eventi. Un luogo perfetto per una passeggiata.

SABATO

La leggenda della vera Croce

Arezzo è conosciuta nel mondo soprattutto per le vicende di un artista

Arezzo, basilica di San Francesco. Particolare della Leggenda della Vera Croce di Piero della Francesca.

straordinario: Piero della Francesca. Nato intorno al 1415 a Borgo Sansepolcro, Piero era figlio di Benedetto, mercante di cuoio e di lane, mentre la madre, Romana di Perino, era originaria del vicino borgo di Monterchi. Sansepolcro era allora un fiorente centro strategicamente collocato all'incrocio tra Toscana, Marche e Umbria: passato dalla signoria dei Malatesta al controllo dello Stato della Chiesa nel 1431, papa Eugenio IV lo cedette, poco dopo la battaglia di Anghiari (29 giugno 1440), al comune di Firenze per 25.000 fiorini (20 marzo 1441).

Il nostro itinerario ideale parte proprio da Arezzo per arrivare a Sansepolcro e, volendo, a Urbino presso la Galleria Nazionale delle Marche. La basilica di San Francesco, nel centro della città, dall'impianto gotico e dalle notevoli testimonianze trecentesche, accoglie uno dei massimi capolavori di Piero, la Leggenda della vera Croce, dipinto dall'artista tra il 1453 e il 1459 circa nella Cappella Bacci.

Il ciclo illustra alcune delle storie della *Leggenda Aurea* di Jacopo da Varagine (XIII secolo) – sulla quale si basano molte raffigurazioni di artisti toscani e italiani a partire dal Trecento –: vi è narrata la storia del legno della Croce di Cristo, dal seme dell'albero posto nella bocca di Adamo morente fino alla riconquista della Croce dalle mani di Cosroe a opera dell'imperatore Eraclio e al suo ingresso finale a Gerusalemme. L'affresco, magistralmente restaurato negli anni Duemila, chiede di essere ammirato a fondo fin nei minimi dettagli, anche simbolici, così tipici dello stile di

Piero: gli abiti e i gioielli, i paesaggi (tra i quali riconosciamo anche il profilo di Arezzo), le scelte cromatiche e di luce, la prospettiva e la fisionomia dei tanti personaggi.

Lasciata Arezzo, procedendo verso Sansepolcro, si fa tappa obbligata a Monterchi, per ammirare la celebre *Madonna del parto*. Quest'opera, oggi conservata in un Museo esclusivo, appena fuori le mura della città, è un'esperienza impareggiabile, mentale ed emotiva: la Madonna, incinta, nel suo abito azzurro, sta al centro dell'affresco, mentre due angeli speculari ai suoi lati tengono sollevati i lembi di un ricco tendaggio di broccato, con un braccio levato e appoggiandosi su un solo piede. La Vergine colpisce per la sua giovane bellezza: è assorta, quasi triste nei suoi pensieri; sembra scrutare il destino suo e dell'umanità. La mano che delicatamente poggia sull'addome, a evidenziare la gravidanza, è forse il gesto più dolce, intimo, universale che la storia della pittura ci abbia consegnato.

MUSEI CIVICI MADONNA DEL PARTO

Monterchi - Via della Reglia, 1

0575 70713

Da marzo ad ottobre, aperto tutti i giorni, dalle 9.00 alle 13.00 e dalle 14.00 alle 19.00.
Da novembre a febbraio, aperto tutti i giorni, dalle 10.00 alle 13.00 e dalle 14.00 alle 17.00.

Durata visita: 1 h circa.

Sansepolcro

Concludiamo il nostro itinerario sulle orme di Piero a Sansepolcro, dove il Museo civico custodisce il celebre Polittico della Misericordia e l'affresco della Resurrezione. Il polittico fu commissionato a Piero dalla Compagnia della Misericordia di Borgo Sansepolcro esattamente l'11 febbraio 1445 e consta di ben 23 tavole: cinque maggiori centrali, cinque della cimasa, quattro su ciascun pilastrino e cinque della predella. Nella cimasa sono effigiati san Romualdo, l'Angelo Annunciante, la Vergine e san Francesco d'Assisi. Nei pilastrini sono presenti sei santi e due stemmi della confraternita; nella predella sono raffigurate le Storie di Gesù, narrate nei cinque episodi chiave: l'orazione nell'orto, la flagellazione, la deposizione, il *Noli me tangere* e le Marie al sepolcro. Quest'ultima parte del polittico resta di dubbia paternità: Roberto Longhi sostenne fosse stata realizzata da un artista fiorentino che aveva studiato nella bottega del Beato Angelico; altri suppongono che sia opera di Piero, influenzato, però, dalla maniera fiorentina del frate toscano. La parte centrale è così composta: a sinistra san Sebastiano, san Giovanni Battista, e a destra san Giovanni Evangelista e san Bernardino da Siena. Al centro la Madonna, quasi *Mater Ecclesia*, spalanca il suo manto per dare rifugio e aiuto a uomini e donne inginocchiati.

Se il polittico colpisce per complessità e ricerca iconografica, la Resurrezione è un capolavoro magistralmente concepito dove il Cristo – che esce fuori dalla tomba mentre quattro soldati romani dormono dinanzi a lui –, in particolare i suoi occhi, sono posti perfettamente al vertice di un triangolo che inscrive in sé tutti i personaggi, creando un punto di fuga che segue lo spettatore in qualsiasi direzione si muova; il secondo punto di fuga è il piano creato dal piede sinistro di Cristo posato sopra il sarcofago romano. Capolavoro che è piena manifestazione del pensiero di Piero in tema di figura umana, concepita non come rappresentazione di un individuo ma nella sua identità assoluta di forma, luce e colore.

La giornata va conclusa con la visita al Borgo, accogliente in tutte le stagioni, ricco di locali e buoni ristoranti dove gustare le tante specialità di queste terre.

DOMENICA

La domenica può essere facilmente dedicata a una camminata in collina o addirittura in montagna: non mancano infatti sentieri – semplici o inerpicati –, bei percorsi nei parchi nazionali o attraverso i borghi. Uno di questi, proprio nei pressi di Arezzo, è il Parco Nazionale delle Foreste Casentinesi, Monte Falterona e Campigna. Al confine tra Emilia e Toscana, questo Parco riconosciuto tale dal 1993, ha offerto per secoli il legno dei suoi alberi alle popolazioni che hanno abitato queste zone: prima gli Etruschi, poi i Romani, fino ai Fiorentini che lo impiegarono per le tante opere architettoniche della città. Tra queste verdi distese, che conservano anche un interessante sito archeologico – il lago degli Idoli, dove furono ritrovate intatte numerose statuette prevalentemente di origine etrusca, ma anche greco-ellenistica e romana – sorge il santuario francescano della Verna, sul monte Penna, vicino a Chiusi della Verna, in provincia di Arezzo. Il nome deriva dall'antico culto pagano della dea Laverna, protettrice dei rifugiati, grazie agli anfratti e nascondigli tipici di questo territorio montano. Assieme a Camaldoli rappresenta il principale luogo di interesse spirituale e religioso del Casentino. Il monte della Verna fu donato nel 1213 a san Francesco dal conte Orlando Cattani di Chiusi della Verna come luogo ideale per la contemplazione spirituale e della natura. Lo stesso Francesco vi soggiornò l'ultima volta nel 1224. Proprio qui ebbe una visione di uomo, in forma di Serafino, con le mani distese e i piedi uniti, confitto a una croce. Durante la visione, sul suo corpo si impressero le stimmate che portò fino alla morte, avvenuta nel 1226.

La Verna è ancora oggi un luogo di grande respiro spirituale, di pace che possiamo cogliere subito una volta entrati nella piccola chiesa di Santa Maria degli Angeli, voluta proprio da Francesco, nucleo originario attorno alla quale si sviluppò tutto il convento. L'interno della chiesa è molto semplice: spiccano, ai due lati del tramezzo, due rilievi in terracotta invetriata, uno raffigurante la Natività con san Francesco e sant'Antonio, l'altro La Pietà tra la Vergine e san Giovanni, opera di Andrea della Robbia con il figlio Luca, entrambe datate tra il 1490 e il 1493. Sull'altare, l'opera di Andrea della Robbia: l'Assunta che dona la cintola a san Tommaso, realizzata intorno al 1488.

Molto più solenne la basilica maggiore sul piazzale del Quadrante, consacrata nel 1568 e più volte rimaneggiata negli anni successivi, in cui troviamo ancora opere di Della Robbia, in particolare l'Ascensione di Gesù, realizzata con il figlio Luca nel 1480.

Concludiamo la visita nella Cappella delle Stimmate, cuore del santuario, sorta proprio sul luogo dell'evento miracoloso, edificata nel 1263, a navata unica, coperta da volta a crociera. Sul pavimento è segnalato da una lapide il luogo dove è avvenuto il miracolo delle Stimmate. Sopra la porta troviamo un tondo di bottega di Andrea della Robbia con la Madonna con Bambino benedicente.

LA VERNA SANTUARIO FRANCESCANO

- Chiusi della Verna - Via del Santuario, 45
- 0575 5341
- **Il santuario è aperto tutti i giorni** dalle 7.00 alle 21.00; **la Cappella delle Stimmate** dalle 8.00 alle 17.00 in inverno e alle 19.00 in estate.
- **Durata visita:** Tutta la giornata.

La Verna, santuario francescano.

MONTALCINO VAL D'ORCIA E CORTONA

Siamo nel cuore della Toscana. Qui tutto profuma di storia, arte e buon cibo. Riassumere in una giornata questi luoghi tanto celebri e affascinanti non è facile. Il vantaggio è che le distanze sono facilmente affrontabili e, durante il viaggio, abbiamo modo di ammirare paesaggi unici e di scoprire, perché no?, nuovi scorci da non dimenticare più.

VENERDÌ SERA

Iniziamo questo weekend toscano con una classica tappa a Montalcino, capitale vitivinicola, incastrata nella val d'Orcia. A sud di Siena, Montalcino è un incantevole borgo medievale, circondato da una possente cinta muraria e dominato da un antico castello di autentica perfezione architettonica. Il borgo è rimasto pressoché intatto dal XVI secolo ed è perfetto per una passeggiata nel tardo pomeriggio perché, una volta raggiunta la cima, si apre davanti agli occhi una spettacolare veduta sulle colline della val d'Orcia, puntellata di armoniosi vigneti e cipressi. Montalcino è naturalmente famosa per il suo Brunello, che si trova a ogni angolo di strada. Anche i vicoli del borgo e il Museo diocesano meritano una rilassata visita.

SABATO

Abbazia di Sant'Antimo

Lasciamo Montalcino diretti verso l'abbazia di Sant'Antimo, risalente al XII secolo. Il percorso che intraprendiamo si dirama attraverso tortuose vie di campagna ed è un susseguirsi di vigneti, oliveti, verdi colline e casali. L'abbazia si trova isolata in una radura circondata da olivi secolari. Secondo

Un capitello dell'abbazia di Sant'Antimo.

la leggenda, fu fondata da Carlo Magno nel 781. Il re e la sua armata si fermarono qui, sulla via del ritorno da Roma, perché i soldati erano afflitti da una pestilenza sconosciuta. Un angelo apparve a Carlo Magno, dicendogli di far bere ai suoi soldati un infuso preparato con un'erba del luogo. La cura funzionò e l'esercito fu salvo. Il re decise così di costruire la chiesa come segno di ringraziamento. Che la leggenda dica o meno il vero, l'abbazia ci riporta comunque indietro nel tempo, dona pace e serenità: Sant'Antimo è uno dei più importanti esempi di architettura monastica del XIII secolo e sicuramente il più importante monumento romanico della Toscana meridionale. Dell'antica fondazione rimangono soltanto la Cappella Carolingia, attualmente sagrestia della chiesa abbaziale, e i resti della sala capitolare e del chiostro. Bellissimo è il crocifisso ligneo che sovrasta l'altare maggiore. L'interno della Cappella Carolingia, costituito da un'unica navata rettangolare coperta da due volte a crociera, anche se originariamente era a semplici capriate lignee, conserva ancora alcuni affreschi monocromatici raffiguranti scene della vita di san Benedetto da Norcia, dipinti nel XIV secolo dal pittore Giovanni d'Asciano. Nel presbiterio si trova il semplice altare in pietra, mentre lungo le pareti vi sono gli armadi in cui vengono riposti i paramenti sacri utilizzati durante le liturgie.

ABBAZIA DI SANT'ANTIMO

Castelnuovo dell'Abate, Montalcino

0577 286300

Dal 1° novembre al 31 marzo,
tutti i giorni, dalle 10.30 alle 17.00;
dal 1° aprile al 30 settembre,
tutti i giorni, dalle 10.00 alle 19.00;
dal 1° ottobre al 31 ottobre,
tutti i giorni, dalle 10.30 alle 18.00.

▶ **Durata visita:** 2 h circa.

Bagno Vignoni

Poco distante dall'abbazia, raggiungiamo Bagno Vignoni, una delle perle della val d'Orcia. Il borgo, forse unico al mondo, presenta una piscina, ubicata nella piazza centrale, piena di acqua termale calda: lunga 49 metri e larga 29, questa piazza di epoca rinascimentale è stata costruita esattamente sopra la fonte originale di acqua termale, la stessa che frequentavano anche i Romani. Le terme di Bagno Vignoni hanno sempre permesso alla località di avere acqua, persino durante i mesi estivi più caldi, motivo per cui diversi mulini sono stati costruiti lungo il fiume Orcia durante i secoli; questi, insieme a un complesso sistema di canali idrici e gole, costituiscono oggi quello che è conosciuto anche come Parco dei Mulini, creato negli anni Novanta.

Bagno Vignoni è un luogo magico, sia con la luce del giorno e che di sera, un luogo di benessere fisico ma anche interiore, di pace per la mente e per gli occhi.

Bagno Vignoni, piscina dell'antico villaggio termale.

Ancora una sosta va fatta lungo la strada verso San Quirico d'Orcia per ammirare la cappella della Madonna di Vitaleta, tra campi e filari di cipressi, edificata sull'ampliamento di un tabernacolo più antico: essa è stata per molti anni luogo di adorazione del simulacro della Vergine della Consolazione, fino a quando, nel 1553, venne inserita al suo interno una celebre statua della Vergine, riconducibile ad Andrea della Robbia e oggi conservata nella chiesa della Madonna di Vitaleta nel centro di San Quirico d'Orcia.

San Quirico d'Orcia

Ed eccoci infine a San Quirico d'Orcia, borgo dalle origini antichissime, probabilmente addirittura etrusche. Chi era san Quirico? Il nome del paese rivela la devozione della popolazione per un santo originario della città di Iconio (nell'attuale Turchia), il cui culto fu diffuso in Occidente, con ogni probabilità, da sant'Amatore, vescovo della città francese di Auxerre. Secondo alcuni documenti, Quirico era il figlioletto di Giulitta, una vedova di origini patrizie che, convertitasi al cristianesimo, fu costretta a lasciare Iconio insieme al suo bambino di tre anni e a due ancelle, per sfuggire alle persecuzioni durante il regno dell'Imperatore Diocleziano (intorno al 305 d.C.). Giulitta venne arrestata sulla via per Tarso, torturata e poi uccisa insieme al suo bimbo dal governatore di Cilicia, Alessandro. San Quirico era, nel Medioevo, un'importante tappa della via Francigena. Qui i pellegrini in viaggio verso Roma potevano trovare accoglienza e assistenza. Il borgo ha mantenuto ancora oggi la sua struttura medievale originaria, con la caratteristica cinta muraria divisa dall'arteria principale, via Dante Alighieri. Da non perdere i curatissimi Horti Leonini, splendido esempio di giardini all'italiana, accessibili dalla centrale piazza della Libertà e sulla destra della chiesa di Santa Maria Assunta.

DOMENICA

Spostandoci ancora più in giù, verso il confine con il Lazio, arriviamo a Cortona, uno dei borghi più belli della Toscana. Iniziamo dalla storia: Cortona fu centro etrusco, poi alleata di Roma, in posizione ottima sulla via Cassia. I secoli XII e XIII furono, per il comune, un'epoca d'oro, quando assunsero grande importanza le corporazioni di arte e mestieri arricchendo la città. Fulcro della vita cittadina sono le due piazze centrali, della Repubblica e Signorelli. La città si può esplorare e vivere perdendosi tra le vie, ammirando edifici come Palazzo Casali, sede dell'importante Museo dell'Accademia Etrusca, o il Teatro Signorelli, costruito nell'Ottocento in stile neoclassico. Imboccando via del Gesù, lungo il vicolo Iannelli, si possono ammirare alcune case antiche medievali, le cui fondamenta risalgono all'epoca etrusca e romana. Merita una visita il duomo nella sua veste attuale, che risale al Quattrocento su progetto della scuola di Giuliano da Sangallo, quando inglobò la precedente pieve. Due belle passeggiate possiamo intraprenderle partendo dal centro di Cortona: la prima ci conduce al punto più alto della città, che ospita la Fortezza medicea Girifalco, costruita nella seconda metà del Cinquecento per volere del Granduca Cosimo I dei Medici, per godere della vista mozzafiato su tutta la Val di China; la seconda per visitare l'eremo Le Celle, fondato da San Francesco nel 1211, sul monte Sant'Egidio tra grotte naturali accanto a un corso d'acqua: qui regna ancora pace e armonia.

Eremo "Le Celle" sul monte Sant'Egidio.

URBINO E LA FONTE AVELLANA

Le Marche sono la nuova Toscana, si dice. Scherzi a parte, la regione ha vissuto negli ultimi anni una vera e propria rinascita: chi l'ha sempre frequentata non la abbandona, chi la scopre oggi non può che amare ogni borgo e ogni scorcio di questi luoghi magnifici.

VENERDÌ SERA

Urbino colpisce subito, già da lontano e anticipa uno dei capolavori che ospita nella sua Galleria Nazionale, La città ideale. Urbino è una città verticale, ripida, con stradine strette. Per questo Federico da Montefeltro fece costruire, proprio ai piedi dei torricini di Palazzo Ducale, un bastione e dentro questo delle rampe elicoidali. Oggi gli ascensori o le scale, ci conducono con facilità nel centro storico, già patrimonio mondiale UNESCO, diviso da due assi viarie principali e quasi perpendicolari tra di loro, via Mazzini e via Cesare Battisti per un verso, via Raffaello e via Veneto dall'altro, che si incontrano nella principale piazza della Repubblica.

SABATO

Il duomo

Ciò che colpisce subito della città è la particolare trama urbanistica: stradine, saliscendi improvvisi, vicoli, scalinate e sottopassi, palazzi e chiese che formano, grazie anche al paesaggio, una scenografia unica. Dedichiamo tutta la giornata a conoscere questo gioiello urbanistico, iniziando magari dalla visita al duomo, la chiesa più importante della città. La prima fondazione risale al 1021, sostituita da una nuova chiesa costruita da Francesco di Giorgi Martini, l'architetto di fiducia di Federico da Montefeltro, che lavorò per molti anni anche al vicino Palazzo Ducale. All'interno sono ospitate due bellissime tele di Federico Barocci: il Martirio di San Sebastiano e l'Ultima cena. Da non perdere, nella chiesa, le Grotte, usate anche come rifugio durane la Seconda guerra mondiale, e il corridoio del perdono: secondo un'antica tradizione di Urbino ci si assicurava il perdono dai peccati percorrendo questo corridoio diverse volte durante il lunedì di Pasqua.

DUOMO DI URBINO

- Urbino - Via Puccinotti, 29
- 0722 2760
- **Tutti i giorni** dalle 7.30 alle 13.00 e dalle 14.00 alle 19.00.
- **Durata visita:** 30 minuti circa.

Palazzo Ducale

La mattina a Urbino deve poi essere dedicata alla visita della Galleria delle Marche ospitata a Palazzo Ducale, la splendida residenza voluta da Federico da Montefeltro a gloria della sua casata. 80 sale per una collezione che raccoglie opere dal 1300 al 1600, in prevalenza dipinti ma anche mobili, sculture, arazzi e disegni. Fra tutti, il Museo accoglie due capolavori di Piero della Francesca: la Flagellazione di Cristo e la Madonna di Senigallia. Impossibile citare tutti i capolavori qui riuniti: ci limitiamo al Ritratto di gentiluomo di Raffaello, del periodo fiorentino, già esposto agli Uffizi; la Crocifissione e la Pentecoste di Luca Signorelli; il Salvator Mundi di Melozzo da Forlì e la magnifica tavola di Giusto di Gand, La comunione degli Apostoli. Mentre osserviamo le opere, seguiamo anche lo sviluppo del palazzo: l'appartamento della Duchessa con la bellissima Porta della guerra, la stanza da letto del Duca e il guardaroba, la Cappella del Perdono, piccolo sacello completamente rivestito di marmo, con volta a botte adorna di lacunari in stucco policromo, già attribuito al Bramante ma più probabilmente opera di un veneto, forse Pietro Lombardo. E ancora il celebre Studiolo del Duca, le cui pareti sono rivestite da tavole lignee intarsiate rappresentanti libri, armi, strumenti musicali, le Virtù teologali, il Duca stesso e paesaggi. Un ultimo accenno

Vista generale di Urbino.

alla tavola comunemente conosciuta come La città ideale, proveniente dal monastero di Santa Chiara di Urbino, già appartenente alla famiglia ducale. Elisabetta da Montefeltro, figlia di Federico, potrebbe aver portato con sé il dipinto quando entrò nel monastero, dopo essere rimasta vedova nel 1482. Intorno al 1861, l'opera entra a far parte delle collezioni statali del Museo dell'Istituto di Belle Arti di Urbino, che diverrà Galleria Nazionale delle Marche nel 1912. L'opera è stata attribuita a diversi artisti, tra cui anche all'architetto Luciano Laurana, per l'alta precisione del disegno per la somiglianza degli elementi architettonici classici con quelli presenti nel Palazzo Ducale della città, di cui l'architetto fu in parte il progettista.

GALLERIA NAZIONALE DELLE MARCHE

- Urbino - Piazza Rinascimento, 13
- 0722 2760
- **Dal martedì alla domenica,** dalle 8.30 alle 19.15.
- **Durata visita:** 2 h circa.

Ancora un gioiello per concludere la nostra visita di Urbino: l'oratorio di San Giovanni con il ciclo di affreschi dei fratelli Lorenzo e Jacopo Salimbeni da San Severino (1400 circa), interpreti più importanti del tardo gotico marchigiano.

Urbino, percorso delle mura.

DOMENICA

Lasciando Urbino, dedichiamo la domenica alla natura e a un luogo di una bellezza eccezionale: il monastero di Fonte Avellana. La struttura si trova nel comune di Serra Sant'Abbondio, nell'entroterra della provincia di Pesaro e Urbino, alle pendici del Monte Catria. L'abbazia venne fondata alla fine del X secolo, in onore della Santa Croce, da un gruppo di eremiti insediatisi nella zona: essi avevano già costruito un piccolo eremo dove pregare, poi ampliato e trasformato in un monastero. Personaggio di spicco della comunità fu san Romualdo di Ravenna, padre della Congregazione benedettina camaldolese. Il monastero divenne rapidamente un importante punto di riferimento religioso e sociale, tanto che ben 76 santi e beati soggiornarono qui. Anche Dante Alighieri cita il monastero nella *Divina Commedia*, nel canto XXI del *Paradiso*; alcune fonti dicono che vi soggiornò per un breve periodo. Il 1325 segna una svolta per l'eremo, che diventa abbazia di Fonte Avellana e, di lì a poco, potenza socio economica, dando vita alla pratica della commenda intorno al XV secolo. Nel 1569 gli Avellaniti furono soppressi e Fonte Avellana passò alla Congregazione camaldolese. Successivamente, nel 1610, passò alla Congregazione cenobitica camaldolese di San Michele di Murano e, dal 1935, nuovamente ai monaci eremiti camaldolesi, che tuttora lo abitano. La chiesa venne edificata a partire dal 1171 e fu consacrata per la prima volta nel 1197, per essere poi elevata a basilica minore il 5 settembre 1982 da Giovanni Paolo II, in visita per la conclusione delle celebrazioni del millenario della fondazione. Conserva una piccola cripta, la parte più antica di Fonte Avellana. La struttura è magnifica, circondata dal verde dei boschi, una giornata, o anche mezza, restituisce un piacere estetico e spirituale.

MONASTERO DI FONTE AVELLANA

- Serra di Sant'Abbondio (PU)
- **Dal lunedì al sabato** alle 10.00, 11.00, 15.00, 16.00 e 17.00; **Domenica e festivi** ogni 30 minuti dalle 10.00 alle 12.00 e dalle 15.00 alle 17.30. **Si richiede un contributo di 2 euro a persona.**
- **Durata visita:** 2 h circa.

Monastero di Fonte Avellana.

ANCONA LORETO E RECANATI

Le Marche meritano un'ulteriore sosta, fra città, borghi, costiera, riserve naturali e luoghi dello spirito.

VENERDÌ SERA

Ancona non è forse la classica città votata al turismo, ma merita di essere riscoperta: vi si trovano una bella piazza centrale, la Mole vanvitelliana, l'Arco di Traiano, spazi verdi, ottima cucina e la tradizionale ospitalità marchigiana. Dedichiamo il pomeriggio e la serata a una visita partendo proprio dalla zona del porto, per vedere l'Arco di Traiano, fatto costruire nel 115 d.C. dal Senato di Roma in onore dell'imperatore che aveva, a proprie spese, allargato il porto della città, attribuito ad Apollodoro di Damasco. Costruito in marmo dell'Imetto, la storia ci dice presentasse, sull'alto, una statua bronza equestre dell'imperatore e le statue della moglie Plotina e della sorella Marciana. Più avanti, dove termina la cinta muraria, sorge l'Arco Clementino, innalzato in onore di Clemente XII da Luigi Vanvitelli nel 1738. Arriviamo così, costeggiando il porto, alla Mole Vanvitelliana, o Lazzaretto, iniziata dal Vanvitelli nel 1733 per volere di Clemente XII e costruita su un'isola artificiale di circa 20.000

Il Monte Conero.

mq. Vi si accedeva solo via mare, fino alla costruzione nell'Ottocento di un ponte. Si tratta di un edificio di forma pentagonale in pietra d'Istria, con al centro un'edicola in travertino dedicata a san Rocco. La costruzione doveva avere funzioni sanitarie e difensive ma fu anche magazzino e, dopo il 1884, raffineria per lo zucchero.

MOLE VANVITELLIANA

- Ancona - Banchina Giovanni da Chio, 28
- 071 925 7388
- **Tutti i giorni** dalle 8.00 alle 20.00. **Chiuso il lunedì.**
- **Durata visita:** 1 h circa.

SABATO

Dedichiamo il sabato mattina a scoprire l'Ancona ebraica per poi spostarci verso Loreto. Una visita va fatta a piazza del Plebiscito, che gli anconetani chiamano piazza del Papa, in onore di Clemente VII, grande mecenate della città. Proprio la statua del Pontefice fa bella mostra al centro della piazza, dalla singolare forma allungata, che si estende fino al sagrato della chiesa di San Domenico, dove possiamo ammirare l'Annunciazione del Guercino e la Crocifissione di Tiziano.

I luoghi della memoria ebraica

La vita della città è dai tempi più antichi legata al suo porto, ai commerci e alle attività di pesca; non stupisce che ospitasse una fitta attività mercantile e una storica comunità ebraica. Proprio i luoghi della comunità meritano un bel tour che ci consentirà di scoprire anche angoli nascosti della città: il campo degli Ebrei, uno dei più antichi cimiteri ebraici d'Europa, il "campo della mostra" (oggi piazza Malatesta), l'antico ghetto e le sinagoghe, quella levantina e quella italiana, di via Astagno. Una comunità ebraica viveva già vicino ad Ancona prima dell'anno Mille e sembra che ci fosse una sinagoga in città, distrutta totalmente dal terremoto del 1279. Già il Trecento vide una comunità organizzata, impegnata nei commerci e nelle attività finanziarie. Intorno al 1450 la popolazione ebraica in Ancona era di circa 500 persone, ma l'arrivo dei profughi iberici alla fine del Quattrocento, di quelli siciliani e, nel 1497 di quelli provenienti dal Portogallo, la fece triplicare di numero. Intorno al 1550 la comunità contava circa 2700 persone, fino a quando, con bolla papale di Pio IV del 1555 e l'istituzione del ghetto, venne confinata, come anche le fu imposto il divieto di possedere beni immobili e limitati il commercio e le attività. Il XIX e il XX secolo furono per la comunità di Ancona un'epoca difficile e travagliata: dopo la caduta di Napoleone, si stabilì un nuovo obbligo alla dimora nel ghetto, cui seguirono la distruzione della sinagoga nel 1860 e, con le guerre mondiali, le deportazioni e la decimazione della comunità. Il ghetto si sviluppava tra le attuali vie Astagno, Bagno, Traffico, Lata. La comunità è ancora una delle più antiche e significative d'Italia.

Concludiamo la visita con il parco del Cardeto, a picco sul mare, dove si estende l'antico cimitero, detto Campo degli Ebrei, in uso dal 1428 al 1860. Vi si trovano 178 cippi funerari con iscrizioni ebraiche datate dal XV secolo al XIX secolo. L'ampio prato è dolcemente inclinato verso Gerusalemme, così come vuole la tradizione.

Loreto

Lasciamo Ancona per raggiungere, con un breve tragitto, la città di Loreto. Per capirla, dobbiamo, prima di tutto, ripassarne la storia leggendaria: il 10 maggio 1291, a seguito dell'invasione turca della Palestina, avvenne il miracolo che trasportò la casa della Sacra Famiglia sopra il colle di Tersatto, presso Fiume. Da lì, il 10 dicembre 1294, la casa sparì per ricomparire nelle vicinanze di Recanati, in mezzo a un bosco di lauri. Qui inizia la storia dell'attuale santuario e lo sviluppo della città di Loreto, meta, da allora, di pellegrinaggio da ogni parte d'Europa. La cittadina di Loreto si è sviluppata in funzione del santuario: all'ingresso sta l'alberata piazza Leopardi, che ci conduce alla Porta Romana eretta nel 1590 da Pompeo Foriani; le mura sono state volute da Leone X su disegno di Antonio da Sangallo il Giovane, con Andrea Sansovino e Giuliano Ridolfi; lungo corso Baccalini si giunge in piazza della Madonna, dominata dal santuario. Oggi la pontificia basilica è affidata ai frati minori cappuccini e conserva, al suo interno, la Santa Casa, protetta dal magnifico rivestimento architettonico disegnato da Bramante, decorato con statue e bassorilievi opera

Loreto. Interno della basilica, con vista sulla Santa Casa.

dei migliori scultori del Cinquecento. La basilica è un museo compiuto, percorre la storia dell'arte dal 1468, anno in cui ne fu iniziata la grandiosa costruzione fino al Settecento quando fu innalzato il campanile vanvitelliano.

SANTUARIO PONTIFICIO DELLA CASA DI LORETO

Piazza della Madonna, 1

071 9747198

Tutti i giorni dalle 6.15 alle 19.00.

Durata visita: 2 h circa.

DOMENICA

Una domenica in questi luoghi non può che portarci a Recanati, per un incontro con il poeta più celebrato d'Italia: Giacomo Leopardi. Questi vi nacque il 29 giugno del 1798, figlio del conte Monaldo, che gli trasmise il grande amore per la cultura e le lettere. I più recenti studi hanno, finalmente, portato il pensiero leopardiano fuori dall'idea scolastica di semplice "pessimismo", consegnandolo a una nuova visione di ricerca della verità, di speranza. Quella leopardiana è una "resistenza" ante litteram. Visitare la casa del poeta è molto suggestivo: Palazzo Leopardi è un edificio settecentesco con lunga fronte in cotto, che ancora ospita i discendenti della famiglia. Attraverso un magnifico scalone, raggiugiamo la biblioteca, cuore della casa, la cui istituzione si deve a Monaldo, il padre di Giacomo, da lui stesso dedicata *«filiis, amicis, civibus»* tra la fine del XVIII e l'inizio del XIX secolo. In essa sono raccolti circa 25mila volumi, alcuni incunaboli e testi rari. Il percorso museale conduce il visitatore in alcune sale del palazzo, arredate con mobili d'epoca e decorate con delicati stucchi e tempere ai soffitti. Nello studio del conte Monaldo è conservata la scrivania del poeta, accanto alla finestra che guarda la piccola piazza e i tetti del borgo.

CASA LEOPARDI

Recanati - Via Leopardi, 14

339 2039459

Tutti i giorni, dalle 9.00 alle 18.00.

Durata visita: 1 h circa.

Concludiamo la nostra domenica marchigiana passeggiando per Recanati che, oltre a essere meta di studiosi e appassionati lettori, è un borgo suggestivo, mantenutosi intatto, con la bella cattedrale, dedicata a san Flaviano, il Museo diocesano e la chiesa gotica di Sant'Agostino.

Recanati: casa del poeta Giacomo Leopardi.

ASSISI

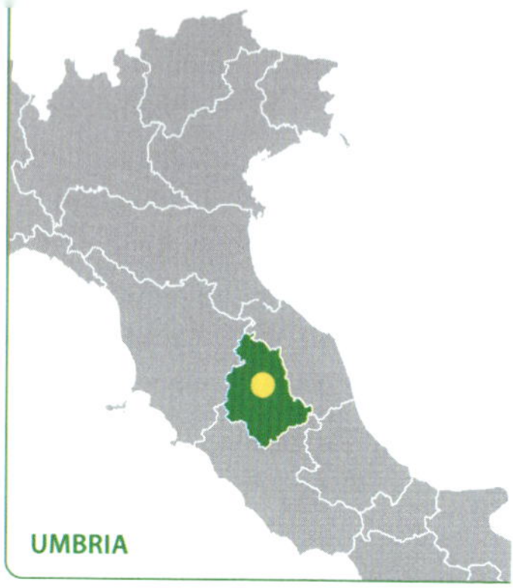

Come descrivere Assisi? Arte, spiritualità, bellezza: qui c'è tutto e anche di più. C'è una città accogliente, una basilica tra le più belle del mondo, che propone il costante riferimento al santo patrono d'Italia, a una storia di fratellanza e fede; ma anche la possibilità di godere della visita al Bosco di San Francesco di Assisi – riportato alla vita grazie al FAI –, quasi un pellegrinaggio "laico" attraverso 64 ettari di natura e oltre 800 anni di storia. Qui si può comprendere a fondo quel messaggio di perfetta armonia tra Uomo e Creato che san Francesco insegnò al mondo proprio a partire da questi luoghi.

VENERDÌ SERA

Dedichiamo il venerdì sera all'Assisi laica e arrampichiamoci fino alla Rocca Maggiore, il bastione che domina la cittadina e la campagna circostante, la cui prima pietra risale al 1183, per volere di Federico Barbarossa. Distrutta dalla popolazione in rivolta, fu ricostruita dal cardinale d'Albornoz nel 1365, per diventare uno dei castelli di difesa dello Stato Pontificio. Dopo questa impresa, nessuno ci priverà di un'ottima cena in uno dei tanti locali della città, dove provare magari l'eccellente pecorino locale.

Assisi, basilica di San Francesco.

SABATO

Un weekend ad Assisi va dedicato completamente alla visita, da compiere con cuore e mente aperta, alle basiliche superiore e inferiore, alla Porziuncola, a Santa Chiara e al Tempio della Minerva.

Basilica superiore e inferiore di san Francesco

La costruzione della basilica, alla morte del santo, si deve all'iniziativa di frate Elia, che la volle in un luogo che egli immaginò come il nuovo centro del piccolo paese. Nel *Testamento*, san Francesco aveva dettato indicazioni per la costruzione delle chiese, raccomandando che non andassero in contraddizione con la Regola, quindi con il voto di povertà. Francesco morì il 3 ottobre del 1226 e già nel 1227 frate Elia venne incaricato da papa Gregorio IX di porre la prima pietra della basilica. Questa, oggi, si presenta come un grandioso complesso costituito dalla sovrapposizione di due chiese. La inferiore fu iniziata, proprio grazie a frate Elia, nel 1228 e doveva essere compiuta nel 1230, quando il corpo del santo vi fu traslato e deposto sotto

l'altare maggiore. Questo edificio più antico corrisponde oggi alla seconda, terza e quarta campata della basilica superiore. Concepita come semplice aula rettangolare, fu poi ampliata e abbellita con volte a crociera e pilastri. Non sappiamo quando venne dato il via al progetto della seconda basilica, ma sappiamo che Innocenzo IV la consacrò nel 1253. La facciata sulla piazza superiore è di linee semplici, divisa orizzontalmente in tre zone e coronata da un timpano triangolare. Sul fianco sinistro, si erge il campanile quadrangolare dallo stile romanico umbro, coevo alla chiesa e completato nel 1239. Dopo aver sostato un poco sulla piazza per godersi la dolce maestà del complesso, dedichiamoci all'interno, cominciando dalla chiesa superiore, perfetto esempio di architettura monastica francescana, a croce latina con navata unica e abside poligonale. Lo spazio è estremamente unitario, lo slancio verticale si coniuga con l'apparato decorativo senza risultare ridondante. Dirigiamoci con calma verso il transetto e l'abside, dove troviamo un incredibile ciclo di affreschi realizzato da Cimabue e bottega, probabilmente a partire dal 1227; in particolare soffermiamoci sulla Crocifissione, potente ed espressiva. Gli affreschi dell'abside vennero terminati ancora da Cimabue e raccontano le *Storie di Maria*. Eccoci finalmente al ciclo dedicato alla vita del Poverello: 28 affreschi che si sviluppano al di sotto del ballatoio, lungo tutta la navata. Conosciamo l'attribuzione giottesca del ciclo, ma gli studi più recenti hanno certificato che qui lavorarono più pittori di diverse maestranze, senza

Gli affreschi di Giotto all'interno della basilica di San Francesco.

mettere però in discussione che alla base del progetto iconografico ci fosse il pensiero proprio di Giotto. La serie ha inizio dalla parete destra, dall'angolo verso l'altare, e continua nella parete sinistra. Bellissime le scene del dono del mantello al povero, della restituzione delle vesti al padre, della celebrazione a Greccio della festa del Presepe, della predicazione agli uccelli e della ricezione delle stimmate.

Passiamo così alla basilica inferiore, attraversando il bellissimo portale risalente alla seconda metà del Duecento, riccamente scolpito e con ornati a mosaico, sormontato da un eccezionale rosone, e preceduto – vero capolavoro – da un protiro rinascimentale opera di Francesco di Bartolomeo da Pietrasanta del 1487. L'interno della chiesa è molto più complesso rispetto a quello della basilica superiore ed è un notevole esempio di gotico italiano: innanzitutto, la navata con la copertura a volte a tutto sesto e il transetto con volte a botte. Sui fianchi si susseguono le cappelle: consigliamo di soffermarsi nella Cappella della Maddalena con affreschi di Giotto e collaboratori, eseguiti subito dopo l'ultimazione della Cappella degli Scrovegni di Padova, su incarico di Tebaldo Pontano, vescovo di Assisi. Sempre lungo la navata spiccano i celebri affreschi con le Storie di Cristo sulla destra e sulla sinistra le Storie di san Francesco, attribuite al Maestro di San Francesco. A metà della navata, ecco le scalette grazie alle quali raggiungere la cripta di stile neoclassico dove riposa il corpo del santo. L'altare maggiore, consacrato nel 1253, è di stile gotico, con bellissimi marmi. Sostiamo un po' a contemplare le celebri quattro vele della volta, con le allegorie delle virtù francescane – povertà, castità e obbedienza – e, nella vela verso l'abside, la Gloria di san Francesco. Nel braccio destro del transetto, gli affreschi, opera dei collaboratori di Giotto sotto la direzione del Maestro, con le Storie di Maria. Opera di Cimabue è, invece, la Madonna con il Bambino in trono, quattro angeli e san Francesco, unico superstite della primitiva decorazione del transetto. Al braccio sinistro, completamente affrescato da Piero Lorenzetti, soffermiamoci sulla Crocifissione e sulla Madonna con il Bambino tra i santi Francesco e Giovanni Evangelista. Concludiamo con la prima cappella sulla sinistra, dedicata a san Martino e interamente affrescata da Simone Martini tra il 1312 e il 1320.

Un ultimo sguardo, prima di lasciare il grande complesso, va al Chiostro del convento, fatto erigere da Sisto IV nel 1476, dove ammirare, seppur molto rovinati, gli affreschi di Dono Doni con le Storie di san Francesco.

Tempio della Minerva

Ricominciamo il nostro tour, dopo aver passeggiato per le strade del centro e attraversato la piazza del Comune, visitando il Tempio della

Minerva: santuario edificato in epoca romana, tra gli inizi del I secolo a.C. e l'età augustea, è tra i monumenti meglio conservati del mondo classico; si tratta di un edificio in stile corinzio, con colonne scanalate poggianti su plinti quadrangolari, trabeazione e frontone. Dopo essere stato usato come carcere, abitazione, bottega, sede del consiglio cittadino, nel Medioevo il tempio viene trasformato in chiesa con il nome di Santa Maria sopra Minerva. Nel 1634 fu riadattato in forme barocche e dedicato a san Filippo Neri.

Chiesa di Santa Chiara

Lasciamo il centro cittadino seguendo una rete di vicoli che raccontano lo sviluppo medievale del borgo, passando per corso Mazzini, una delle strade più animate della città, per raggiungere piazza Santa Chiara, al polo opposto rispetto alla basilica del santo. La costruzione ebbe inizio nel 1257 e già nel 1260 ospitava le spoglie della santa. L'interno presenta analogie con la più celebre basilica superiore di san Francesco: a croce latina, a navata unica; la semplice facciata a filari orizzontali in pietra locale bianca e rossa, presenta un bel portale a tutto sesto e un elegante rosone con due giri di colonnine e archetti.

Passiamo ad ammirare la Cappella di Santa Agnese, dedicata alla sorella di Chiara, e la Cappella di San Giorgio. Nel transetto, le Storie di santa Chiara, del 1283.

Porziuncola in Santa Maria degli Angeli

Completiamo la visita all'Assisi più spirituale con la chiesa di Santa Maria degli Angeli, che si raggiunge dopo essere passati attraverso la porta San Pietro, a circa 4 km dal centro. La basilica sorse tra il 1569 e il 1679, inglobando le strutture del conventino francescano sorto a ridosso della Porziuncola. Questa, fin dalla morte del santo, era stata luogo di pellegrinaggio e devozione francescana, tanto da divenirne simulacro. Qui san Francesco aveva composto il *Cantico delle Creature* e vi era morto il 3 ottobre 1226. La grande basilica a tre navate con transetto non sporgente, cupola all'incrocio (sotto la quale sorge la Porziuncola) e abside semicircolare fu progettata da Galeazzo Alessi e completata con la costruzione del campanile.

Certamente l'interesse storico-artistico qui è riservato alla cappella della Porziuncola, il piccolo oratorio risalente al X-XI secolo, dove Francesco nel 1205 circa stabilì la sua dimora. Si tratta di una costruzione rettangolare, semplice, in sasso policromo del Subasio. La parte superiore della facciata è stata ricoperta con un affresco nel XIX secolo mentre, sul fianco destro, vediamo i resti di un affresco quattrocentesco di matrice senese. Nella parte posteriore, un ulteriore dipinto, opera del Perugino, offre al visitatore l'immagine del Calvario, mentre, all'interno, sono rappresentate un'Annunciazione e le Storie del Perdono.

DOMENICA

Bosco di san Francesco

Dopo aver riempito occhi e anima con altissime opere di umano ingegno che di san Francesco hanno saputo celebrare la profonda fede, la grande carità e l'esempio di fratellanza, concludiamo questo weekend seguendo il bellissimo messaggio del Santo che ci invita a ritrovare un intimo rapporto con la natura, inoltrandoci nel Bosco di san Francesco: attraverso un portone nel muro di cinta del piazzale davanti alla basilica superiore di Assisi, si imbocca uno stretto sentiero che porta a un ampio fondovalle, ai piedi del centro cittadino. 64 ettari di natura, tra terreni boschivi e campi coltivati, pareti di pietra rosa, radure e oliveti, recentemente recuperati e riqualificati dal FAI. Raggiunta la cima, possiamo ammirare l'opera Terzo Paradiso del maestro Michelangelo Pistoletto: 121 ulivi disposti a doppio filare a formare tre ampi elementi circolari tra loro tangenti, di cui uno maggiore al centro e con un'asta alta 12 metri a simboleggiare l'unione tra cielo e terra. L'invito è quello di percorrere la serpentina tra i filari e diventare, così, parte di quest'opera che contiene una proposta di riflessione sulla possibile serena coesistenza tra l'uomo e la natura, qui simboleggiata dalla terza sfera, il "terzo paradiso", appunto.

Bosco di San Francesco. Michelangelo Pistoletto, Terzo Paradiso.

L'AQUILA

Tristemente nota per i fatti legati al terremoto del 2009, L'Aquila merita tutto il nostro sostegno e, anche a questo scopo, va riscoperta per le sue bellezze, per l'accoglienza e la simpatia dei suoi abitanti.

VENERDÌ SERA

A più di dieci anni dal terremoto cosa si può visitare in città? Per fortuna, stanno rivedendo la luce tantissimi siti culturali di interesse artistico elevato: recentemente, per esempio, ha riaperto

L'Aquila, piazza Duomo.

la basilica di Collemaggio, legata al culto di Celestino V, uno dei monumenti simbolo della città. Non si trova proprio nel centro storico, ma in un'area poco distante e molto suggestiva. Bisogna poi parlare della chiesa di Santa Maria del Suffragio, nella piazza principale, in stile barocco, molto importante a livello architettonico e bellissima per una visita serale, e della fontana "delle 99 cannelle", legata alla leggenda dei 99 feudi che parteciparono alla fondazione della città dell'Aquila nel Duecento.

SABATO

Da L'Aquila parte un meraviglioso percorso: il Cammino della Pace, che arriva a Monte Sant'Angelo, sul promontorio del Gargano, attraverso 29 straordinarie tappe che si snodano per oltre 490 km. Si tratta di un progetto che nasce dalla storia, a lieto fine, di Alessandra, una studentessa di ingegneria del capoluogo: la notte del violento terremoto del 6 aprile 2009 non ubbidì a suo padre che le aveva suggerito di restare nella casa in cemento armato, presa in affitto a Villa Gioia. Alessandra ignorò il consiglio e decise di passare la notte in centro in una casa antica, insieme ad alcune sue amiche. L'abitazione in cemento armato crollò, mentre la casa antica ebbe solo alcuni danni. L'ingegner Caramanico, padre di Alessandra e responsabile del CAI di Guardiagrele, organizzò nel 2010, per ringraziare dello scampato pericolo, un cammino da L'Aquila a Guardiagrele, iniziando però a pensare a un progetto più articolato: un viaggio fatto di interiorità, di conoscenza e coscienza, di meditazione e responsabilizzazione.

Il cammino, che tocca 3 regioni, 29 comuni e 4 parchi nazionali, parte dal capoluogo e passa per Prata, Bominaco e Peltuinum, per giungere a Guardiagrele e sulla costa dei Trabocchi. Si sovrappone, per tre tappe, alla Via Francigena, passando per gli eremi della Majella, infine arriva a San Giovanni Rotondo e a Monte Sant'Angelo.

Questo straordinario tragitto intende creare nei luoghi e nelle persone coinvolte la voglia di mettersi in discussione, di unirsi alla natura nel rispetto dell'uomo e del creato.

CAMMINO DELLA PACE

- 348 4704822
- www.ilcamminodellapace.it
- **Durata visita:** 1 h circa.

DOMENICA

Dedichiamo la domenica a un altro meraviglioso e coinvolgente cammino: il Sentiero dello Spirito all'interno del Parco Nazionale della Majella. Diviso in 4 tappe, non presenta eccessive criticità o difficoltà, anche se, trattandosi di un percorso di montagna, non bisogna mai abbassare la guardia.

Parco nazionale della Majella. Panorama invernale.

Il Sentiero dello Spirito si snoda per circa 73 km, ed è uno dei grandi trekking del parco. Richiede almeno quattro giorni di cammino, nei quali si passa per tutti i principali luoghi di culto eremitici della Majella. Può essere affrontato anche a tappe, visitando gli eremi più belli attraverso brevi escursioni giornaliere.

Si tratta di un ideale viaggio sulle orme di Pietro del Morrone, futuro papa Celestino V, che scelse proprio i luoghi più remoti della Majella per il suo percorso di fede. Partiamo dalla frazione Badia di Sulmona, proprio davanti all'ingresso dell'abbazia di Santo Spirito al Morrone – che merita una visita in quanto sede dell'ordine celestiniano – e del sovrastante eremo di Sant'Onofrio, arroccato sulle balze rocciose. Saliamo quindi gradualmente fin sulla cima del Monte Morrone, passando per l'eremo di San Pietro: da qui, una lunga discesa conduce al borgo di Caramanico Terme, che è la prima tappa del sentiero.

Se qualcuno vuole fermarsi per qualche altro giorno, può proseguire e completare il cammino con le altre 3 tappe. Il giorno successivo può essere utilizzato per attraversare per intero la splendida valle dell'Orfento e, dopo una breve sosta ai ruderi dell'eremo di Sant'Onofrio, risalire lungo la ripida e ombrosa Rava dell'Avellana. Si arriva così a Pianagrande.

Il terzo giorno di cammino, dopo essere passati per il bellissimo eremo di San Giovanni, tra fitti boschi di faggio e capanne in pietra a secco si prosegue in direzione degli eremi di Santo Spirito e San Bartolomeo, per

arrivare in località Macchie di Coco nel comune di Roccamorice. L'ultima tappa tocca gli eremi di Sant'Angelo a Lettomanoppello e Sant'Onofrio a Serramonacesca, e si conclude nella vicina abbazia di San Liberatore a Majella.

Sulmona, eremo di Sant'Onofrio.

ROMA
ANTICA E MODERNA

Come costringere la Città Eterna in un solo weekend? Impossibile. Roma è una scoperta continua e, anche se potessimo visitarla ogni anno, ogni mese, ogni giorno, scopriremmo scorci nuovi, vie inesplorate, chiese sconosciute, architetture affascinanti. Roma è un punto di partenza, quasi volesse indicarci una strada: ci parla, attraverso la Storia e le sue storie, dei rioni e delle periferie, dal Colosseo al Cupolone, fino al Gianicolo e a Trastevere. Dovendo dedicare solo due giorni alla capitale d'Italia possiamo costruire un percorso che tocca le chiese più antiche e le più moderne della città, per fondere passato e presente, sperando nel migliore dei futuri.

Roma, fori imperiali.

VENERDÌ SERA

Roma è anche romantica e letteraria, per questo si può dedicare una piacevole serata a passeggiare nelle strade del centro, percorrendo la celebre scalinata di piazza di Spagna, poi l'elegante via Condotti o la storica via Frattina. Una cena in piazza San

Lorenzo in Lucina può concludersi nell'affascinante piazza di Pietra, caratterizzata dalle rovine dell'"Hadrianeum", il tempio fatto costruire nel 145 d.C. in onore dell'imperatore Adriano, divinizzato dopo la morte, dal suo successore Antonino Pio. L'edificio sorgeva al centro di una grande piazza porticata che terminava con un monumentale arco, scomparso poi nel XVI secolo. Nel 1695 Francesco Fontana fu incaricato da papa Innocenzo XII di costruire il palazzo della Dogana di Terra pontificia, per le merci che arrivavano a Roma via terra (la dogana per quelle che arrivavano via mare era situata invece a Ripa Grande); l'architetto lo realizzò, seguendo il progetto del padre Carlo,

proprio tra i resti del Tempio di Adriano, che così divenne una sorta di quinta sulla piazza.

SABATO

Santa Pudenziana

C'è chi dice che per visitare tutte le chiese di Roma – trovandole naturalmente aperte – ci vorrebbe una vita intera. Noi cominciamo il nostro percorso da quelle più antiche, per arrivare poi a visitare le più moderne, le post conciliari. In questo modo potremo scoprire anche la città nei suoi quartieri storici e in quelli cronologicamente a noi più prossimi. Il primato della più antica se lo contendono due chiese: Santa Pudenziana e Santa Prisca. La prima si trova sulla via Urbana, rione Monti, la seconda all'Aventino; sono entrambe legate alla figura di San Pietro. Santa Pudenziana deve il suo nome al senatore Pudente, sulla cui casa la chiesa originaria sarebbe stata costruita durante il pontificato di Pio I (140-155). Leggenda vuole che le figlie del senatore, le future santa Prassede e santa Pudenziana, avessero ospitato nella loro casa san Pietro, che qui fondò una comunità. Le *domus ecclesiae* furono i primi luoghi di riunione e di culto dei cristiani e, in Santa Pudenziana, scendendo dalla Cappella Caetani, si accede a una serie di vani che costituiscono i resti dell'antica casa romana. La trasformazione dell'edificio in luogo di culto sarebbe stata segnata da diverse tappe: il primo ambiente adibito a tale fine fu l'aula rettangolare che costituiva l'ingresso alle terme, e che corrisponde all'attuale Cappella Caetani. Fu

Mosaico all'interno della basilica di Santa Pudenziana.

consacrato al culto cristiano da papa Pio I (140-155) e denominato "oratorio di San Pastore". Fu poi papa Siricio (384-399) a riconsacrare e dedicare a san Pietro l'oratorio nel quale, secondo alcuni documenti, vi era un mosaico in cui compariva la figura dell'apostolo come pastore tra due pecore.

La basilica, che oggi si presenta in stile tardo rinascimentale, conserva un bellissimo mosaico rappresentante Cristo tra gli Apostoli (le immagini di due di questi sono scomparse durante alcuni interventi settecenteschi nell'abside). Cristo tiene in mano un libro nel quale si legge *Dominus Servator Ecclesiae Pudentianae*, "il Signore ha salvato la chiesa di Pudente", poiché l'edifico sacro non venne toccato dai Visigoti di Alarico.

BASILICA DI SANTA PUDENZIANA

- Roma - Via Urbana, 160
- 06 4817292
- **Dal lunedì al sabato**, dalle 9.00 alle 11.30 e dalle 15.30 alle 17.30.
- **Durata visita:** 1 h circa.

Santa Prisca

La chiesa di Santa Prisca sorge sul luogo dell'abitazione della matrona Prisca e di suo marito Aquila, convertiti da san Pietro, da loro ospitato. Dedicata alla martire omonima, fu costruita ai tempi di Onorio I, tra la fine del IV secolo e gli inizi del V, sull'Aventino, uno dei colli di Roma. L'aspetto attuale della chiesa, più volte rimaneggiata, è quello che le fu dato nel XVII secolo. Il fonte battesimale, ricavato da un capitello romano, sarebbe servito a san Pietro, secondo la tradizione, per battezzare i due coniugi. La facciata della chiesa è stata rifatta nel XVI secolo dall'architetto Lombardi di Arezzo, durante il pontificato di Clemente VII, e presenta un timpano imponente, poggiante su quattro paraste, partenti da un unico stilobate. Sull'altare una notevole pala rappresenta il battesimo della santa. Da non perdere, il Mitreo, situato a est della cripta, oltre le fondamenta dell'abside: l'ambiente principale a pianta rettangolare allungata ospitava il rito del banchetto durante il quale gli adepti entravano in comunione con il dio; era preceduto da due nicchie con le rappresentazioni di Cautes e Cautopates, i due geni mitraici che simboleggiavano l'alba e il tramonto. Rimane oggi però solo la scultura in marmo di Cautes, con la fiaccola alzata. L'altare è decorato con la scena dell'uccisione del toro cosmico da parte di Mitra al cospetto di personaggi e animali, significativi testimoni dell'evento. Il ciclo scultoreo è in stucco dorato, tecnica raffinata e abbastanza rara nell'antichità. Sulle pareti laterali troviamo una serie di affreschi raffiguranti la processione sacra degli addetti al culto recanti offerte liturgiche. Nella fascia superiore rimangono tracce di iscrizioni dipinte che definiscono i personaggi in corteo. Un'importante iscrizione graffita all'esterno della grande nicchia centrale riporta la data di sabato 20 novembre 212 d.C., il diciottesimo dopo la luna nuova, ed è probabilmente riconducibile alla fondazione del santuario, sotto una propizia congiuntura astrale. Si conservano altri tre ambienti comunicanti tra loro e destinati alle cerimonie preliminari. Nella parete di fondo della stanza centrale spicca una nicchia decorata con sette cerchi concentrici a rappresentare la sfera planetaria. I fori ancora visibili sono forse relativi ai segni zodiacali applicati alla rappresentazione piatta dell'universo. Il mitraismo, nonostante la protezione degli imperatori romani fino al IV sec d.C., venne presto abbandonato in favore del cristianesimo.

CHIESA DI SANTA PRISCA ALL'AVENTINO

- Roma - Via di Santa Prisca, 11
- 06 5743798
- **Tutti i giorni,** dalle 7.30 alle 12.00 e dalle 16.00 alle 18.30.
- **Durata visita:** 1 h circa.

DOMENICA

Dalle chiese più antiche alla più moderna, ai nuovi quartieri. Siamo a Tor Tre Teste, a sud della città; qui, nel 1996, in vista del Giubileo del 2000, venne decisa la costruzione di una chiesa parrocchiale e lanciato un concorso riservato ai più grandi architetti dell'epoca: Eisenmann, Ando, Meier, Benisch, Calatrava, Gehry. Il vincitore risultò essere il pluripremiato Richard Meier che, pochi anni dopo, sempre a Roma, sarà autore del contestato quanto bellissimo spazio espositivo per l'Ara Pacis. Nel marzo del 1998 venne posta la prima pietra di quella che sarebbe diventata la chiesa di Dio Padre Misericordioso. L'idea base del progetto era quella di una barca a vele spiegate nel vento, che si rifaceva alla tradizione cristiana, in cui la barca rappresenta la Chiesa che, solcando mari in tempesta, porta il suo popolo nel Terzo millennio. La pianta dell'edificio è formata da tre quadrati e quattro circonferenze, intersecati tra loro. I quadrati definiscono il disegno delle corti e dei servizi ecclesiastici, mentre le circonferenze, che generano i profili delle vele, accolgono al loro interno la navata della chiesa, la cappella e il battistero. Le vele, tre come la Trinità, sono posizionate in modo da sovrastare la chiesa e simboleggiano il senso di protezione di Dio verso i suoi fedeli.

CHIESA PARROCCHIALE DI DIO PADRE MISERICORDIOSO

- Roma - Piazza Largo Terzo Millennio, 8
- 06 2315833
- **Lun - sab:** 7.30 - 12.30/ 16.00 - 19.30. **Domenica:** 7.30 - 12.30/ 16.00- 19.30.
- **Durata visita:** 30 minuti circa.

Raggiungere la chiesa parrocchiale di Dio Padre Misericordioso è semplice con la metropolitana. Riprendendola, in direzione Tor Bella Monaca, possiamo visitare poi la parrocchia di Santa Maria Madre del Redentore, opera dell'architetto Pierluigi Spadolini, fratello del noto politico Giovanni. L'edificio, inaugurato nel 1987, costituisce il punto focale religioso, sociale e topografico dell'intera zona. La chiesa è molto affascinante: ha una struttura a pannelli prefabbricati in calcestruzzo, crescenti verso la zona absidale, fino a comporre l'altissima cuspide; sono posti in opera ciascuno sfalsato rispetto al successivo, in modo tale da conferire all'edificio la caratteristica sagoma scalettata. La copertura è costituita da due travi catenarie in cemento armato, che corrono diagonalmente per tutta la lunghezza; a esse si agganciano le travi secondarie in legno lamellare, leggermente curvate, ricreando l'effetto tenda. L'interno a pianta centrale è illuminato dalla luce naturale che entra da una grandiosa finestra a feritoia, che divide la chiesa in due spazi, dall'abside all'ingresso. Colpisce subito l'imponente crocifisso ligneo alto quasi 15 metri, opera dello scultore Mario Ceroli, creatore di tutto l'arredo della chiesa.

CHIESA DI SANTA MARIA MADRE DEL REDENTORE

- Roma - Via Duilio Cambellotti, 18
- 06 2004446
- **Tutti i giorni** dalle 7.30 alle 19.00.
- **Durata visita:** 30 minuti circa.

Castel Sant'Angelo visto dal Tevere.

CASTEL GANDOLFO E I CASTELLI ROMANI

"Li Castelli", come li chiamano i romani, corrispondono alla zona dei rilievi dei Colli Albani, poche decine di chilometri a sud-est di Roma. Luoghi storici e anche un po' mitici, di grande respiro naturale e di graziosi paesi e borghi. Da sempre molto frequentati, questi luoghi, alla caduta dell'Impero romano d'Occidente, subirono quel fenomeno noto come "incastellamento", cioè il rifugiarsi delle popolazioni sulle alture che davano riparo dalle scorrerie barbariche. Diverse famiglie nobili costruirono qui le loro roccaforti, attorno alle quali, nel corso dei secoli, si sono sviluppati i borghi destinati a divenire in seguito i "Castelli Romani". Non per niente, a Castel Gandolfo, noto in tutto il mondo, papa Urbano VIII stabilì la sua residenza estiva e vi fece costruire il celebre palazzo oggi trasformato in museo.

VENERDÌ SERA

Iniziamo il nostro fine settimana proprio da Castel Gandolfo, con una visita ai giardini di Villa Barberini, la residenza dei Papi. L'area in cui si trovano sia le ville che i giardini è l'antica sede di una delle più sontuose ville romane, l'Albanum Domitiani, realizzata per volere dell'imperatore Domiziano (81-96 d.C.) e destinata a residenza privata di campagna. Si deve a papa Urbano VIII, al secolo Maffeo Barberini, la costruzione della villa, su disegno dell'architetto Carlo Maderno, che integrò nel nuovo edificio il preesistente Castello dei Gandolfi e realizzò anche il giardino terrazzato di pertinenza della villa. In seguito al dissolvimento dello Stato Pontificio, avvenuto nel 1870, questi luoghi sono stati abbandonati per oltre sessant'anni, fino al 1932, quando il palazzo e le Ville Pontificie hanno subito una radicale trasformazione, per tornare a essere dimora estiva abituale e privilegiata dei Papi. Nel 2016, per decisione di papa Francesco, il Palazzo Apostolico è stato definitivamente trasformato in museo aperto al pubblico. Il Palazzo Apostolico è certamente il fulcro, ma i giardini, che si possono visitare anche a parte, offrono scorci unici e la possibilità di scoprire luoghi ricchi di bellezza e di storia: si possono visitare il Giardino

Castel Gandolfo sul Lago di Albano.

della Madonnina, luogo prediletto da molti Papi, il belvedere e le gallerie di lecci di oltre 400 anni, che fanno ombra nella passeggiata tra le rovine del palazzo domizianeo, dove spiccano le volte degli edifici, un criptoportico, il teatro e i ninfei. Proprio il criptoportico diede rifugio a centinaia di persone durante la Seconda guerra mondiale. Tra i giardini storici citiamo: quelli dell'Agrumeto, del Labirinto, degli Specchi e la Scarpata delle Aromatiche; tra quelli moderni, la Madonnina o la splendida limonaia di Villa Cybo, i terrazzamenti degli orti, il giardino del Crocifisso e quello del Buon Pastore.

Il parco è ricco di giochi d'acqua e ospita centinaia di specie vegetali, oltre a essere un'oasi felice per volpi, tassi, scoiattoli neri, rapaci, picchi.

VILLE PONTIFICIE DI CASTEL GANDOLFO

- Castel Gandolfo - Piazza della Libertà
- 06 69883146
- www.museivaticani.va
- **Tutti i giorni** dalle 8.30 alle 14.00; **Sabato e domenica**, dalle 10.00 alle 18.30, con ultimo ingresso alle 17.30.
- **Durata visita:** 2 h circa.

SABATO

La Specola Vaticana

Prima di lasciare Castel Gandolfo, dedichiamo la mattinata alla visita della Specola Vaticana, considerata uno degli osservatori astronomici più antichi del mondo. La sua origine, infatti, risale alla seconda metà del secolo XVI, quando papa Gregorio XIII fece erigere in

Vaticano, nel 1578, la Torre dei Venti e vi invitò i Gesuiti astronomi e matematici del Collegio Romano a preparare la riforma del calendario promulgata poi nel 1582. Quattro secoli dopo, nel 1910, san Pio X dette alla Specola più ampi spazi, assegnandole il villino che Leone XIII aveva fatto costruire nei giardini vaticani e nominando direttore padre Hagen. La città divenne presto un luogo difficile per lavorare, così Pio XI dispose allora che la Specola si trasferisse nella sua residenza estiva a Castel Gandolfo. Nel 1957, con l'istallazione di un telescopio a grande campo, di tipo Schmidt e, l'aggiunta di un moderno centro di calcolo, si è potuto estendere la ricerca a nuovi campi, come lo sviluppo di tecniche per la classificazione delle stelle in base ai loro spettri: ricerca, questa, ancora in atto. Tra le prime grandi imprese scientifiche della Specola va ricordata la collaborazione al progetto internazionale della Carte du Ciel, il primo atlante fotografico delle stelle.

Ariccia

Lasciata Castel Gandolfo, ci attendono i celebri borghi di Albano Laziale (2,7 km), da cui proseguire poi per Ariccia, Rocca di Papa, Nemi, con il vicino lago omonimo, e Monte Porzio Catone. Non dimentichiamo poi i noti centri storici di Genzano di Roma, Marino, Grottaferrata e Frascati. Quasi tutte queste località rientrano nell'area protetta del parco regionale dei Castelli Romani, che ha indubbiamente valorizzato tutta l'area dei Colli Albani.

Tra tanta ricchezza, fermiamoci proprio ad Ariccia, uno dei paesi che meglio hanno conservato le originarie linee urbanistiche, circondato com'è da colline vulcaniche ricoperte di rigogliosi castagneti. Certamente celebre per le sue specialità enogastronomiche – dalla porchetta al vino, Ariccia conserva una meraviglia architettonica: il Ponte Monumentale, eretto tra il 1847 e il 1854 da Ireneo Aleandri, durante il pontificato di Pio IX. Con i suoi 59 m circa di altezza, sviluppati in tre ordini di archi sovrapposti, e i suoi oltre 300 m di lunghezza, collega Ariccia alla vicina Albano Laziale. Giunti in paese possiamo con calma risalire le dolci strade e raggiungere piazza di Corte, progettata interamente da Gian Lorenzo Bernini, per poi visitare Palazzo Chigi e la Collegiata Maria SS. in Cielo. Esempio di dimora barocca originale, Palazzo Chigi è oggi il risultato di una radicale ristrutturazione che trasformò nel XVII secolo l'antico Castello Savelli in una fastosa dimora barocca. Acquistato da Agostino Chigi con il cugino cardinale Flavio Chigi e lo zio Mario, venne affidato all'architetto Carlo Fontana che, seguendo un'idea del maestro Bernini, lo ristrutturò tra il 1664 e il 1672. Fontana fuse insieme l'idea di villa, di Castello e di palazzo, con quattro torri angolari, l'altana e due avancorpi ad "U".

Ariccia e il suo ponte.

In quegli stessi anni Bernini si occupava della sistemazione del borgo sotto la spinta di Alessandro VI e dei Chigi, tra il 1661 e il 1672. Nel borgo, gli interventi principali sono gli Stalloni, la Porta Romana e la Porta Napoletana, la chiesa San Nicola e il Nuovo Forno. Fuori dall'abitato, Bernini progettò anche il restauro del santuario di Galloro, la cui facciata venne ideata in stile palladiano e si occupò del parco Chigi. Ancora, come abbiamo detto, vale la pena soffermarsi al complesso della piazza di Corte, con la chiesa collegiata dell'Assunta, concepita come vero e proprio "Pantheon barocco", il casino del Ministro, il casino del Governatore e l'Esedra che abbracciano la chiesa e le fontane.

Ariccia è un vero capolavoro, la cui visita può concludersi nel modo migliore respirando a pieni polmoni nel parco Chigi, annesso al palazzo, risalente al XVI secolo: è un polmone verde che conserva una ricca vegetazione, tanto da costituire il più importante ecosistema dei Castelli, con molteplici reperti archeologici, fontane e manufatti antichi. Mentre vaghiamo con il naso all'insù non dimentichiamoci di visitare l'uccelliera costruita dai Savelli nel 1628 e l'imponente monumento

Grottaferrata, abbazia di San Nilo.

di età tiberiana del propretore della Mesia, Tiberio Latinio Pandusa, proveniente dall'Appia Antica e rimontato qui nel 1997.

DOMENICA

Salutiamo i Castelli Romani, un territorio che non finisce mai di stupire e che, soprattutto, è facile da raggiungere da Roma, dirigendoci a Grottaferrata, luogo che per secoli è stato legato alle alterne vicende dell'abbazia Greca di San Nilo. Fin dall'anno 1004, a Grottaferrata è infatti presente un importante monastero di rito greco-bizantino, dove vivono e lavorano i monaci basiliani, giunti qui con san Nilo. Questi, assieme ad alcuni confratelli, si era spostato, dalla natia Calabria, in Campania e poi sulle alture del Monte Tuscolo, dove ebbe l'apparizione della Madonna che lo invitava a fondare un luogo di culto a Lei dedicato.

Fu il conte Gregorio di Tuscolo a donare a Nilo il terreno su cui sorgeva una antica villa romana e si trovava una grotta chiusa da una grata di ferro, che diede vita al toponimo latino Crypta Ferrata (poi italianizzato in Grottaferrata), così che edificasse l'abbazia. Essa venne completata solo nel 1024, anno in cui papa Giovanni XIX la consacrò solennemente. Nel tempo, il monastero divenne un importante centro di cultura grazie all'opera degli *scriptores* che, seguendo l'esempio di san Nilo, esperto amanuense, redassero i codici in parte conservati nella biblioteca. Così l'abbazia si trasformò nel punto di riferimento delle comunità bizantine in Italia, con la particolarità che, essendo stata fondata cinquant'anni prima dello scisma tra la Chiesa di Roma e la Chiesa d'Oriente, essa è a tutti gli effetti cattolica, e riconosce il ruolo guida del Papa pur nell'osservanza della tradizione del rito bizantino-greco.

L'aspetto odierno dell'abbazia è quello di un complesso fortificato, così come le trasformazioni subite nei secoli e in particolare nel corso del Quattrocento l'hanno ridefinita. Una possente cinta muraria, voluta dal cardinale Giuliano della Rovere – poi Papa col nome di Giulio II, su progetto di Antonio da Sangallo il Giovane e di Baccio Pontelli – segna il perimetro quasi rettangolare con quattro torri altrettanto imponenti. All'interno della cerchia muraria sorge, a lato del monastero, la chiesa abbaziale di Santa Maria, che ha conservato la sua origine romanica con il pronao a quattro colonne e il bellissimo campanile a trifore di cinque piani.

La chiesa, per la cui costruzione erano stati riutilizzati quasi integralmente marmi e pietre della villa romana, conserva importanti mosaici e cappelle dedicate a santi e martiri; nel 1132 fu costruita la cappella di San Nilo, nel secolo successivo arricchita, all'esterno e soprattutto all'interno, con opere cosmatesche e affreschi. L'abbazia è tutt'ora simbolo di dialogo e di incontro, crocevia di culture, ideale da visitare la domenica mattina per assistere alla Messa solenne delle 11.00 che prevede canti in greco, la dispersione dell'incenso e l'esaltazione dell'icona sacra della Theotòkos, la Madre di Dio.

MONASTERO ESARCHICO DI SANTA MARIA DI GROTTAFERRATA

- Grottaferrata - Corso del Popolo, 128
- 06 9459309
- **Si effettuano visite esclusivamente su prenotazione** dal lunedì al sabato alla chiesa, al monastero e alla biblioteca. Le visite devono essere compatibili con gli orari delle liturgie.
- **Durata visita:** 2 h circa.

Grottaferrata,
Monumento a san Nilo.

FIUGGI I MONASTERI DI SUBIACO AGNANI

Fiuggi, ingresso delle terme cittadine.

La città di Fiuggi un tempo si chiamava Anticoli, ma dal 1911 cambiò definitivamente nome, prendendo quello della fonte d'acqua nota fin dall'epoca romana. Nel Medioevo le sorgenti erano divenute famose perché papa Bonifacio VIII ne faceva spesso uso per i problemi ai reni che lo affliggevano. Nel 1549 venne qui a curarsi anche Michelangelo, provato, lui che tanto aveva lavorato la pietra, da una piccola pietruzza nei reni.

VENERDÌ SERA

Fiuggi è una delle stazioni termali più importanti e antiche d'Europa, situata a pochi chilometri da Roma, al centro di un territorio ricco di bellezze naturali, storiche, artistiche e luogo di eccellenze enologiche e gastronomiche. Le bellezze naturali e le proprietà dell'acqua: un binomio imprescindibile, che rende unica un'esperienza di viaggio in questo luogo. Fiuggi, infatti, è acqua ma anche terme, con un percorso dedicato alla salute e, insieme, la possibilità di ammirare il suo borgo medievale.

SABATO

Il monastero di Santa Scolastica

Facendo base a Fiuggi, possiamo partire alla scoperta dei dodici monasteri voluti da san Benedetto nella valle sublacense. L'unico sopravvissuto ai terremoti e alle distruzioni saracene è quello di Santa Scolastica, che, sino alla fine del XII secolo, fu anche il solo monastero di Subiaco. Si presenta come un complesso di edifici costruiti in epoche e stili diversi: un ingresso, sul quale figura la scritta *Ora et Labora*, con strutture del XX secolo, introduce nel primo chiostro o chiostro rinascimentale, del secolo XVI; da lì si passa in un secondo chiostro o chiostro gotico, del secolo XIV; infine, in un terzo, detto chiostro cosmatesco, del secolo XIII. Il campanile è del XII secolo, mentre la chiesa attuale è della fine del Settecento, ultima di ben cinque stratificatesi lungo i secoli. Il monastero ebbe il periodo di maggiore splendore tra i secoli XI e XIII. Nel 1465 i due chierici tedeschi A. Pannartz e C. Sweynheym vi impiantarono la prima tipografia italiana, che arricchì la biblioteca, già esistente, di incunaboli e di libri di grande valore. La biblioteca è oggi situata sul lato nord del Chiostro Gotico, mentre il refettorio si trova nel lato ovest del Chiostro Cosmatesco, un tempo sormontato dal dormitorio.

MONASTERO DI SANTA SCOLASTICA

- Subiaco - Piazzale Santa Scolastica, 1
- 0774 824221
- Monastero@benedettini-subiaco.org
- www.benedettini-subiaco.org
- **Tutti i giorni**, dalle 9.30 alle 12.15 e dalle 15.30 alle 17.15 (mesi invernali); 18,15 (mesi estivi).

Il Sacro Speco

A pochi chilometri troviamo il Sacro Speco o monastero di San Benedetto, sorto nel XII secolo sopra la grotta

Subiaco, Sacro Speco.

dove il santo monaco passò i primi anni di vita eremitica. Splendidi sono gli affreschi medioevali che ornano le numerose celle e grotte del complesso. Pio II, visitandolo nel 1461, lo definì "nido di rondini". Incassato nella roccia a strapiombo sulla valle sottostante, tale appare al visitatore che percorre il Bosco Sacro. Pareti, volte e scale, perfettamente integrate nella pietra cui si appoggiano, con la loro irregolarità, garantiscono un'autentica sorpresa a chi si avvicina per visitarlo.

Composto da due chiese sovrapposte, e da cappelle e grotte interamente affrescate in epoche diverse, costituisce un monumento unico, per bellezza e spiritualità, tra quanti Chiesa e Arte, con la loro storia, hanno abbondantemente dotato il nostro Paese.

MONASTERO DEL SACRO SPECO DI SAN BENEDETTO

- Subiaco - Largo San Benedetto, 1
- 0774 85039; prenotazione per gruppi: 334 2166558 (padre Maurizio).
- www.benedettini-subiaco.org

DOMENICA

Anagni è nota come la Città dei Papi, per aver dato i natali a quattro Pontefici (Innocenzo III, Alessandro IV, Gregorio IX e Bonifacio VIII) e per essere stata a lungo residenza e sede papale. Fu prefettura e poi municipio sotto i Romani. Nel 1160, durante le lotte tra papa Alessandro III e Federico Barbarossa, ad Anagni venne pronunciata la scomunica contro l'imperatore e contro l'antipapa Vittore IV. La città fu teatro delle lotte tra i Colonna, il re di Francia Filippo il Bello e papa Bonifacio VIII, che qui venne fatto prigioniero e subì il celebre "schiaffo". Nel centro medievale, popolato di edifici eleganti e austeri, di chiese romaniche, di campanili, logge e piazze dall'architettura sobria ed essenziale, sono di grande interesse il duecentesco palazzo di Bonifacio VIII, il palazzo civico, la casa Barnekow (o "Casa del Visionario": essa prende il nome dal nobile pittore svedese e ufficiale degli Ussari Alberto Barnekow, che la acquistò e

Anagni, casa Barnekow.

vi dimorò nella seconda metà dell'Ottocento. È un gioiello eclettico con i suoi enigmatici affreschi, le lapidi e le singolari architetture) e la cattedrale, con la splendida cripta i cui affreschi costituiscono uno dei più interessanti cicli pittorici del Duecento italiano.

La cattedrale di Santa Maria Annunziata

La cattedrale di Anagni, da sola, riassume un intero arco di storia; si colloca, infatti, allo snodo cruciale della secolare lotta tra il papato e il potere imperiale e dei nascenti Stati nazionali. La sua costruzione risale agli anni 1072-1104 su committenza del vescovo Pietro da Salerno. In stile romanico, nell'interno presenta tratti di gotico lombardo, aggiunti dopo il restauro del 1250 da parte del vescovo Pandolfo. La frequente presenza dei pontefici in Anagni spiega il perché la cattedrale sia stata sede di importanti fatti storici come il *pactum anagninum* (trattativa tra il papato e l'impero) e la canonizzazione di san Bernardo di Chiaravalle, santa Chiara d'Assisi, Edoardo il Confessore re d'Inghilterra e san Pietro eremita vescovo di Trevi. In essa, oltre alle canonizzazioni, furono anche comminate le scomuniche contro l'antipapa Ottaviano Monticelli (Vittore IV) e contro gli imperatori Federico Barbarossa (24 marzo 1160), Federico II e Manfredi. La cattedrale si trova nella parte alta della città; la facciata esprime forza e semplicità con i suoi tre ingressi che guardano a oriente. Accanto all'ingresso di sinistra, dietro una grata, troviamo un affresco di Madonna in trono tra santa Caterina della Rota e sant'Antonio Abate (sec. XIV). La parte occidentale dell'edificio sacro presenta tre bellissime absidi e una scalinata, che conferisce un tono solenne all'insieme.

La cattedrale di Anagni fu la San Pietro del Medioevo; la devozione che qui si respirava fu infatti di forte impulso per la cristianità. Caratteristico il pavimento a mosaico eseguito nel 1227 dalla celebre famiglia di marmorari romani, i Cosmati (da cui l'aggettivo cosmatesco): è forse uno dei pochi, se non l'unico a essere stato "firmato" dal maestro Cosma. Ma nella cattedrale esiste un secondo pavimento che, per certi aspetti, è anche più importante, perché certamente originale: quello della cripta di San Magno, un ambiente sotterraneo che gelosamente custodisce un portentoso e originale ciclo di affreschi realizzati su volte e pareti tra il 1104.

CATTEDRALE E MUSEO DELLA CATTEDRALE DI ANAGNI

Anagni - Via Leone XIII

0775 728374

Da novembre a marzo, tutti i giorni,
9.00 - 13.00 / 15.00 - 18.00.
Da aprile a ottobre, tutti i giorni
9.00 - 13.00 / 15.00 - 19.00.

Durata visita: 1 h circa.

Weekend
dello
Spirito

SUD e ISOLE

CASERTA - LA REGGIA E MONTECASSINO
NAPOLI E POMPEI
LA COSTIERA E SALERNO
BENEVENTO
PAESTUM E IL CILENTO
MATERA
ALTA MURGIA - GRAVINA - ALTAMURA
IL PARCO DEL GARGANO E IL CULTO DI SAN MICHELE
TRANI - RUVO DI PUGLIA - TERLIZZI - SOVERETO
BARI
TARANTO E IL SALENTO
LECCE
MILETO - VIBO VALENTIA
CATANZARO
PAOLA E COSENZA
STILO - SEMINARA - REGGIO CALABRIA
PALERMO - MONREALE - GIBELLINA
AGRIGENTO - VALLE DEI TEMPLI - SAN CALOGERO
CATANIA - SIRACUSA
MESSINA
ALGHERO E ORISTANO
CAGLIARI - SANT'ANTIOCO - CARLOFORTE

CASERTA
LA REGGIA E MONTECASSINO

Siamo alle rive del Volturno, in una bella pianura che comprende il massiccio del Matese, verso il confine con il Molise, e il vulcano inattivo di Roccamorfina a ridosso del confine con il Lazio.

Caserta e il suo territorio sono capaci di suscitare emozioni, per l'ambiente naturale ricco di parchi, riserve e aree protette, con i molti itinerari che conducono sempre al cuore delle città, e per la ricca presenza di frutteti, vigneti e oliveti che colorano il paesaggio di questa fertile terra ribattezzata dagli antichi romani, *Campania Felix*.

Senza dimenticare le verdi pinete che abbracciano spiagge accarezzate dall'azzurro del Tirreno.

VENERDÌ SERA

Casertavecchia è un borgo medioevale, di origine longobarda, che dista pochi chilometri da Caserta. È rinomato per la bellezza del suo duomo, – edificato nel 1113 in stile romanico – il campanile e i resti del castello. A fianco si erge l'imponente campanile. Il castello risale all'879, costruito a uso abitativo, poi fortificato con quattro torri e un fossato. Il centro del borgo è piazza Vescovado dove si trovano anche il palazzo vescovile e l'ex seminario. Nella tradizione del culto micaelico della Puglia, il duomo è dedicato a san Michele Arcangelo e risale al 1129. Nonostante abbia subito nel corso dei secoli molti rimaneggiamenti è un bellissimo esempio di stile romanico.

DUOMO DI CASERTAVECCHIA

Caserta - Casertavecchia

0823 371318

Tutti i giorni dalle 9.00 alle 13.00 e dalle 15.30 alle 18.00

Durata visita: ingresso libero.

SABATO

Voluta da re Carlo di Borbone e progettata nella seconda metà del XVIII secolo dal celebre architetto e ingegnere Luigi Vanvitelli, la Reggia è il simbolo della città e uno dei monumenti più importanti in Italia. Il re di Napoli, con questa costruzione, voleva imitare lo "stile francese" e donare alla città un'opera che la elevasse a "capitale" del regno.

La Reggia doveva, insomma, diventare l'espressione del nuovo Stato borbonico. Il 20 gennaio 1752, con una solenne cerimonia, venne posata la prima pietra. Quando nel 1759 Carlo di Borbone salì al trono di Spagna con il nome di Carlo III e si traferì a Madrid, i lavori alla Reggia non si arrestarono, per continuare anche con i suoi successori.

Impossibile da visitare in un solo giorno, se si ha poco tempo a disposizione si può cercare di scoprirne almeno i punti più importanti: gli appartamenti storici, il parco e i giardini inglesi. All'interno della Reggia sono visitabili il piano destinato alla famiglia reale, le sale di rappresentanza (riccamente decorate in stile neoclassico, come la Sala degli Alabardieri, la Sala dei Marmi, il Salone Ottocentesco, le Anticamere di Marte e di Astrea e la Sala del Trono, lunga ben 40 metri), oltre all'appartamento vecchio (di sontuosa architettura rococò con le Stanze delle Stagioni, l'appartamento di Maria Carolina, la biblioteca Palatina e la Pinacoteca).

All'esterno, il parco è attraversato da una fitta rete di viali adornati da nicchie, statue, fontane e giochi d'acqua. Ai piedi del parco, nei pressi della Fontana di Diana e Atteone e della cascata, si apre il Giardino inglese: una serie di colline, prati, cripte, stagni e canali che coprono una superficie di ben 24 ettari. Uno degli angoli più suggestivi del giardino è sicuramente il Bagno di Venere, la statua in marmo di Carrara a pelo d'acqua, opera del Solari, che rappresenta la celebre dea in un momento intimo.

Rovine del castello di Casertavecchia.

Vista della Reggia di Caserta.

REGGIA DI CASERTA

- Caserta - Piazza Carlo di Borbone
- 0823 448084
- www.reggiacaserta.org
- **Tutti i giorni** dalle 9.30 alle 19.30. **Chiuso il martedì.**
- **Durata visita:** una giornata intera.

DOMENICA

Facilmente raggiungibile da Caserta, l'abbazia di Montecassino ci mette in contatto con la grande storia degli ordini monastici in Italia. Qui, infatti, nel 529, san Benedetto da Norcia fondava il primo monastero, dando vita all'ordine benedettino e scrivendo per i primi monaci la famosa Regola. Il primo monastero fu saccheggiato dagli invasori longobardi intorno al 570 e, in seguito, abbandonato. Su suggerimento di papa Gregorio II, intorno al 718, fu rifondato, questa volta con il sostegno del duca longobardo Romualdo II di Benevento. L'XI e il XII secolo furono il periodo d'oro dell'abbazia, che acquisì un vasto territorio intorno a Montecassino, la cosiddetta Terra Sancti Benedicti (Terra di san Benedetto), poi fortificata con castelli. In quegli anni mantenne buoni rapporti con la Chiesa d'Oriente, ricevendo anche il patrocinio degli imperatori bizantini. Vennero incoraggiate le arti e l'artigianato impiegando maestri bizantini e persino saraceni. Nel 1057, papa Vittore II riconobbe l'abate di Montecassino come prioritario su tutti gli altri abati. L'abbazia divenne importante anche su un piano strettamente politico. Diversi vescovi, cardinali e addirittura tre Papi mossero i primi passi tra queste mura. Ma quella dell'abbazia è anche una storia di continui saccheggi e distruzioni: Federico II la usò come base per le sue truppe nella guerra contro il Papato; il terremoto del 1349 la colpì duramente, come ancora un saccheggio, nel 1799, questa volta a opera dei Francesi, fino ai disastrosi bombardamenti della Seconda guerra mondiale che la rasero praticamente al suolo. La cattedrale di Montecassino per come la vediamo oggi fu ideata dall'architetto e scultore Cosimo Fanzago, che cominciò il lavoro per l'altare maggiore e il presbiterio nel 1627, per poi passare alla costruzione del resto della cattedrale nel 1649. La nuova cattedrale fu consacrata nel 1727: cruciforme, con all'interno mosaici straordinari, intagli, affreschi e tarsie marmoree. Tra le varie importanti opere al suo interno, ricordiamo la tomba di Piero de' Medici, la porta di bronzo dell'XI secolo, il sepolcro di san Benedetto e di santa Scolastica. Sebbene la cattedrale sia stata gravemente danneggiata durante la Seconda guerra mondiale, alcune opere sono sopravvissute e sono oggi perfettamente incorporate nella basilica restaurata.

ABBAZIA DI MONTECASSINO

- Cassino - Via Montecassino s.n.c
- 0776 311529
- guide@abbaziamontecassino.org
- www.abbaziamontecassino.it
- **Dal 1° aprile al 31 ottobre** dalle 9.30 alle 18.30; **dal 1° novembre al 31 marzo** dalle 9.30 alle 16.50.
- **Durata visita:** una giornata intera.

Abbazia di Montecassino.

NAPOLI E POMPEI

L'iconica immagine del golfo di Napoli, conosciuta in tutto il mondo, si riassume in un dialogo tra il blu del mare e "iddu", come da queste parti chiamano il Vesuvio.

In epoca romana, gli insediamenti nel golfo erano numerosi e rinomati. Ricordiamo Pompei, Ercolano, Stabia, Oplonti e Puteoli. Dopo la caduta dell'Impero romano, la maggior parte delle sponde del golfo divenne provincia bizantina. Successivamente, raggiunta l'indipendenza, nacque il Ducato di Napoli. Nel 1137 il Ducato fu annesso al Regno di Sicilia a opera di Ruggero. Di qui in avanti la storia del golfo è legata a doppio filo con quella della città.

Panorama del golfo di Napoli.

VENERDÌ SERA

Come per ogni città mediterranea che si rispetti, la vita notturna a Napoli si svolge prevalentemente all'aperto. La città è indiscutibilmente un ventre pulsante nei vicoli, nei chiassosi mercati ambulanti. A Napoli ci sono sempre un sotto e un sopra, o qualche angolo recondito dietro il quale trovare la vita. Tutto nella città è carico di un'energia difficile da percepire identica in altri posti al mondo.

Uno dei quartieri più vivaci di Napoli è Chiaia, mentre una zona più tranquilla, lontana dal caos del centro storico, è Mergellina, dove si può ammirare il golfo in tutto il suo splendore, assaggiando i tipici taralli della zona in uno dei tanti chioschetti, o magari un gelato sulle panchine del lungomare.

Un luogo del cuore: piazza Bellini, una delle più caratteristiche del centro storico; qui si trova il famosissimo Caffè Letterario "Intra Moenia", luogo di ritrovo per giovani artisti e appassionati d'arte, situato vicino alle mura greco-romane della piazza.

SABATO

Napoli è talmente ricca di opere d'arte che è veramente difficile seguire tutti i percorsi ricchi di storia e spiritualità. Tra i tanti, però, un posto d'onore meritano i luoghi di Michelangelo Merisi, detto Caravaggio. Nella sua breve vita, Caravaggio soggiornò due volte a Napoli, nel 1606, quando vi rimase per un anno ai Quartieri Spagnoli, e nell'ultimo periodo della sua attività, dal 1609 al 1610.

Napoli oggi conserva ben tre opere di Caravaggio che da sole meritano il viaggio.

"Il Martirio di sant'Orsola" a Palazzo Zevallos Stigliano.

Il dipinto racconta in modo essenziale la leggenda di sant'Orsola, la quale, davanti alle porte di Colonia, fu concupita da un principe unno e poi uccisa con una freccia. Immaginato in una notte profonda e scura, il guerriero dalla sfarzosa armatura occupa la parte sinistra del quadro; al centro, un gesto, quello della santa che, colpita al cuore, guarda il punto in cui è penetrata la freccia. I tre soldati intorno sono appena abbozzati, quasi a centrare l'attenzione sulla santità di Orsola.

Questa fu l'ultima opera del Merisi; è di dimensioni più grandi rispetto alla maggior parte delle storie da lui rappresentate, oltre ad essere l'unica a non avere un tema biblico. Il dipinto fu commissionato dal banchiere genovese Marcantonio Doria, la cui famiglia aveva per protettrice proprio sant'Orsola, e fu eseguito dal Caravaggio in poco tempo, perché era in procinto di fuggire da Napoli. Nel 1972 fu acquistato dalla Banca Commerciale Italiana, ed è oggi in mostra nella splendida Galleria di Palazzo Zevallos Stigliano.

GALLERIA DI PALAZZO ZEVALLOS STIGLIANO

Napoli - Via Toledo, 185

800 454229

Dal martedì al venerdì 10.00 - 18.00; **festivi** 10.00 - 20.00. **Lunedì chiuso.**

"La flagellazione di Cristo" al Museo di Capodimonte

Fu realizzata dal Caravaggio nel 1607, nuova versione di una precedente opera, ma stavolta commissionata da Tommaso De Franchis, membro di un'importante famiglia di magistrati, che la volle per adornare la cappella di famiglia nella monumentale basilica di San Domenico Maggiore e la pagò al Merisi oltre 290 ducati. Quella di Caravaggio è una piccola ma imperdibile opera fra le tantissime meraviglie che conserva il museo di Capodimonte, forse uno dei gioielli architettonici e museali più rilevanti del nostro Paese. Il quadro è famoso per la ricerca artistica sulla luce, che illumina appieno solo il corpo del Cristo mentre tutto il resto è nell'ombra.

MUSEO E REAL BOSCO DI CAPODIMONTE

Napoli - Via Miano, 2

081 7499111

Dal lunedì al venerdì dalle 8.30 alle 19.30.

"Le sette opere di Misericordia"

Olio su tela realizzato tra la fine del 1606 e l'inizio del 1607, fu commissionato dalla Congregazione del Pio Monte della Misericordia per volere di Luigi Carafa-Colonna, membro della stessa, la cui famiglia protesse Caravaggio nella sua fuga da Roma. L'opera, molto complessa, sviscera la missione della Congregazione rappresentando i precetti cristiani: seppellire i morti (a destra alcuni uomini trasportano un cadavere di cui si vedono solo i piedi); visitare i carcerati (Cimone, in carcere, condannato a morte per fame); dar da mangiare agli affamati (la figlia di Cimone, Pero, nutre il padre con il proprio latte); vestire gli ignudi (un uomo dona il suo mantello a un povero di spalle);

Napoli, chiesa della Misericordia.

curare gli infermi (lo stesso cavaliere aiuta lo storpio raffigurato a sinistra in basso); dar da bere agli assetati (un uomo beve da una mascella di un asino); ospitare i pellegrini (a sinistra, un uomo indica un riparo a un pellegrino, riconoscibile grazie dalla conchiglia cucita sul cappello, che richiama il santuario di Santiago de Compostela). La Madonna e il Bambino osservano la scena, sorretti dalle grandi ali piumate di due angeli e avvolti da un ampio telo bianco: proteggono e benedicono la Congregazione. Caravaggio è il più realista dei realisti, i personaggi sono veri, tangibili e vibranti: siamo nei vicoli di Napoli, tra bambini e giovani donne, tra vita e morte, tra bellezza e danno.

PIO MONTE DELLA MISERICORDIA

Napoli - Via dei Tribunali, 253

081 446944

Dal lunedì al sabato dalle 9.00 alle 18.00; **domenica** dalle 9.00 alle 14.30.

DOMENICA

L'antica città

Lasciamo Napoli per scoprire la grande storia che la circonda: Pompei, il sito archeologico più visitato al mondo. A seguito della catastrofe dovuta all'eruzione del Vesuvio del 79 d. C., oggi possiamo passeggiare in un luogo talmente ben conservato da restituire al visitatore suggestioni uniche. Le ville

Napoli, vista di una tipica via dalla finestra sovrastante.

presentano ancora gli affreschi con colori brillanti, si riconoscono le stanze e i giardini, le botteghe e le terme. Un luogo che, nonostante problemi, costi e anni di incuria, è ancora vivo. Percorrendo le strade lastricate da pietre di basalto è facile immaginare la vita quotidiana del I secolo d. C.: lungo la via dell'Abbondanza, uno dei decumani che attraversa la città da est a ovest, si susseguivano i *thermopolia* per la mescita di bevande calde e fredde; le osterie o le tintorie, le botteghe sono ancora perfettamente riconoscibili nella struttura e negli usi. Le prime testimonianze di vita, seppur scarse, nel territorio di Pompei, risalgono alla fine del IX secolo a.C., quando il popolo degli Opici occupò una zona formatosi in seguito a una colata lavica del Vesuvio. Con l'arrivo dei Greci in Campania – fondatori di colonie a Ischia e Cuma – anche Pompei entra nell'orbita del popolo ellenico. Quindi, nel 524 a.C., si assiste all'arrivo degli Etruschi; come i Greci, anche gli Etruschi non conquistano militarmente la città, ma si limitano semplicemente a controllarla. Durante le Guerre sannitiche cambiano gli equilibri attorno a Pompei, che passa dalla sfera di influenza greca a quella romana. Nonostante tutto, Pompei in questo periodo detiene sempre una certa autonomia che porta, grazie alla posizione strategica sul fiume Sarno e al controllo sul golfo di Napoli, a una fioritura che fa raggiungere alla città i confini attuali.

Nell'autunno dell'89 a.C., Pompei viene conquistata dai Romani. Ma in un periodo compreso tra agosto e novembre del 79, una violenta eruzione del Vesuvio pone definitivamente fine alla vita cittadina: anticipata nei giorni precedenti da scosse di terremoto, una nuvola a forma di pino si alza dalla sommità del vulcano, fino a quando un boato annuncia la rottura del tappo di magma solidificato che ostruisce il cratere, dando inizio a una incessante pioggia di ceneri e lapilli sulla città. Terminata l'eruzione, tutta la zona circostante a Pompei è ricoperta da una coltre bianca; il fiume Sarno a stento riesce a scorrere e la linea di costa si è modificata, protraendosi verso il mare. Intorno al 120 d.C. viene ripristinata nei pressi di Pompei la viabilità verso Stabia e Nocera per volere dell'imperatore Adriano, ma la città non verrà più ricostruita, anzi il territorio dove sorgeva inizia a ricoprirsi di vegetazione, scomparendo definitivamente.

Il luogo principale della città era il Foro, un grande spazio pubblico con colonne e marmi; intorno a esso c'erano i luoghi più importanti per la vita commerciale, politica e religiosa. Attorno al Foro si elevava no i templi di Apollo e Giove, oltre ad altri altari dedicati agli dei sparsi per la città.

PARCO ARCHEOLOGICO DI POMPEI

Pompei - Via Plinio, 26

081 8575111

Dal 1° aprile al 31 ottobre, 9.00 - 19.00; dal **1° novembre al 31 marzo** 9.00 - 17.00. **Ingresso gratuito ogni prima domenica del mese.**

Santuario della Beata Vergine del Rosario

Consacrato il 7 maggio del 1891, solo nel 1901 Giovanni Rispoli iniziò i lavori della facciata monumentale culminante nella statua della Vergine del Rosario, scolpita in un unico blocco di marmo di Carrara. All'interno del santuario è conservato il quadro della Vergine del Rosario con il Bambino, oggetto di profonda venerazione in tutto il mondo. Il dipinto fu comprato presso un rigattiere da padre Alberto Maria Radente, del convento di San Domenico Maggiore; questi lo donò a Bartolo Longo. Si dice che una giovane recatasi al santuario per chiedere alla Madonna di essere sanata dall'epilessia, guarì e, da quel momento, la chiesa è divenuta un luogo di pellegrinaggio internazionale. I fedeli hanno arricchito il quadro con le proprie offerte votive: oro, gioielli, pietre preziose, che oggi sono stati allontanati dalla tela per evitare dei danni alla stessa. Poco distante dal santuario, troviamo la casa di Bartolo Longo, il cui piano superiore è stato trasformato in Museo e ospita stampe che descrivono le eruzioni del Vesuvio dal 1621 al 1944, nonché frammenti di minerali e rocce vulcaniche e fotografie. Interessante anche la biblioteca con 1300 volumi all'incirca e vari reperti provenienti da svariati siti archeologici vesuviani.

SANTUARIO DELLA BEATA VERGINE DEL ROSARIO

- Pompei - Piazza Bartolo Longo, 1
- 081 8577371
- 6.30 - 14.00 / 15.00 - 20.00.
- **Durata visita:** 1 h circa.

Pompei, santuario della Beata Vergine del Rosario.

LA COSTIERA E SALERNO

Amalfi, Ravello, Positano, Sorrento e Capri: cinque luoghi mozzafiato del Sud Italia, che non finiscono mai di stupire. Destinazioni turistiche molto amate già in epoca romana e oggi ancora di più per chi vuole godere di mare, sole e cielo del Sud. Famosa per i suoi borghi, le acque cristalline, le specialità enogastronomiche, la Costiera Amalfitana è rinomata a livello internazionale e, nel 1997, è stata riconosciuta Patrimonio Mondiale UNESCO in qualità di paesaggio culturale.

Positano, vista dall'alto.

VENERDÌ SERA

Per una prima visita a Salerno si può seguire via dei Mercanti, che attraversa l'intero centro storico conducendo alla scoperta della Pinacoteca Provinciale, del duomo, del complesso di Santa Sofia, dei Giardini della Minerva e, infine, della villa comunale. Una piacevole passeggiata per orientarsi in città, per poi tagliare giù verso il lungo mare e apprezzare la frizzante vita sociale.

Le panchine di fronte al mare offrono una vista mozzafiato sul golfo di Salerno e sulla Costiera, il luogo perfetto dove potersi rilassare in tutta tranquillità.

SABATO

Scegliamo, come punto di partenza per la visita della città, una struttura particolare: l'acquedotto medievale, popolarmente ribattezzato "Ponte del Diavolo", perché la leggenda vuole sia stato costruito in una sola notte, con l'aiuto dei demoni, dal medico e alchimista Pietro Barliario, nel XII secolo.

La superstizione popolare spiega che avventurarsi sotto gli archi tra il tramonto e l'alba porterebbe all'incontro con demoni o spiriti maligni.

Duomo di Salerno

La cattedrale di Santa Maria degli Angeli, San Matteo e San Gregorio VII venne costruita in stile romanico tra il 1080 e il 1085, dopo la conquista della città da parte di Roberto il Guiscardo, mentre era arcivescovo Alfano I, poeta e medico della famosa Scuola medica salernitana. Il campanile, di grande valore storico e artistico, è un'importante testimonianza della fusione bizantino-normanna del periodo. Il portale in facciata immette in un ampio atrio a quadriportico romanico, esempio rarissimo in Italia, circondato da un colonnato le cui stele provengono dal vicino foro romano di piazza Conforti.

All'interno del duomo, da non perdere assolutamente la cripta che, secondo tradizione, custodisce le spoglie di san Matteo. È certamente il nucleo più antico del duomo ma, per come la vediamo oggi, è frutto dell'intervento seicentesco degli architetti Domenico Fontana e del figlio Giulio Cesare, i quali hanno lavorato sulla centralità del sepolcro di san Matteo: l'altare in marmi policromi è arricchito da entrambi i lati da un elegante baldacchino. A rendere an-

Il duomo di Salerno.

cor più spettacolare il santuario sono sia gli affreschi del soffitto, raffiguranti scene del Vangelo di Matteo, sia alcuni episodi della storia salernitana, realizzati dal pittore Belisario Corenzio, sia i particolari marmi eseguiti dal marmista napoletano Francesco Ragozzino.

DUOMO DI SALERNO

- Salerno, Piazza Alfano I
- 089 231387
- **Tutti i giorni** dalle 8.30 alle 20.00.
- **Durata visita:** 30 minuti circa.

Giardini della Minerva

Lasciato il duomo, svoltando a sinistra, troviamo piazza Abate Conforti, dove si trova il famoso complesso monumentale di Santa Sofia, già sede dell'ordine benedettino e oggi, dopo un attento restauro, spazio museale. Dal complesso di Santa Sofia continuiamo il nostro itinerario lungo via Torquato Tasso fino a raggiungere i Giardini della Minerva, un magnifico orto botanico che nel XII secolo appartenne alla famiglia di Matteo Silvatico, personaggio eminente della Scuola medica salernitana ed esperto di piante medicinali. I Giardini della Minerva si sviluppano lungo l'asse che va dalla villa comunale fino al Castello di Arechi. Questo, che oggi si presenta in tutto il suo splendore, fu il primo giardino botanico d'Europa per le coltivazioni di piante a scopo medico.

DOMENICA

Da Salerno, con un breve spostamento, possiamo arrivare a Cava dei Tirreni per visitare la badia della Santissima Trinità. Qui, nel XI secolo, il fondatore sant'Alferio, ricco esponente della città e di discendenza lon-

Salerno e angolo dei Giardini della Minerva.

Vista sulla Costiera Amalfitana.

gobarda, si era ritirato in una piccola grotta, sul monte Finestra, per praticare una vita ascetica e di preghiera. L'accorrere presso di lui di molti discepoli lo indusse a costruire un piccolo monastero, pur continuando egli a vivere nella minuscola grotta fino alla morte. La comunità fu importantissima nel territorio ma non solo, diventando punto di riferimento per tutto il Meridione.

Molti monaci partivano da qui per dare vita ad altre comunità monastiche con il beneplacito di Vescovi e Papi. Della badia è rinomata e conosciuta la biblioteca, che conserva oltre 80 mila volumi, tra cui numerosi incunaboli e importanti cinquecentine. Ma è soprattutto l'archivio che l'ha resa famosa. Nelle sue sale sono presenti preziosi manoscritti pergamenacei e cartacei, dei quali il più antico è del 792. I monaci, noti per la loro ospitalità, sono disponibili per visite guidate.

BENEDETTINA SANTISSIMA TRINITÀ

Badia di Cava - Via M. Morcaldi, 6

089 463922

Visite guidate tutti i giorni dalle 8.30 alle 12.00.
Per i gruppi è preferibile prenotarsi e concordare orari diversi chiamando questo numero: 347 1946957.

Durata visita: 2 h circa.

Passando per il Parco Naturale dei Monti Lattari, si arriva alla Costiera Amalfitana, giungendo, attraverso Positano, fino a Sorrento, uno dei luoghi più conosciuti al mondo. Per quella sua aurea elegante, può essere sicuramente la degna chiusura per un weekend di spiritualità e bellezza.

BENEVENTO

Benevento, il teatro romano.

Benevento è città dalla storia millenaria, posizionata in uno strategico punto di collegamento tra il Tirreno e l'Adriatico. Nel corso dei millenni ha conosciuto dominazioni diverse, conservando sempre qualche segno del passaggio delle varie culture. Visitare Benevento significa compiere un autentico viaggio nella storia: dal tempo dei dinosauri, con la presenza di Ciro (un fossile di Scipionyx samniticus unico al mondo perché presenta ancora gli organi interni), fino all'evoluzione moderna. Terra fertile e rigogliosa devastata da terremoti e alluvioni, Benevento è anche la città delle streghe: esiste un museo che racconta la storia delle Janure.

VENERDÌ SERA

La passeggiata nel centro storico, racchiuso da un'ansa del fiume Sabato, può toccare tutti i punti di interesse per chi voglia conoscere Benevento e la sua storia: l'Arco di Traiano, il Teatro romano (visitabile entro le 19.30), l'Hortus Conclusus, dove sono esposte le opere di Mimmo Palladino, oppure i luoghi sacri che non mancano in bellezza e storia, come la cattedrale metropolitana di Santa Maria de Escopio o Santa Sofia, chiesa longobarda patrimonio dell'UNESCO.

SABATO

Il duomo

È il momento di visitare la cattedrale. Il duomo di Benevento fu il primo tempio cristiano eretto in città, in forma umile e primitiva, quando la nuova religione arrivò per le vie consolari romane nell'antica capitale del Sannio. La fondazione più antica è fatta risalire agli inizi del VII secolo, mentre le dimensioni odierne furono raggiunte con la riedificazione dell'VIII secolo, che trasformò l'antico edificio nella cripta della nuova chiesa. Tale riedificazione è uno dei momenti più importanti di un complesso intervento urbanistico stimolato dal duca longobardo Arechi II. Il duomo fu consacrato al tempo del vescovo Davide (782-796) e intitolato a Sancta Maria de Episcopio. Il tempio fu rifatto, ampliato, trasformato diverse volte. La facciata e il campanile, principali elementi dell'antica cattedrale, risalgono al XIII secolo: la facciata, in marmo bianco, si sviluppa su due ordini in sei arcate; il campanile quadrato, in blocchi di pietra bianca, presenta quattro facciate decorate da fregi romani, epigrafi e rilievi.

CATTEDRALE METROPOLITANA DI SANCTA MARIA DE EPISCOPIO

- Benevento - Piazza Orsini, 6
- 0824 323330
- Tutti i giorni, dalle 7.00 alle 12.00 e dalle 17.00 alle 19.30.
- Durata visita: 30 minuti circa.

Chiesa di Santa Sofia

La chiesa di Santa Sofia appare come un edificio di eccezionale interesse nell'ambito dell'architettura dell'Alto Medioevo. È di modeste dimensioni, contenuta in un circolo di soli 23,5 metri di diametro. La pianta è unica nel suo genere. Presenta un nucleo centrale, ai cui vertici sono collocate sei grandi colonne (provenienti forse dall'antico tempio di Iside), collegate tra loro con archi sui quali si sviluppa la cupola. Intorno a questo esagono centrale troviamo un secondo anello, decagonale, con due colonne subito dopo l'ingresso e otto pilastri in blocchi di pietra calcarea bianca, intercalati da strati di mattoni. I pilastri non sono disposti in conformità ai canoni classici, cioè orientati tutti allo stesso modo oppure radialmente, come sarebbe logico in un edificio a pianta centrale: ciascun pilastro è invece orientato parallelamente alle retrostanti pareti perimetrali, il cui andamento è stupefacente: circo-

Benevento, ingresso della cattedrale metropolitana di Sancta Maria de Episcopio.

lare nella zona presbiteriale che ospita anche le tre absidi, poi a forma stellare per ritornare di nuovo circolare in corrispondenza del portale d'ingresso. Ciò crea giochi di prospettive, di ombre e di luci cha affascinano il visitatore; si pensi, ad esempio, alla straordinaria varietà delle volte, dovuta all'insolito accoppiamento della corona esagonale con quella decagonale: il susseguirsi di volte prima quadrangolari, poi romboidali e infine triangolari è forse un richiamo alla forma delle tende usate dal popolo longobardo durante il suo lungo girovagare in Europa.La chiesa è ritornata a essere edificio di culto e parrocchia negli anni Sessanta. Pertanto i tempi per la visita sono quelli ordinari di una chiesa, al di fuori dei momenti previsti per le celebrazioni liturgiche. Dopo aver visto Santa Sofia, uscendo, sulla sinistra, troviamo il cancello d'ingresso al Museo del Sannio, che occupa il chiostro e l'antico monastero benedettino, oltre ad altri ambienti adiacenti di più moderna realizzazione.

CHIESA DI SANTA SOFIA

- Benevento - Piazza Santa Sofia
- 0824 21206
- **Tutti i giorni,** dalle 8.00 alle 12.00 e dalle 16.30 alle 20.00.
- **Durata visita:** 1 h circa.

DOMENICA

L'abbazia del Goleto

La domenica va dedicata a un luogo del cuore: l'abbazia del Goleto, che si trova a Sant'Angelo dei Lombardi, in provincia di Avellino. Il complesso è stato fondato nel 1133 da Guglielmo di

Vercelli che, dopo aver vissuto a lungo nella fessura di un albero, costruì un piccolo monastero per monache di clausura. A fianco, fece costruire un secondo edificio per i monaci, che avrebbero dovuto occuparsi solo delle faccende amministrative. Sotto la guida delle badesse, delle quali si ricordano alcuni nomi in precise parti del complesso – come per esempio la torre Febronia –, il monastero ebbe un grande sviluppo. Vero gioiello è la cappella di San Luca, costruita appositamente per custodire un'insigne reliquia dell'evangelista. Dopo il lungo periodo di splendore, a causa della peste del 1348, iniziò un lento declino, fino alla soppressione nel 1506 a opera di papa Giulio II. Dal 1807 al 1973 il monastero venne completamente abbandonato e lasciato in uno stato di incuria che ha portato alla distruzione di gran parte delle sue ricchezze. Ma dal 1990, soprattutto grazie alla tenacia e alla fede di padre Lucio Maria De Marino, che si stabilì tra i resti del complesso nel 1973, l'abbazia di Goleto è tornata, dopo lunghi restauri, un punto di riferimento in un percorso di meditazione e preghiera.

ABBAZIA DEL GOLETO

Goleto - Via S. Guglielmo

0827 24432

L'abbazia è visitabile liberamente, senza appuntamento, tutti i giorni della settimana; in autunno/inverno dalle ore 9.00 alle 17.00; **in primavera/estate** dalle 8.00 alle 17.00.

Chi desiderasse una guida può contattare il rettore don Salvatore: 388 8139739.

Sant'Angelo dei Lombardi, Abbazia del Goleto.

PAESTUM E IL CILENTO

Zone montuose in provincia di Salerno, già Patrimonio dell'Umanità UNESCO, questi luoghi non sono solo sede del Parco Nazionale istituito nel 1991, hanno in sé anche una ricca tradizione di storia e mitologia. Il parco scende fino alla costa, dove l'azzurro del mare si confonde con quello del cielo, e proprio sull'isoletta di fronte a Punta Licosa nasce il mito della sirena Leucosia e delle sorelle, raccontato da Omero. O ancora quello di Palinuro, nocchiero di Enea, naufragato in queste acque e dal quale prende il nome il Capo.

I ritrovamenti, a partire del Neolitico, indicano questa terra come ampiamente abitata e crocevia di

Paestum, il tempio.

moltissime popolazioni, luogo dove si sono intrecciati avvenimenti della storia grandi e piccoli: dalle vicende romane di Cesare Ottaviano Augusto, che ne fece provincia romana, al principato longobardo a Salerno, ai monaci benedettini fondatori nei dintorni di alcune bellissime abbazie e così di seguito fino ai Borbone.

Il Cilento è anche una delle riserve della Biosfera del Mab-UNESCO (dove l'acronimo indica "Man and biosphere"), zone sparse in tutto il mondo per promuovere lo sviluppo sostenibile tra uomo e natura.

PARCO NAZIONALE DEL CILENTO E VALLE DI DIANO

- Vallo di Diano e Alburni
  Via Montesani
- 0974 7199200
- www.cilentoediano.it
- **Durata visita:** mezza giornata.

VENERDÌ SERA

Un primo affaccio sul Cilento ci porta tra Agropoli, Santa Maria di Castellabate, Acciaroli, dove sembra abbia soggiornato anche Hemingway, prendendovi ispirazione per il suo *Il vecchio e il mare*. Sono, questi, paesi di pescatori, che mantengono la loro peculiarità originaria, ma che negli ultimi anni sono sempre più disposti ad accogliere i viaggiatori che vi trovano la stessa ospitalità tipica della "sorella

Paestum, affresco tombale.

maggiore" poco distante, la Costiera Amalfitana, benché con prezzi più accessibili.

SABATO

Antica città della Magna Grecia, Paestum in origine si chiamava Poseidonia, in onore del dio del mare che aveva guidato i naufraghi a trovare un luogo per edificarvi quella che in futuro sarebbe diventata una delle più ricche città greche. Nonostante la nostra percezione di una città "recente", affine alla storia greca e romana, i ritrovamenti ci dicono che fu un luogo abitato fin dalla preistoria: lo rivelano i manufatti dell'Età del Bronzo, i resti di capanne e gli oggetti di epoca neolitica. Situata nella ricca valle del Sele, Paestum, come venne chiamata dai Romani, visse il suo periodo di massimo splendore tra la metà del VI e la metà del V secolo a.C.

PARCO ARCHEOLOGICO DI PAESTUM

- Paestum - Via Magna Grecia, 919
- 0828 811023
- www.museopaestum.beniculturali.it
- **Durata visita:** da 1 a 2 h circa.

DOMENICA

Il santuario del Getsemani e Padula

Poco distante da Paestum, vale la pena dedicare una giornata a visitare il santuario del Getsemani per poi spostarsi, attraverso il Parco Nazionale del Cilento, a Padula. Costruito tra il 1956 e il 1959, unitamente all'annessa casa di spiritualità ai piedi del Monte Calpazio, il santuario del Getsemani è composto da due chiese sovrapposte. Quella superiore è caratterizzata da una cupola a vetri: al centro, un'apertura a forma di stella consente di affacciarsi sulla chiesa inferiore, dove c'è la statua del Cristo in preghiera nell'orto del Getsemani. Sugli altari laterali, moderne ceramiche raffigurano i santi maggiormente venerati nell'Italia meridionale, con al centro la Madonna di Pompei. Nel piazzale d'ingresso si erge la statua in bronzo della Madonna della Luna, inaugurata nel 1971 in ricordo della missione americana del 1969. Nel parco circostante, che si trova sulle pendici del monte Calpazio, ai margini del Parco Nazionale del Cilento, troviamo un teatro all'aperto, che viene utilizzato per celebrare le liturgie nei mesi più caldi, la Via Crucis e la Via Matris con i misteri del Santo Rosario. Dal santuario si gode una meravigliosa vista sulla Valle del Sele.

SANTUARIO DEL GETSEMANI

- Capaccio-Paestum (SA)
  Via Getsemani, 6

La certosa di Padula.

0828 725019

Tutti i giorni dalle 7.00 alle 19:00 (20.00 ora Legale).

È possibile chiedere di parlare con un sacerdote per direzione spirituale o confessione.
Si può anche chiedere una guida artistico-religiosa del santuario stesso.
Il complesso è prettamente un luogo di preghiera e di spiritualità.

La Certosa di San Lorenzo

Attraversando il Parco Nazionale del Cilento possiamo scoprire la stupenda Certosa di San Lorenzo, tra i monumenti più suggestivi del patrimonio artistico italiano. I lavori della Certosa iniziarono per volere di Tommaso II Sanseverino, il 28 gennaio 1306, sul sito di un preesistente cenobio. Lo stile architettonico che lo caratterizza oggi è prevalentemente barocco, sono davvero poche le tracce trecentesche superstiti. Il complesso conta circa 350 stanze e occupa una superficie di 51.500 mq di cui 15.000 impegnati solo dal chiostro, uno dei più grandi del mondo. La struttura, come tipico, segue la regola certosina: nella prima zona troviamo i luoghi di lavoro, mentre nella seconda le residenze dei monaci. Poi, naturalmente, il chiostro e la biblioteca, che presenta un bellissimo pavimento di mattonelle in ceramica vietrese, la cappella decorata con preziosi marmi, la grande cucina, le cantine, le lavanderie e i campi circostanti coltivati per il sostentamento dei monaci. Nonostante nella chiesa, come in altri luoghi della Certosa, i numerosi spazi vuoti testimonino l'epoca dell'a soppresione da parte dei Francesi agli inizi dell'Ottocento – cosa che provocò la dispersione di numerosi tesori artistici –, la Certosa di Padula è simbolo di grande architettura oltre che di un grandioso passato. Dal 1957 alcune sale ospitano il Museo archeologico provinciale della Lucania occidentale, che raccoglie una collezione di reperti provenienti dagli scavi delle necropoli di Sala Consilina e di Padula, dalla preistoria all'età ellenistica.

CERTOSA DI PADULA

Padula - Viale Certosa 1

0975 1966349

Tutti i giorni dalle 9.00 alle 19.00.
Chiuso il martedì.

MATERA

Matera, incredibile città scolpita nel tufo, lascia senza fiato. Abitata sin dal Paleolitico, tra le sue strade è possibile ripercorrere la storia dell'uomo che qui si è stabilito, integrandosi perfettamente con l'ambiente senza violarlo. Nel periodo della Magna Grecia la città ebbe rapporti con le colonie della costa; in Età romana fu centro di approvvigionamento; successivamente passò sotto il ducato longobardo di Benevento. Luogo straordinario senza tempo, è anche il primo sito del sud Italia dichiarato Patrimonio dell'Umanità. Ma è anche la città dei tesori nascosti, dei musei, dei festival, dei concerti, dei percorsi multimediali. Il 17 ottobre 2014, la cosiddetta "Città dei Sassi" è stata designata capitale europea della cultura per il 2019: una vittoria importante per una terra spesso dimenticata. Ma anche prima di ricevere questo onore, Matera aveva dimostrato particolare propensione verso tutto ciò che è arte e cultura: spettacoli teatrali, concerti, rassegne cinematografiche e mostre sono sempre stati oggetto di un calendario davvero fitto. I "Sassi" rappresentano

Matera, Sasso Barisano.

un paesaggio unico nel suo genere. Negli anni Cinquanta e Sessanta furono abbandonati per le scarse condizioni igieniche e il sovraffollamento. La mente corre al capolavoro di Carlo Levi, *Cristo si è fermato a Eboli*, che così realisticamente descrisse quella civiltà contadina, quel sud dimenticato, quel mondo legato alle tradizioni pagane, alle superstizioni, alla terra, ma così "nostro" e ancestrale. Il tesoro non poteva andare perduto e, circa trent'anni fa, cominciarono gli interventi per la conservazione e il recupero di questi gioielli naturali che alle luci del tramonto si tingono di magia. I Sassi si dividono in due quartieri: il Sasso Barisano, il rione più grande, le cui case oggi ospitano per lo più negozi, ristoranti e alberghi, e il Sasso Caveoso, considerato il quartiere più antico, che maggiormente conserva l'aspetto della città rupestre.

Prima di partire alla scoperta degli antichi rioni pietrosi può essere utile far tappa a Casa Noha, primo bene FAI in Basilicata, divenuta di recente centro di informazioni turistiche e di documentazione, dove si può gustare anche il film *I Sassi invisibili. Viaggio straordinario nella storia di Matera*.

VENERDÌ

Niente di meglio che arrivare a Matera nel pomeriggio, per poi godersi il tramonto e le luci della sera tra i Sassi. Prima della cena si può visitare (aperta fino alle 20.00) la Casa Grotta nei Sassi, tipicamente arredata con mobili d'epoca, per avere un'idea precisa della vita che fu in questo tipo di abitazioni. Nella casa esistono quattro ambienti su tre livelli con annesse stalla e cantina.

CASA GROTTA NEI SASSI

- Matera - Vicinato di Vico Solitario, 11
- 0835 3101118
- **Tutti i giorni**, dalle 10.00 alle 20.00.
- **Durata visita:** 30 minuti circa.

Matera, ricca di movimento in ogni momento della giornata, durante il fine settimana e per tutto il periodo estivo, la sera del venerdì diventa la meta preferita anche per coloro che vivono nei paesi limitrofi. È fuor di dubbio che i Sassi siano il centro nevralgico della città. Soprattutto la parte bassa del Sasso Barisano è un susseguirsi di bar e locali.

SABATO

Su e giù per i Sassi

Matera non si può che scoprire camminando, su e giù per i Sassi, nei vicoli e attraverso gli itinerari proposti dalle guide locali. Sul punto più alto della città, il colle della Civitas che divide i due Sassi, ecco la cattedrale. La costruzione, risalente al XIII secolo, sorge sui resti di un amico Castello normanno e dell'antico monastero benedettino di Sant'Eustachio. Dal 1627 è stata dedicata alla Madonna della Bruna e a sant'Eustachio, protettori della città. L'esterno dell'edificio, a differenza dell'interno, ha mantenuto quasi la sua forma originaria.

La facciata in stile romanico-pugliese presenta un bel portale riccamente decorato, sormontato dalla statua della Madonna della Bruna, e un imponente rosone a sedici raggi. Sulla facciata laterale troviamo altri due portali minori: "Porta di piazza" abbellita da una raffigurazione in bassorilievo di Abramo e "Porta dei leoni", così chiamata per la presenza delle statue di due leoni accovacciati a guardia della fede. Notevole la torre campanaria a quattro piani, di cui tre con bifore e uno (il quarto) con monofore, sormontato da una cuspide a piramide quadrangolare.

L'interno, rimaneggiato in epoca barocca, è a croce latina con tre navate separate da colonne con capitelli medioevali figurati. Oltre al celeberrimo presepe di pietra realizzato nel 1534 da Altobello Persio, la basilica conserva numerosi tesori tra cui: un affresco bizantino raffigurante la Madonna della Bruna con Bambino, opera del Maestro della Bruna, forse Rinaldo da Taranto (XIII secolo); il Giudizio Universale, con frammenti di un ciclo di affreschi di cui restano l'Inferno e parte del Purgatorio (XIII e XIV secolo), scoperti in seguito ad alcuni lavori di restauro; infine, bellissimo, il coro ligneo minuziosamente scolpito nel 1453 da Giovanni Tantino e, sull'altare maggiore, la grande pala della Vergine con Bambino e Santi, eseguita da Fabrizio Santafede nel 1580.

DUOMO DI MATERA

Matera - Piazza Duomo

0835 332908

www.oltrelartematera.it

Dal lunedì al venerdì dalle 9.00 alle 14.00 e dalle 17.00 alle19.00.
Sabato e domenica dalle 9.00 alle 19.00.

Museo nazionale Ridola

Consigliamo, dopo aver ammirato la città dei Sassi dall'alto e dal basso, dalla Matera moderna, fin giù al Sasso Caveoso, una visita al Museo nazionale Ridola, istituito nel 1911 per volere del senatore Domenico Ridola che, grande appassionato di archeologia, effettuò numerose campagne di scavo in tutto il territorio materano e delle Murge, donando poi allo Stato le sue importanti collezioni archeologiche, oggi ospitate presso questo Museo e quello Nazionale d'Arte Medievale e Moderna della Basilicata, presso Palazzo Lanfranchi, inaugurato nel 2003: qui si possono ammirare alcune opere di Carlo Levi (Torino 1902 – Roma 1975), grande protagonista della cultura italiana del Novecento, tra cui Lucania '61, dipinto in occasione della mostra Italia 1961, organizzata a Torino per celebrare il Centenario dell'Unità d'Italia.

DOMENICA

Una domenica dedicata ai dintorni di Matera, ci porta a visitare il santuario della Madonna di Picciano. Poco distante dalla città (solo 18 km), posto sulla sommità dell'omonimo colle, deve il suo nome al quadro che si trova sull'altare maggiore della chiesa. La struttura risale probabilmente all'anno Mille e appartenne prima ai monaci cavalieri dell'ordine dei Templari e poi all'ordine dei cavalieri di Malta. Accanto al santuario è stato costruito, intorno al 1966, un monastero di Benedettini orvietani.

Il nucleo principale del santuario risale probabilmente al XII-XII secolo, ed è costituito da tre navate.

La leggenda narra che la Madonna apparve sui rami di una quercia ad alcuni pastori abruzzesi che attraversavano quei luoghi per la transumanza.

Secondo la tradizione, il santuario di Picciano è strettamente legato a un paesino dell'Abruzzo chiamato appunto Picciano, dove una donna sottrasse dalla chiesa di Santa Maria del Soccorso, che si trova nel paesino, il quadro della Madonna, portandolo a Matera. Secondo altri invece, il culto della Madonna di Picciano sarebbe stato introdotto in Abruzzo dai pastori, che andavano in transumanza dai monti abruzzesi ai pascoli vicini al santuario. Oggi santuario e monastero sono custoditi proprio dai Benedettini olivetani.

SANTUARIO DI PICCIANO

Picciano - Via santuario

083 5302890

Tutti i giorni, dalle 7.00 alle 20.00.

I monaci benedettini, secondo tradizione, sono disposti all'accoglienza verso tutti coloro che intendono concedersi una sosta nella vita per ritrovare se stessi e Dio nel silenzio e nella preghiera. **La struttura è disponibile a due tipologie di accoglienza ben distinte:** la foresteria interna e un ostello autogestibile.

Matera, santuario di Santa Maria da Picciano.

ALTA MURGIA GRAVINA ALTAMURA

Il territorio del Parco Nazionale dell'Alta Murgia è caratterizzato da una suggestiva successione di creste rocciose, dolci colline, cavità carsiche, scarpate ripide, estesi pascoli naturali, boschi di querce e di conifere, dove, da millenni, la natura si mescola e convive con l'uomo che ha edificato masserie in pietra, a volte fortificate, dotate di recinti, stalle per le greggi, cisterne e reticoli infiniti di muri a secco. L'Alta Murgia è luogo dove incontrare l'intreccio di storie di pastori erranti, di massari impegnati nella lavorazione del latte e della lana e nella coltivazione dei cereali, del mandorlo e della vite; ma è anche luogo di storie di dinosauri che percorrevano un antico mare e di uomini preistorici che vivevano con i primi animali domestici nelle numerose grotte presenti

Gravina di Puglia.

nei costoni rocciosi. Non mancano poi le testimonianze della dominazione normanno-sveva, le cui tracce sono ancora visibili in molti dei centri storici dei tredici comuni, ricadenti nel territorio del parco e che trovano il loro apice nell'imponente Castel del Monte.

VENERDÌ SERA

Percorrendo i vicoli del centro storico di Gravina in Puglia, ci imbattiamo spesso in palazzi e edifici storici monumentali. Il più significativo è il Palazzo Orsini, in piazza della Repubblica. La famiglia Orsini ha governato Gravina per cinque secoli e l'ha arricchita di numerose e importanti opere d'arte. Un altro bel palazzo è quello vescovile, situato in piazza Benedetto XIII. Edificato nel IX secolo, crollò assieme al castello normanno, alla cattedrale e a molte chiese, torri e case in seguito alle violente scosse del terremoto del 1456. Venne ricostruito nel XVI secolo e subì numerose modifiche nei secoli successivi. Le case e i palazzi antichi di Gravina sono stati edificati con una pietra calcarea locale chiamata tufo – termine che accomuna la pietra leccese, le calcareniti e i tufi calcarei – e impiegata per le costruzioni che sorgevano, a volte, sopra quegli stessi luoghi usati come cave. Sotto le abitazioni si venivano a creare, quindi, enormi ambienti, usati soprattutto come cantine. Oggi, l'Associazione Gravina Sotterranea ha riportato alla luce questo mondo oscuro e nascosto e organizza tour per scoprire cantine, cisterne, chiese rupestri, recuperate e arredate così com'erano in origine.

CENTRO STORICO DI GRAVINA

- Gravina - Via Meucci 10
- 328 5415379
- Alle 10.00 e alle 16.00.
- **In settimana** obbligatoria la prenotazione.
- **Durata visita:** 1 h e 30 minuti circa (su prenotazione).

SABATO

Parte del territorio di Altamura è incluso nel Parco Nazionale dell'Alta Murgia. Qui, in una grotta, in località Lamalunga, nell'ottobre del 1993, fu ritrovato dagli speleologi del CARS uno scheletro di Homo neanderthalensis, noto come Uomo di Altamura, oltre a vari resti fossili di altri animali. In una cava dismessa in località Pontrelli, sono state rinvenute anche impronte di dinosauri vissuti nel Cretacico Superiore, circa 80 milioni di anni fa.

La storia della città ci porta in un intreccio di storia e mitologia. Un antico racconto la farebbe risalire ad Antello, eroe di Troia, il quale con Enea era fuggito dopo la distruzione della città. Mentre Enea aveva proseguito le sue peregrinazioni fino al Lazio, Antello si sarebbe fermato qui, dando origine alla città di Altilia (*Alter Ilium* = altra Troia), che un'altra leggenda, al contrario, diceva fondata da Althea, già regina dei Mirmidoni e qui giunta dopo essere fuggita dai suoi sudditi.

Gli scavi hanno portato alla luce tracce all'Età della pietra, del bronzo e del ferro, che dimostrano come la zona sia stata popolata in diverse epoche. La nascita di una città sulla sommità della collina ove ora sorge l'attuale centro storico, segnò l'abbandono degli insediamenti sparpagliati nel territorio circostante. Doveva trattarsi di un abitato di notevoli dimensioni, cinto da mura di cui si conservano i resti. L'abitato fu poi distrutto dai Saraceni, e rinacque per volere di Federico II (come conferma l'epigrafe sotto lo stemma biancorosso della città: "FEDERICUS ME REPARAVIT"), con obiettivo militare ed economico, ben difesa da un castello e da una nuova cinta muraria. Per volere dello stesso imperatore fu eretta l'imponente cattedrale intorno alla quale si aggregarono le prime abitazioni della comunità latina disposte lungo i vicoli.

La cattedrale di Altamura.

Cattedrale di Altamura

Simbolo religioso e storico della città di Altamura è la sua cattedrale in stile romanico, dedicata all'Assunta e fatta costruire nel 1232 da Federico II.

Gran parte della chiesa originaria crollò durante il terremoto del 1316 e venne ricostruita durante il regno di Roberto d'Angiò. Particolare è l'orientamento della cattedrale, invertito rispetto all'originale (abside a est e facciata a ovest, in origine, poi invertito con facciata rivolta a est).

All'epoca del sovrano angioino risale la realizzazione del portale settentrionale che oggi si apre in piazza Duomo, mentre la realizzazione di una seconda torre campanaria e l'area dell'altare e dell'attuale sagrestia furono aggiunte nella prima metà del Cinquecento. Della cattedrale, ciò che colpisce lo sguardo dei visitatori sono il portale, in stile gotico ricco di decorazioni e sculture, e gli archi su cui sono scolpite ventidue scene che ritraggono la vita di Cristo. Opere settecentesche sono invece la loggetta tra i due campanili con le statue della Vergine tra i santi Pietro e Paolo, le terminazioni delle torri campanarie e il rivestimento interno in marmo. Bellissimi i due leoni porta-colonnine ritoccati da un artista di Andria, Maestro Antonio.

Da non perdere è anche l'organo monumentale realizzato da maestri organari di Torino: il suono, per potenza e ricchezza di sfumature, riesce a suscitare la medesima impressione dell'ascolto di un'intera orchestra.

CATTEDRALE

- Altamura - Corso Federico II di Svevia.
- 080 3117032
- **Tutti i giorni** dalle 8.00 alle 12.00 e dalle 16.00 alle 20.00.

DOMENICA

Lasciata Altamura, non prima di avere gustato il tipico pane, la focaccia e "le tette delle monache", il dolce tipico della città, realizzato con pan di spagna farcito con una golosa crema chantilly e spolverizzato con zucchero a velo, possiamo raggiungere il santuario di Maria Santissima del Buoncammino, situato sulla strada che una volta conduceva a Bari e risalente al 1747. Qui, gli abitanti della zona avevano eretto una nicchia, collocandovi una immagine della Madonna. Il canonico Giambattista de Nicolai, dopo aver avuto il terreno in dono dalla signora Selvaggi Angiola, accanto alla nicchia fece costruire una cappellina a croce greca, e dipingere un affresco con l'immagine della Madonna del Buoncammino come segno di protezione per i viandanti, che attraversavano le strade della Murgia.

Qui è stata sempre fortemente sentita la devozione alla Madonna del Buoncammino, fino a fissare una festa a lei dedicata che è finita con il divenire la festa principale della città. Essendo l'economia altamurana eminentemente agricola, la festa prevede l'ostensione della statua della Madonna in città, quasi in atto di ringraziamento e di propiziazione a cavallo tra l'annata agraria trascorsa e quella nuova.

SANTUARIO DELLA MARIA SANTISSIMA DEL BUONCAMMINO

- Altamura - Contrada Torre La Macchia
- 080 3145922
- **Tutti i giorni** dalle 7.30 alle 21.00
- **Durata visita:** 1 h circa.

IL PARCO DEL GARGANO E IL CULTO DI SAN MICHELE

Il Parco Nazionale del Gargano, tra antiche foreste e acqua cristallina, è una meraviglia per gli occhi e per lo spirito. All'interno si trovano molte aree protette, tra cui la riserva marina delle Isole Tremiti, unica nel suo genere per i fondali e le grotte naturali. Passeggiando è possibile osservare gli imponenti faggi, i cerri, gli agrifogli; incontrare il daino, il tasso, la volpe. Habitat più selvaggi si alternano a distese di ulivi e vigneti, che regalano un percorso dai panorami indimenticabili.

Per organizzare le presenze turistiche e le ricerche scientifiche, l'Ente Parco ha istituito una serie di centri di visita e sentieri attrezzati, parzialmente accessibili anche ai disabili:

- le masserie del Gargano, un itinerario che porterà a visitare le caratteristiche masserie costruite tutta tra il Settecento e l'Ottocento, senza dimenticare le antiche poste doganali e i sentieri della transumanza;
- gli eremi del silenzio, partendo da Monte Sant'Angelo e spostandosi fino all'abbazia di Pulsano, dove comincia l'escursione per raggiungere gli eremi degli antichi monaci. L'oro verde del Gargano, visita degli uliveti della piana di Vieste, un viaggio fra i frantoi del 1200, scavati nella roccia, dove assaporare il gusto e la delicatezza del prezioso oro verde;
- il Gargano dei Romani: visita nella necropoli Paleocristiana databile intorno al III-IV secolo oltre che all'area naturalistica del WWF.

PARCO DEL GARGANO

Monte Sant'Angelo
Via Sant'Antonio Abate, 121

0884 568911

www.parcogargano.it

VENERDÌ SERA

Per una visita al Parco e alle sue grotte possiamo scegliere come base Vieste, cittadina situata sulla punta est del promontorio del Gargano. Le origini della città sono molto antiche e, nella sua storia, ha avuto un ruolo importante la posizione strategica tra le vie commerciali adriatiche. Il centro storico è la parte più affascinante e caratteristica di questo approdo balneare pugliese: un intreccio di stradine e case bianche affacciato sul mare, pieno di scorci affascinanti, arricchiti dai campanili in stile romanico delle antiche chiese. Senza dimenticare il castello svevo voluto da Federico II. La passeggiata serale nel centro di Vieste è un classico anche per sentire i profumi della cucina tipica pugliese.

SABATO

Dedichiamoci alla scoperta del Parco del Gargano e delle sue celebri grotte: quella dell'Angelo e quella di San Michele. In tutta Puglia è molto sentita la venerazione a san Michele, devozione antica che inizia nel 490, anno in cui secondo la tradizione avvenne la prima apparizione dell'arcangelo sul Gargano a san Lorenzo Maiorano.

Il culto micaelico si inserisce nell'opera di conversione iniziata dai Longobardi durante la loro lunga dominazione dell'Italia meridionale; conversione che si sviluppò seguendo il culto di quei santi affini alle divinità della tradizione germanica. L'Arcangelo, infatti, aveva le medesime virtù guerriere un tempo adorate in Odino, dio germanico della guerra, guida verso l'aldilà, nonché protettore degli eroi e dei guerrieri.

Monte Sant'Angelo, interno della grotta.

La grotta dell'Angelo

Sul monte d'Elio, in agro di San Nicandro Garganico, si apre una grande fenditura conosciuta da tutti come la Grotta dell'Angelo. Questa suggestiva caverna è avvolta da una ricca vegetazione che quasi rende impossibile vederne l'ingresso. La cavità carsica viene chiamata in questo particolare modo per un'antica tradizione che la vede come uno dei tre iconici luoghi di culto del Gargano dell'Arcangelo Michele.

Raggiungere la grotta non è semplice. Occorre seguire le indicazioni per arrivare alla chiesa di Monte d'Elio: a metà strada, nel bel mezzo di una curva, si dipana in mezzo alla folta vegetazione garganica un viottolo. Percorrendo questa stradina di pietra e terra si arriva alla suggestiva grotta. Qui sono stati rivenuti numerosi reperti archeologici, resti biologici, diverse ceramiche e altro materiale databile dal Paleolitico al Medioevo, cosa che testimonia la presenza dell'uomo sin dall'antichità. Nella grotta dell'Angelo sono state trovate anche tombe e una pila circolare ricavata da un vano naturale, risalenti all'Alto Medioevo.

Queste antiche testimonianze confermano che la grotta veniva utilizzata come luogo di culto; probabilmente, un tempo, era adibita a chiesa, come attestato anche da codici medievali concernenti le pertinenze di Devia, da cui la grotta dista un chilometro.

GROTTA DELL'ANGELO

San Nicandro Garganico

La grotta è accessibile attraverso la strada che parte dal borgo di Torre Mileto. Visitabile solo con l'ausilio di lampade elettriche.

La grotta di San Michele

Abitata sin del Paleolitico, la grotta di Cagnano Varano, consacrata all'Arcangelo, è uno dei più importanti luoghi di pellegrinaggio del Gargano. A pochi passi dal lago di Varano è, senza dubbio, un suggestivo luogo dello spirito, affascinante cavità naturale e, oggi, importante meta di pellegrinaggio. Secondo la leggenda, l'Arcangelo entrò nella grotta seguito da un grosso toro che restò incastrato nella roccia.

Quando il padrone del toro riuscì a liberare la bestia, rimase abbagliato dalla fonte di luce dell'Arcangelo. Subito dopo l'accaduto, l'uomo raccontò la vicenda ai compaesani che si recarono alla grotta, trovando san Michele assetato, genuflesso e con le mani posate a terra nel punto dove miracolosamente affiorò poi una sorgente d'acqua. Rivolto a sud, l'ingresso della grotta è tamponato da un muro su cui si apre la porta di accesso. All'esterno, si trovano un pozzo e un campanile a vela, in un piccolo giardino, mentre all'interno trionfa l'altare maggiore con la statua dell'Arcangelo e gli altari minori, decorati da meravigliosi affreschi.

GROTTA DI SAN MICHELE

Cagnano Varano - Via per Capoiale

0884 853281

Ore 9.00 - 12.00 / 15.00 - 17.00
secondo disponibilità del custode.

Il santuario di Monte Sant'Angelo

Dedichiamo anche la domenica a san Michele , questa volta recandoci al suo santuario di Monte Sant'Angelo.

È questo, un complesso di edifici risalenti a diversi periodi storici, costruiti intorno alla grotta naturale dove si verificarono le quattro apparizioni angeliche. L'immensa caverna calcarea, considerando il sito, la struttura e l'ampiezza, dovette essere già in età greca e romana un luogo di culto; è probabile che vi si adorasse Apollo, divinità pagana simboleggiante la luce e la bellezza. La nascita del santuario cristiano si colloca tra la fine del V e l'inizio del VI secolo quando, l'allora vescovo di Siponto, Lorenzo Maiorano, si adoperò per estirpare il culto pagano tra gli abitanti del Gargano. L'opera fu accompagnata da fatti miracolosi che diedero origine al culto dell'Arcangelo Michele sul promontorio pugliese.

In epoca longobarda, il santuario di San Michele si caratterizzò per un preciso ruolo di mediazione tra la promozione di una fede popolare e il consolidarsi di una precisa politica religiosa, divenendo il sacrario nazionale dei Longobardi che vedevano nell'Arcangelo la figura ideale di dio

Monte Sant'Angelo,
particolare della torre Angioina.

Statua di San Michele, Monte Sant'Angelo.

guerriero protettore. Così, la basilica fu oggetto di imponenti lavori di ristrutturazione e ampliamento che abbellirono e resero più funzionale la sua struttura. Il tutto fu inserito in un circuito di pellegrinaggi e divenne meta di numerosissimi fedeli provenienti anche dalle regioni più settentrionali dell'Europa, come è testimoniato dalle diverse iscrizioni incise sui muri degli ingressi, talune addirittura a carattere "runico".

Tra la seconda metà del XIII secolo e i primi decenni del XIV, il complesso di San Michele Arcangelo subì un'imponente opera di trasformazione promossa e realizzata dai sovrani angioini, che lo ritenevano sotto la propria speciale protezione. Durante il XVII secolo, il luogo diviene il centro più importante del Gargano. Il piazzale antistante l'ingresso della basilica, che nel corso dei secoli fu affollato di edifici, prese il nome di "atrio della colonna", per la presenza di una colonna alla cui cima vi era una statua di san Michele. Tale statua venne rimossa in occasione della risistemazione del piazzale, avvenuta nel 1865, in seguito alla quale nacque la facciata a due arcate, di cui la sinistra è una ripresa in stile di quella originaria.

Nel 1872 la basilica fu definitivamente riconosciuta Cappella Palatina, cioè dipendente direttamente dall'autorità regale, e i suoi sacerdoti ebbero il titolo di "Cappellani della real casa" fino al Concordato del 1929. Dal 1970 al 1996 il santuario fu officiato dai monaci benedettini ed è attualmente retto dalla Congregazione di San Michele Arcangelo, alla quale si deve, nel 1999, la costruzione della cappella penitenziale che accoglie elementi della antica roccia sui quali campeggia uno splendido crocifisso ligneo del XIV-XV secolo. A quella che viene comunemente indicata come Celeste basilica, in quanto non consacrata dagli uomini, ma dallo stesso Arcangelo, con decreto ufficiale della Chiesa è stato concesso "per sempre" il privilegio del perdono angelico. Dal 1997, infatti, i visitatori, confessati e comunicati, acquistano l'indulgenza plenaria recitando il Padre nostro e il Credo e pregando per il Papa.

SANTUARIO DI SAN MICHELE ARCANGELO

Monte Sant'Angelo
Via Reale basilica, 27

0884 561150

Tutto l'anno, nei giorni festivi dalle 7.00 alle 20.00, nei giorni feriali dalle 7.30 alle 20.00.

L'eremo di Santa Maria di Pulsano

Quello a cui dedicare la domenica è ancora un luogo di profonda spiritualità: l'eremo di Santa Maria di Pulsano. Costruito sul colle di Pulsano, con i suoi eremi circostanti, è stato sino a oggi – con alterne vicende storiche – la casa di monaci, anacoreti e cenobiti, orientali e latini. Edificato nel 591 sui resti di un antico tempio pagano, poco note sono le vicende storiche che lo riguardano, almeno fino al 1129, quando san Giovanni da Matera, pellegrino al celebre santuario micaelico di Monte Sant'Angelo, lo fece risorgere dal grave stato di abbandono in cui versava, fondando l'ordine monastico autonomo dei Poveri eremiti pulsanesi. Al momento della morte, le spoglie di san Giovanni da Matera furono poste sotto l'altare.

Sul finire del XIV secolo, l'ordine pulsanese si estinse, e i superstiti passarono all'ordine benedettino, rinunciando alla Regola di san Giovanni abate. Così, dal XV secolo, furono i Celestini a prendersi cura del luogo. L'abbazia è circondata da vari eremi, che venivano utilizzati come abitazione. Spesso, per accedervi, gli eremiti erano costretti a utilizzare corde o scale. Finalmente, nel 1997, la chiesa abbaziale è stata riaperta al culto pubblico e vi è stata fondata la comunità monastica di Pulsano, di diritto diocesano, bi-rituale: latina e bizantina.

EREMO DI SANTA MARIA DI PULSANO

Monte Sant'Angelo
Via Santa Maria di Pulsano

0884 561047

Contattare l'Abbazia.

Durata visita: 2 h circa.

Eremo di Santa Maria di Pulsano.

Meravigliosa Puglia, riscoperta negli ultimi anni dal pubblico italiano e anche internazionale, fatta di borghi e di bellezze naturali, di luoghi di svago e di pace, di divertimento e spiritualità. Visitare questa regione è una scommessa con l'Italia e con se stessi: l'accoglienza è calda, le bellezze non sbandierate ma presenti ovunque, il ritmo è lento, da gustare passo dopo passo, come fosse la celebrazione di un amore.

VENERDÌ SERA

Trani è una città magica. Un luogo da fiaba, col suo castello medievale, un porto pittoresco e una maestosa cattedrale. Del resto, anche la storia della città sconfina nella leggenda: Trani sarebbe stata fondata da Tirreno, figlio del mitico eroe omerico Diomede. Fin dall'epoca romana la città è conosciuta come uno dei porti più attivi e vivaci della Puglia; raggiunse il massimo splendore nel periodo normanno-svevo, del quale ci parlano numerosi monumenti. Il centro storico è un labirinto di vicoli stretti e tortuosi dove si possono ammirare eleganti dimore quattrocentesche e chiese dallo stile gotico e romanico, come quelle di Ognissanti e dei Templari. Di sera si può cenare in uno dei tanti locali situati nei pressi del porto. Da non perdere, un giro nell'antico quartiere ebraico, la Giudecca, con quattro sinagoghe poi trasformate in chiese, tra cui quelle di Scolanova e Scola Grande.

SABATO

La città è famosa per la cattedrale romanica e il castello svevo; ma fu anche uno scalo commerciale talmente importante che probabilmente qui venne promulgato il primo codice marittimo del mondo occidentale, gli *Ordinamenta et consuetudo maris* del 1063.

Le tracce più concrete della sua storia datano non prima della conquista dei Romani: è presente nella Tavola Peutingeriana la copia medievale di un vecchio stradario dell'antica Roma. Dopo la caduta dell'Impero romano d'Occidente, la Puglia fu oggetto di dominazione longobarda e subì continue minacce provenienti dal mare a opera dei Saraceni. Trani cadde definitivamente sotto il dominio normanno nel 1073, dopo cinquanta giorni di assedio, per mano di Roberto il Guiscardo. In quel periodo, corrispondente alla Prima crociata, precisamente nel 1099, in città si iniziarono i lavori per la costruzione della cattedrale in onore del santo patrono Nicola pellegrino, un giovane greco in viaggio verso Roma, che morì a Trani dopo diversi giorni di malattia e alcuni miracoli, ed è stato canonizzato subito dopo a furor di popolo.

L'epoca d'oro della città si raggiunse sotto la dominazione sveva: Federico II concesse numerosi privilegi commerciali e amministrativi e promosse la costruzione di nuove fortificazioni, del Castello nel 1233, e della nuova cinta muraria, che protesse l'intera insenatura del porto e promosse l'espansione urbanistica della città, che fino ad allora era di poco cresciuta al di là delle antiche mura longobarde.

La cattedrale

Iniziata nel 1099, per volontà del vescovo Bisanzio, a seguito della morte e canonizzazione del giovane pellegrino Nicola, la cattedrale fu costruita con pubblico denaro e fu un progetto ardito per l'epoca, perché obbligava a risolvere il problema della risalita delle acque marine dal terreno. Le reliquie del santo, oggetto di grande venerazione, sono *sub divo* (alla luce) e non in una cripta sotto il livello del pavimento come in

La cattedrale di Bitonto.

quasi tutte le chiese del periodo. Questa, anche se alta e luminosa, permane sottostante il presbiterio. Così si sono venute a creare due chiese, una sopra l'altra. A entrambe, inferiore e superiore, si accede dall'alta facciata, splendida nella preziosa pietra di Trani. Fiancheggia la facciata il campanile, realizzato a partire dal XIII secolo e firmato, sulla cornice dell'alto basamento viabile, da Nicolaus *sacerdos et protomagister*.

La cattedrale svetta sulla piazza, nel colore candido della pietra, con lo sfondo del mare blu: questa è una delle immagini più iconiche della Puglia. Oltre ogni retorica, poterla ammirare al tramonto è una delle esperienze più suggestive che l'opera dell'uomo possa consegnarci.

CATTEDRALE

Trani - Piazza Duomo

0883 500293

www.cattedraleditrani.it

Tutti i giorni, dalle 9.30 alle 12.30 e dalle 15.30 alle 19.00.

Durata visita: 1 h circa.

DOMENICA

Dedichiamo una giornata a conoscere altre due magnifiche cattedrali, perfette espressioni del romanico pugliese: andiamo a Ruvo di Puglia e a Bitonto, per concludere la giornata con il santuario della Madonna di Sovereto. Simbolo della città, la concattedrale di Santa Maria Assunta venne edificata tra il XII e il XIII secolo e, da allora, non smette di affascinare con la sua splendida facciata in pietra. Il campanile retrostante è invece datato intorno all'anno Mille.

Ci sono diverse ipotesi sulla costruzione della cattedrale. Secondo alcuni, infatti, il primo edificio religioso cristiano fu realizzato sulla della cripta di San Cleto, fuori dalle mura cittadine. Secondo altri, invece, la prima chiesa fu eretta da san Cleto stesso e intitolata a san Pietro, non troppo distante dall'odierno sito della cattedrale.

Molto probabilmente fu Roberto II di Bassavilla, signore di Ruvo, assieme al vescovo Daniele, a decidere di innalzare definitivamente una cattedrale dopo che la città era stata rasa al suolo dalle invasioni barbariche e dagli eventi bellici del XII secolo. I lavori si conclusero nel XIII secolo.

CONCATTEDRALE DI RUVO DI PUGLIA

Ruvo di Puglia - Largo Cattedrale 1

080 3611169

Tutti i giorni, dalle 9.00 alle 12.00 e dalle 16.00 alle 20.00.

Durata visita: 1 h circa.

Cattedrale di Bitonto

Inizialmente dedicata a san Valentino, di cui conserva le spoglie, la cattedrale fu poi intitolata alla Vergine Assunta. Non si possiedono documenti che ne attestino la fondazione, ma sappiamo che i lavori iniziarono tra la fine dell'XI secolo e gli inizi del XII, durante la dominazione normanna. Maestosa ed elegantissima, la cattedrale è in pietra calcarea, e la facciata, tripartita, è dotata di tre portali, di cui quello centrale è il più maestoso. Proprio l'archivolto di questo portone è una meraviglia di decorazione, con i grifi all'apice delle colonne, le foglie d'acanto a decorare e, al centro, un pellicano, simbolo cristologico. Nella lunetta è rappresentata la resurrezione di Cristo, mentre sull'architrave troviamo gli episodi dell'Annunciazione, della Visitazione, dell'adorazione dei Magi e della Presentazione al Tempio. Bellissimi anche gli archi della facciata meridionale, riportati allo stato originale grazie ai restauri degni anni Trenta. Il sesto arco ospita l'ingresso laterale, anche detto Portale della Scomunica: da lì papa Gregorio IX lanciò l'anatema contro Federico II nel 1227. L'interno è molto suggestivo grazie anche al bellissimo soffitto ligneo a capriate realizzato nell'Ottocento e decorato con disegni policromi.

Segnaliamo il pulpito, realizzato nel XVIII secolo con materiali di spoglio e il magnifico ambone progettato dal Maestro Nicolaus nel 1229. Smembrato nel XVII secolo, venne poi riassemblato con alcune modifiche. In piazza Cattedrale è possibile ammirare anche la Guglia dell'Immacolata, un'opera realizzata come voto per la salvezza della città dal terremoto avvenuto nel 1731.

Santuario della Madonna di Sovereto

Lasciamo Bitonto e, riprendendo la strada verso Ruvo, programmiamo una sosta a Sovereto, piccolissimo borgo poco distante da Terlizzi, che racchiude una storia molto antica. Intorno all'anno Mille, un pastore ritrovò in una grotta un'icona in stile bizantino raffigurante una Madonna nera con Bambino. Intorno a quell'effige è sorto il piccolo santuario, con il culto della Madonna di Sovereto, che si festeggia ogni anno il 23 aprile e, ad agosto, con la Festa Maggiore.

Sovereto è stato luogo di cura e transito di crociati che percorrevano la vicinissima via Appia-Traiana per imbarcarsi a Brindisi verso la Terra Santa e, successivamente, di pellegrini che imboccavano la Via Francigena del sud per raggiungere il Medio Oriente. A Sovereto sorgeva, infatti, un ospedaletto gestito dai Cavalieri dell'Ordine di San Giovanni di Gerusalemme. Molte sono le iscrizioni e le lastre che rievocano quell'epoca e confermano il santuario della Madonna nera come un importante luogo di culto mariano nel barese.

Del complesso originario restano l'abside con monofora e tracce degli affreschi bizantini: qui s'innalza la maestosa pala d'altare proveniente da una chiesa abbandonata, splendida opera in legno intagliato e dorato; sempre qui è custodita l'icona sacra della Madonna nera, santa patrona.

SANTUARIO DELLA MADONNA DI SOVERETO

- Terlizzi - Via Sarcone, 2
- 080 3519442
- www.santamariadisoveretoterlizzi.it
- **Sempre aperto.**
- **Durata visita:** 1 h circa.

Particolare della cattedrale di Ruvo di Puglia.

BARI

"Se Parigi avesse il mare sarebbe una piccola Bari", recita un proverbio barese.

VENERDÌ SERA

Il lungomare di Bari fu inaugurato nel 1927, in epoca fascista: al di là delle ideologie, oggi è un'occasione unica per ammirare con un colpo d'occhio una serie di palazzi in stile tardo Liberty e, allo stesso tempo, respirare l'atmosfera della città, tra i parchi verdi e il panorama sull'Adriatico.

La parte di lungomare più nota comprende via Imperatore Augusto, via Araldo di Crollalanza e via Nazario Sauro, dal porto nuovo al porto vecchio. A metà del percorso, un passaggio nella cinta muraria permette di addentrarsi nella città vecchia. Sul lato interno del lungomare si affacciano alcuni dei palazzi più belli di Bari, tra cui l'Albergo delle Nazioni, il teatro

Bari, lungomare visto dal porticciulo.

Kursaal Santa Lucia e il palazzo della Provincia. Nei vicoli o lungo il porto si possono sentire i profumi invitanti della cucina barese, famosa per la qualità delle materie prime: pesci, molluschi e crostacei sempre freschi di giornata, verdure e legumi di stagione, conditi con il pregiato olio d'oliva extravergine pugliese in un delizioso connubio che non si dimentica facilmente e diventa tratto distintivo.

SABATO

I due edifici storici più importanti della città sono, fuori di dubbio, la chiesa di San Nicola e il castello svevo-normanno, uno dei monumenti in stile romanico più importanti d'Italia.

La basilica non è solo una delle architetture più belle, per i baresi è un luogo identitario: san Nicola non si limita a essere il patrono della città è la città stessa.

Chiesa di San Nicola

Costruita in stile romanico a partire dal 1087, durante la dominazione normanna, l'edificazione della basilica è indissolubilmente legata alle reliquie del santo, trafugate da marinai baresi e giunte in città il 9 maggio 1087. La costruzione della basilica, frutto di almeno tre fasi successive, si concluse nel 1197, data certa, vista l'attestazione di basilica *constructa* su una pergamena del tempo. Considerata uno dei prototipi delle chiese romanico-pugliesi, sorge isolata e splendida con il bianco della pietra che, a poca distanza dal mare, la rende magnifica quando, al tramonto, è illuminata dal sole. La facciata ad archi salienti, semplice e maestosa, è tripartita. Due torri campanarie mozze, di diversa fattura, fiancheggiano la facciata. All'interno, la basilica presenta la classica croce latina. È divisa in tre navate da dodici colonne. Due scaloni, al termine delle navate laterali, conducono nella cripta. Sotto l'altare centrale riposa il corpo del santo. Una delle absidi laterali è destinata al culto ortodosso. Affascinante poi è il miracolo della Manna, una sorta d'acqua oleosa nella tomba del santo come già si formava nella basilica di Myra in Oriente. Per chi crede, questo liquido sgorgherebbe dalle ossa del santo (ma altri dicono venga dai marmi della tomba). Le ossa restano

Bari, interno della basilica di San Nicola.

assolutamente chiuse durante l'anno; la sera del 9 maggio il foro nella cassa viene aperto alla presenza di una grande folla.

BASILICA DI SAN NICOLA

- Bari - Largo Abate Elia, 13
- 080 5737111
- **Tutti i giorni** dalle 6.30 alle 20.30.

Bari sotterranea

Per chi ha voglia di visitare la città da una prospettiva speciale e, allo stesso tempo, toccarne con mano la ricchissima storia, la Bari sotterranea è un percorso guidato notturno che, in compagnia di archeologi accreditati, parte dai sotterranei del castello svevo e attraversa, sotto terra appunto, tutta la città vecchia. Lungo il percorso si può ricostruire la vita di tutta la città: dal primo insediamento, con una capanna che risale all'Età del Bronzo, passando attraverso l'epoca romana e quella gloriosa della capitale dell'Impero bizantino in Occidente, quando chiese cattoliche e ortodosse sorgevano a poca distanza le une dalle altre e tutto intorno si sviluppavano case e botteghe. La visita guidata alla Bari sotterranea lascia intendere che tutta la città vecchia è cresciuta su strati via via successivi: case e chiese sono state costruite sui resti di quelle precedenti e ancora oggi si possono trovare tombe, vasellame e resti di focolari. I sotterranei della chiesa di San Nicola, ad esempio, celano un'ulteriore basilica paleocristiana.

BARI SOTTERRANEA

- Davanti al Castello Svevo
- 080 5242244 (IAT)
- **Ogni domenica** alle 11.00.
- **Tariffe:** biglietto € 15,00.
- **Durata visita:** 2 h circa.
  La visita è solo su prenotazione.
  Prenotare con molto anticipo.

DOMENICA

Lasciamo Bari per scoprire i suoi dintorni, cominciando dal santuario Madonna della Grotta a Modugno, chiesa rupestre, le cui origini si perdono nella notte dei tempi. Immerso nel verde, il santuario è stato costruito su una precedente grotta naturale, incastonata sul fianco sinistro di Lama Lamasinata, in direzione di Carbonara, oggi inglobata nel complesso monumentale duecentesco, gestito dai padri rogazionisti. I reperti archeologici qui ritrovati testimoniano la presenza di monaci basiliani a partire dal IX secolo, fino alle soglie del secolo XI, quando subentrarono i Benedettini che fondarono l'abbazia e rimasero fino al termine del XIII secolo.

Grazie alla sua posizione, nel Medioevo, il santuario divenne meta di pellegrinaggi e punto di transito per i crociati che si dirigevano verso la Terrasanta o facevano ritorno da essa. Intorno al 1125 un monaco cistercense, pellegrino in Terra Santa, scelse questo luogo per fermarsi. Era Corrado Bavaro, attuale protettore della città di Molfetta. Il santo, cresciuto nell'abbazia di Chiaravalle, dove operava il celebre san Bernardo, di ritorno in Puglia decise di rimanere alla Madonna della Grotta, dove si ritirò in preghiera conducendo una vita da anacoreta.

Della sua presenza si conservano il "cunicolo" detto "di san Corrado" e la tomba, nel pavimento musivo del santuario, dove rimase custodito per 170 anni circa fino al 1303, quando i molfettesi lo prelevarono proclamandolo loro patrono.

SANTUARIO MADONNA DELLA GROTTA

Modugno - Contrada Madonna della Grotta, 1

080 5054015

Il santuario è luogo di preghiera **sempre aperto**. Meglio contattare i monaci per una visita.

Concludiamo la giornata, raggiungendo il centro di Modugno per una veloce visita all'Arco dei Santi, nelle immediate vicinanze dell'attuale Palazzo Cesena: un tempo permetteva di raggiungere in modo agevole il castello medievale della Motta. L'Arco, oggi ben restaurato, presenta due belle edicole affrescate, quella del Crocifisso e quella della Madonna del Suffragio.

Modugno, santuario Madonna della grotta.

TARANTO E IL SALENTO

VENERDÌ SERA

L'arrivo a Taranto potrebbe essere difficile: città traumatizzata da cantieri, Ilva e quanto ne è rimasto, tra impatto ambientale e umano.

La Taranto vecchia però è un mito, per raggiungerla è sufficiente attraversare il Ponte Girevole o il Ponte Punta Penna. La zona più antica è concentrata su un'isola e, come tutte le isole, è separata sia storicamente sia geograficamente dalla terra ferma: meriterebbe più amore e cura. Stradine tortuose e cunicoli senza sole si intervallano a palazzi vecchi, sbarrati, addormentati.

Qui si scorge il fascino di un passato importante, ma anche l'amarezza per un futuro ancora solo ipotetico. Nella città vecchia si trovano i resti dell'antico passato di Taranto, che fu anche capitale della Magna Grecia: il tempio di Poseidone (realizzato ancor prima di Siracusa) in piazza Castello. Da non perdere, una visita alla cattedrale di San Cataldo: una meraviglia di origine medievale che contiene le spoglie del santo.

SABATO

La Gran Madre di Dio di Gio Ponti

Taranto è conosciuta come la città dei due mari, per la sua posizione geografica a cavallo del Mar Grande e del Mar Piccolo. È nota anche come città ponte tra un passato strategico e un presente complicato. Un luogo in particolare testimonia la sua voglia di essere una città moderna, con le radici nella cultura antica e cristiana ma con gli occhi nel futuro architettonico: la cattedrale della Gran Madre di Dio. Opera magistrale dell'architetto Gio Ponti, la nuova cattedrale di Taranto nasce dall'esigenza di creare un centro religioso vicino all'asse di espansione della città, che doveva comprendere anche una scuola, un auditorium e alcune abitazioni che non sono mai state realizzate. Ponti ha progettato, tra il 1964 e il 1970, una chiesa moderna, monumentale, ma legata alla tradizione religiosa pugliese. Il richiamo alla modernità è affidato all'uso del cemento bianco; le dimensioni e la grande scalinata con la vasca d'acqua, nella quale l'immagine si riflette, trasmettono quel senso di monumentalità tipico dell'antichità. La facciata sembra una vela che si riflette sulle vasche della piazza, e ciò che le due colonne ai lati del presbiterio sorreggono sono evidentemente due ancore. Un capolavoro; anche l'interno, caratterizzato dall'alternanza tra elementi intonacati di bianco e altri colorati di verde, messa in evidenza dal contrasto tra parti in ombra e parti in luce, è qualcosa di unico, moderno senza essere inespressivo e freddo. L'altare con i due pannelli raffiguranti la Vergine e l'arcangelo Gabriele conferisce alla cattedrale quell'afflato spirituale che, attraverso la luce che invade ogni sua parte, accoglie il visitatore e il fedele nel più grande degli abbracci.

Taranto, cattedrale Grande Madre di Dio.

CATTEDRALE DELLA GRAN MADRE DI DIO

Taranto - Viale Magna Grecia

099 7796931

Tutti i giorni dalle 8.00 alle 12.00 e dalle 16.00 alle 19.00.

Salento

Lasciata Taranto ci spostiamo verso il celebre Salento. Mare, spiagge cristalline, sole tutto l'anno, ma non solo: una terra ricca di storia, crocevia di popoli e culture: sotto la dominazione romana, il Salento conobbe un'importante fioritura di centri urbani, rinnovati nelle infrastrutture e nelle opere pubbliche. Così i Romani potevano usufruire della posizione strategica del porto di Brindisi, che ben prometteva per la conquista della Grecia e dei Balcani. Poi arrivarono i Longobardi e i Bizantini che, nel 757, si accordarono per spartirsi le aree su cui esercitare il rispettivo potere. Da questa distribuzione delle terre sarebbe nata, nel sud della penisola, l'isola linguistica della Grecia Salentina, perché il popolo bizantino favorì l'immigrazione dei Greci. Il IX secolo fu quello dei Bizantini, per arrivare all'anno 1000 con gli Svevi e le loro fortificazioni, e poi gli Angioini in lotta con gli Aragonesi, chiamati in aiuto dagli antichi feudatari normanno-svevi che mal tolleravano la nuova dinastia. Un lungo periodo buio che si interruppe con il periodo borbonico, iniziato nel 1734; poi fu la volta del Regno d'Italia, con le nuove province di Lecce, Taranto e Brindisi sotto il fascismo. Infine, l'emigrazione e l'industrializzazione degli anni Sessanta. Tanto è passato da qui e oltre a vederlo nelle città e nell'architettura, possiamo incontrarne influenze e storie anche nel cibo. La cultura gastronomica è qualcosa di prezioso, da tramandare e difendere, frutto di una terra ricca di prodotti che gli abitanti hanno saputo da sempre trasformare e diffondere. Nel territorio possiamo trovare moltissime aziende agricole, di piccole e grandi dimensioni, che producono ortaggi e frutta, prodotti da forno, formaggi, miele, carni oltre l'olio, i salumi, le frise, i taralli. Per non dimenticare il vino: Negroamaro, Malvasia, Primitivo, Cabernet, Aleatico, Chardonnay, Pinot Bianco, Sauvignon sono alcuni dei vitigni più diffusi in Salento.

DOMENICA

C'è una baia del Salento che ha un nome bizzarro ma, soprattutto, è uno dei luoghi incontaminati, con il mare più bello e cristallino: Punta Prosciutto.

Si trova nei pressi di Porto Cesareo ed è conosciuta per una caratteristica che la rende unica: alle spalle del mare, infatti, si ergono dune secolari, dove la vegetazione tipica della macchia mediterranea è rimasta pressoché intatta, tanto da essere riserva naturale. La "Palude del Conte e Duna Costiera – Porto Cesareo", altro non è che un'area

Suggestiva immagine dall'alto della costa di Punta Prosciutto.

protetta di oltre 600 ettari, istituita nel 2006, dove si possono ammirare specie faunistiche e floristiche preziose e rare, come il martin pescatore e le gallinelle d'acqua, le campanelle palustri e le orchidee di palude.

Dallo splendore del mare, all'opera dell'uomo: a soli 30 chilometri da Porto Cesareo e a 20 da Lecce, sorge Galatina: di origine greca – il nome sarebbe "Galathena", dal greco "gala" cioè latte, con riferimento alla zona feconda, fertile e produttiva di pascoli e di latticini –, ma di splendore cinquecentesco e con una delle chiese più belle d'Italia: la basilica di Santa Caterina d'Alessandria con l'annesso convento e ospedale. La facciata è in stile romanico pugliese, con decorazioni e figure che sembrano ricamate nella roccia. In alto, il rosone centrale con le sue linee semplici e morbide. Se l'esterno della basilica è caratterizzato da una sobria eleganza e da elementi che richiamano il territorio, l'interno lascia senza parole e fa pensare immediatamente alla basilica maggiore di San Francesco d'Assisi. Gli affreschi sono ovunque così ricchi di dettagli che sembrano volerci portare per mano fra le storie che raccontano. In alto, la raffigurazione della costruzione della torre di Babele, con antichi strumenti medievali; poco più avanti, ecco Adamo ed Eva mentre mangiano il frutto del peccato, che non è la classica mela, ma un frutto più mediterraneo: il dattero. I dipinti che sovrastano il visitatore raccontano la vita di santa Caterina ma anche quella di Gesù, e le storie della Genesi e dell'Apocalisse: una Bibbia illustrata. Non si sa chi possa essere l'autore di questa meraviglia, forse diversi artisti, provenienti da tutta Italia.

Galatina, affreschi della chiesa di Santa Caterina d'Alessandria.

BASILICA DI SANTA CATERINA D'ALESSANDRIA

Galatina - Via Raimondello Orsini, 6

Tutti i giorni dalle 8.30 alle 12.30 e dalle 15.30 e dalle 17.20.

Possiamo concludere la visita della bella Galatina con una nota dolce: una sosta alla pasticceria Ascalone e la degustazione del migliore pasticciotto pugliese.

LECCE

Lecce è la città che non ti aspetti, fuori dagli stereotipi del sud, dove si mangia bene, si beve bene ma si vive anche bene. Bella, curata e dalla grande storia, con una vocazione turistica incredibile, sviluppatasi soprattutto negli ultimi anni, quando il turismo si è fatto più internazionale e ricercato.

VENERDÌ SERA

Dicono che Lecce sia la Firenze del sud ma, anche senza il bisogno di ulteriori definizioni, la Lecce da visitare innanzitutto, appena giunti, vive nelle viuzze del centro storico, ricche di storia e arte: con i resti d'epoca romana, l'Anfiteatro e il teatro , ma soprattutto è nota per il peculiare stile barocco, ribattezzato "barocco leccese" proprio perché rivisitato qui in maniera del tutto nuova e originale.

Tale stile, sviluppatosi nel Seicento sotto la dominazione spagnola, si distingue per gli ornamenti sfarzosi che arricchiscono le facciate degli edifici, decorazioni squisitamente pittoresche realizzate grazie all'impiego della pietra tipica del territorio, chiamata anche "pietra gentile".

Lecce, palazzo e antica arena.

SABATO

Il duomo

Dedicare un solo giorno a Lecce è un peccato: la città è facilmente visitabile ma dispiace doverla abbandonare tanto presto. Consigliamo quindi di attraversare almeno il centro con calma, soffermandosi sui particolari, godendosi un caffè o un bicchiere di vino, ammirando le porte, attraversando la piazza del Duomo, con al centro la statua di sant'Oronzo accompagnato da san Giusto e san Fortunato – a questi è dedicata la festa patronale della durata di tre giorni, che si tiene il dal 24 al 26 agosto –: un trionfo di barocco leccese. Sulla piazza si affaccia la cattedrale di Santa Maria Assunta con il celebre campanile, i palazzi del vescovado e del seminario. Il cortile del palazzo del seminario ospita il famoso pozzo del Cino: eseguito nel 1709 dal Cino, adornato con ramoscelli e foglie di pietra, raspi d'uva, angioletti e ghirlande.

Merita una visita, ovviamente, il duomo, dedicato a Maria Santissima Assunta, costruito una prima volta nel 1144, poi nel 1230, quindi riedificato, per volere del vescovo Luigi Pappacoda, dall'architetto leccese Giuseppe Zimbalo a partire dal 1659. È la sede della cattedra dell'arcivescovo della città, nonché della sua metropolia. Il duomo ha tre facciate, in corrispondenza di altrettanti ingressi; quella che si vede frontalmente non è la principale, bensì la secondaria, che immette nella navata laterale sinistra. Solo svoltando l'angolo si può ammirare quella principale, mentre la terza si affaccia su Vico dei Sotterranei. La navata centrale è caratterizzata da dodici grandi pilastri; il pavimento in marmo scaccato di bianco e nero fu realizzato nel 1904 da vari artisti napoletani diretti dal cavalier Nasti su commissione di monsignor Gennaro Trama (1902-1927) di cui si ammira, al centro, lo stemma realizzato in graniglia. Molto interessante la cripta dedicata a Santa Maria della Scala con pianta a croce greca a 3 navate, 54 colonne e 38 semicolonne monolitiche con base attica, fusto rotondo e capitelli romanici a dado, risultanti da un cubo arrotondato ai quattro angoli inferiori.

CHIESA DI SANTA MARIA ASSUNTA

Lecce - Piazza del Duomo

083 2308557

Da aprile a ottobre, dalle 9.00 alle 21.00; **da novembre a marzo**, dalle 9.00 alle 18.00.

Porta Napoli e i Giardini

Uscendo da Piazza del Duomo, proseguiamo su Via Palmieri, per circa 600 metri, e ci troviamo davanti a Porta Napoli, un arco di trionfo che si innalza per ben 20 metri. Dedicata a Carlo V, possiede una struttura architettonica austera e due colonne corinzie per lato, con al centro del frontone uno stemma in onore del re. Da qui, proseguendo su

Salento, Santa Cesarea Terme.

via Principe di Savoia e svoltando alla terza traversa a destra, raggiungiamo palazzo dei Celestini e la basilica di Santa Croce. Ci vuole una pausa: i giardini pubblici di Lecce sono situati a pochi passi dalla basilica di Santa Croce e si estendono su circa 34 mila mq, con percorsi selciati, aiuole, busti di personaggi illustri locali e nazionali, alberi e giostre per i più piccoli. Possiamo impegnare il pomeriggio passeggiando nel centro storico, dove non mancano negozi e locali, librerie indipendenti e pasticcerie storiche, per poi concludere la nostra visita in piazza Sant'Oronzo, fulcro della vita cittadina, riassunto della storia della città: lì ci attendono l'Anfiteatro Romano, la colonna del santo, alta 29 metri, i palazzi di varie epoche che si affacciano sulla piazza e il Sedile cinquecentesco, parte di un grande palazzo che ospitava gli uffici del rappresentante locale del Re. Un ultimo sfizio? Un pasticciotto al Caffè Alvino, storico bar della piazza.

DOMENICA

Lasciando Lecce in direzione Brindisi, possiamo visitare un luogo unico, riportato recentemente alla vita grazie all'impegno del FAI: l'abbazia di Cerrate. Leggenda vuole che l'abbazia sia stata fondata in seguito a una visione avuta da re Tancredi d'Altavilla, conte di Lecce, a cui apparve l'immagine della Madonna, dopo che egli era entrato in una grotta inseguendo una cerbiatta. Storicamente, la fondazione è attestata tra la fine dell'XI e gli inizi del XII secolo, quando Boemondo d'Altavilla, figlio di Roberto il Guiscardo, insediò un cenobio di monaci greci, seguaci della regola di san Basilio Magno: essi erano riparati in Salento per sfuggire alle persecuzioni iconoclaste di Bisanzio. Sorta in prossimità della strada romana che univa Brindisi con Lecce e Otranto, l'abbazia viene ampliata fino a divenire uno dei più importanti centri monastici dell'Italia meridionale. Nel 1531, passato sotto il controllo dell'Ospedale degli Incurabili di Napoli, il complesso comprendeva, oltre alla chiesa, stalle, alloggi per i contadini, un pozzo, un mulino, due frantoi ipogei.

Dal Settecento al Novecento, l'abbazia venne completamente abbandonata, fino a quando la Provincia di Lecce, nel 1965, affidò i lavori di restauro all'architetto Franco Minissi. Quindi, attraverso un bando pubblico promosso dalla Provincia di Lecce, nel 2012 il complesso viene affidato al FAI. La storia fa solo da cornice a questo luogo, che è di una bellezza incantata, immerso nella campagna agricola, dove si fondono l'architettura e gli affreschi bizantini con gli arredi e gli oggetti della tradizione contadina.

ABBAZIA DI SANTA MARIA DI CERRATE

- Casalabate (LE) - SP 100 Squinzano, km. 5.900.
- www.fondoambiente.it/luoghi/abbazia-di-santa-maria-di-cerrate
- 0832 361176
- **Nei mesi estivi, aperto tutti i giorni** dalle 9.30 - 13.00 e dalle 15.30 - 19.30. **Visite guidate tutti i giorni** alle 10.00, 11.30, 16.00 e 17.30. **In settembre e ottobre, da martedì a domenica** dalle 10.00 alle 18.00. **Visite guidate da martedì a domenica** alle 10.00, 11.30 e 16.00.

Scorcio marittimo.

MILETO VIBO VALENTIA

La Calabria è terra dura e affascinante nel medesimo tempo, di una bellezza ruvida, che attrae proprio per questa forza atavica e senza tempo.

VENERDÌ SERA

Città famosa nell'antichità per la sua vita intellettuale, artistica, economica e politica, poi capitale normanna, oggi Mileto è un piccolo borgo situato in un'area pianeggiante tra il gruppo montuoso del Monte Poro e la città di Vibo Valentia. È perfetta come punto di partenza per conoscere la bellissima Calabria. L'area di "Mileto Vecchia" è l'unico Parco archeologico medievale esistente nella regione, mentre l'antica cattedrale, nella quale si fondevano l'architettura normanna con la cultura bizantina e musulmana, andò distrutta nel terremoto del 1783 che rase al suolo l'intera città.

Vibo Valentia, certosa di Serra San Bruno.

SABATO

Raggiungiamo Serra San Bruno attraverso la SP 110, strada che attraversa la Calabria dal tratto ionico a quello tirrenico, tra le Serre Calabresi. Nella cittadina di Serra San Bruno è situata la Certosa omonima, nota anche come Certosa dei Santi Stefano e Bruno. Abbazia che affonda le sue origini nel lontano 1091, quando giunse in Calabria il santo eremita fondatore della prima Certosa, culla dell'ordine monastico dedito al silenzio e alla contemplazione. Bruno fondò l'eremo di Santa Maria e il monastero proprio dove ora sorge la stupenda struttura, immersa nel verde dei boschi del Parco Naturale Regionale delle Serre. Più volte danneggiata da terremoti, oggi si conserva solo parte dell'originaria architettura gotica: il complesso attuale è di matrice otto-novecentesca, ma è ugualmente interessante ed è meta di fedeli provenienti da tutto il mondo. Possiamo scoprirne la storia nel museo, ospitato all'interno della Certosa insieme a una pregevole biblioteca.

CERTOSA DI SERRA SAN BRUNO

Serra San Bruno - P.le Santo Stefano, 1

0963 71253

Martedì - domenica 10.00 - 18.00.

DOMENICA

La provincia di Vibo Valentia rappresenta il cuore della Calabria, equidistante da Reggio a sud e da Cosenza a nord. Vibo fu fondata dai locresi che le diedero il nome di "Hipponion", ed è affacciata su una costa meravigliosa: la Costa degli Dei. Il centro storico di Vibo Valentia vale una visita e ancora di più la Costa degli Dei dove si trovano spiagge bellissime e alcune delle località di mare più apprezzate della regione. Il centro storico della città è un ricco intreccio di chiese, monumenti e edifici medievali, barocchi e ottocenteschi. Possiamo camminare lungo corso Umberto I, ammirare il bellissimo portale di marmo di Santa Maria La Nova e, dal Belvedere Grande, godere del panorama che abbraccia la costa tirrenica da Capo Palinuro a Messina. Un momento speciale possiamo dedicarlo alla visita della chiesa di San Michele Arcangelo, che rappresenta un raro esempio di architettura rinascimentale nel sud Italia.

Abbiamo notizie di questa antica chiesa già nel 1519, quando il vescovo di Mileto, Andrea Della Valle, la elevò a parrocchia. Il campanile risale al 1671 su probabile disegno del celebre architetto senese Baldassarre Peruzzi, a torre quadrata, con tre ordini sovrapposti. Il terremoto del 1783 lo ha privato della cuspide che ospitava un prezioso orologio, il cui meccanismo è oggi conservato nel museo della città.

Lasciando Vibo, possiamo dirigerci verso San Gregorio d'Ippona, piccolo centro le cui origini risalgono probabilmente al IV secolo a.C, ricchissimo di aree archeologiche che hanno portato alla luce numerosi reperti storici risalenti al periodo della Magna Grecia. Qui possiamo visitare la chiesa di Santa Ruba che sorge tra il verdeggiare degli ulivi. Secondo la tradizione, fu costruita attorno all'anno Mille per volere di Callisto II, poi venne ampliata per ospitare i monaci basiliani che vi sarebbero rimasti fin oltre il XVI secolo. Molto danneggiata dal terremoto del 1908, è stata abbandonata per poi, fortunatamente, essere recuperata e restaurata nel 1977. Al suo interno è costudita la statua della Madonna della Sanità e da poco è stata elevata a santuario mariano con il titolo di Maria Santissima della Salute.

SANTUARIO MARIANO DI SANTA RUBA

San Gregorio d'Ippona - SS 182

CATANZARO

Catanzaro non ha fama di essere città turistica ma, a nostro parere, merita una riscoperta, a cominciare da quella che è forse la sua unicità: il Parco della Biodiversità Mediterranea, cui si accompagnano anche il parco di Villa Margherita e Villa Trieste. Da riscoprire anche la Catanzaro "città di mare".

VENERDÌ SERA

Il Parco della Biodiversità, area verde della città, si estende per 60 ettari nel cuore di Catanzaro. Nasce dalla riqualificazione ambientale della vecchia azienda della Scuola Agraria, rimodellata nello spirito del rispetto e della valorizzazione della biodiversità. Oggi il Parco è un ecosistema in cui convivono grandi varietà di fiori e di animali: nel 2005 è stato aperto il Centro di recupero degli animali selvatici. Nell'area del Parco sono ospitate anche numerose importanti installazioni artistiche, con opere di Dennis Oppenheim (*Electric Kisses*), Tony Cragg (*Cast glance*), Jan Fabre (*De man de wolken meet*/L'uomo che misura le nuvole), Mimmo Palladino (*Testimoni*), Wim Delvoye (*Betoniera*), Marc Quinn (*Totem*), sette sculture in ferro del ciclo *Time Horizon* di Antony Gormley e un dittico in bronzo dipinto di Stephan Balkenhol.

PARCO DELLA BIODIVERSITÀ MEDITERRANEA

Catanzaro - Via Vinicio Cortese 1

0961 782899

Sempre aperto: in inverno dalle 6.30 alle 23.00, **in estate** fino a mezzanotte.

SABATO

La città di Catanzaro sorge su tre colli: San Tritone o San Rocco, del Vescovado, del Castello o di San Giovanni, inclusi nello stemma cittadino. Il centro storico, sopravvissuto a terremoti e guerre, ha come simbolo la Fontana del Cavatore (o Il Cavatore), rappresentazione della forza e della tenacia della sua gente. Scolpita da Giuseppe Rito nella seconda metà del XX secolo, è realizzata in bronzo su base di granito e si trova incastonata nel complesso monumentale di San Giovanni, confinando con

Piazza Matteotti. Il complesso di San Giovanni sorge sul colle omonimo, il più alto fra i tre, dove sotto la dominazione di Roberto il Guiscardo, venne edificato un castello (1070) munito di cinta muraria, torri merlate e una corte interna dalla quale si accedeva agli alloggi della guarnigione e al palazzo comitale. Quel castello, parzialmente distrutto nel XV secolo, venne trasformato in ospedale, nel maggio del 1589, dalla Congregazione dei Bianchi di Santa Croce, che già si occupava di assistere gli infermi. Dopo vari crolli, solo nel 1986 si avviarono i lavori per il recupero strutturale del complesso, che oggi è una grande area espositiva. Da piazza Matteotti a piazza Grimaldi, dove si trovano alcuni palazzi nobiliari (Palazzo Riso, Mancusi, Menechini e De'Nobili), lasciando il centro, possiamo scendere verso Catanzaro lido: la lunga spiaggia sul Mar Ionio risplende al sole mentre passeggiamo fino al porto e alla sua diga artificiale da dove si possono ammirare splendidi tramonti. Lungo la statale Jonica che costeggia la costa troviamo il Parco Archeologico di Scolacium, a cui possiamo dedicare il pomeriggio, prima di una piacevole serata, magari a Squillace, nel cuore della Costa degli Aranci.

Parco Archeologico di Scolacium

L'area faceva parte dei possedimenti dei baroni Mazza e, prima ancora, dei Massara di Borgia, proprietari di un'azienda per la produzione di olio. Il sito è immerso in un uliveto secolare che costituisce il polmone verde della provincia di Catanzaro. La visita al Parco Archeologico consente di ricostruire la storia dell'insediamento cittadino e dei dintorni: già colonia greca, la leggenda racconta che fondatore fu Menesteo, re di Atene, l'ecista di Skylletion. In realtà, la fondazione risale al VI-V secolo a.C. a opera di coloni greci provenienti da Atene o da Crotone. La colonia romana di Scolacium, con i suoi imponenti resti, è la protagonista del percorso di visita e rappresenta un unicum nel panorama archeologico calabrese. Dedotta nel

Golfo di Squillace, Punta Staletti.

Borgia, Parco Nazionale Archeologico di Scolacium, vista aerea della basilica di Santa Maria della Roccella.

123-122 a.C., fu interessata da interventi di sistemazione della parte urbana e dell'intero territorio attraverso la divisione delle parcelle coltivabili (centuriazione). Oggi possiamo ancora vederne il Foro, con la sua singolare pavimentazione in laterizio che non ha eguali in tutto il mondo romano, e i resti di alcuni edifici, tra cui la Curia, il Cesareum e il Capitolium. Poco distante dalla piazza è il teatro da 3500 posti, adagiato, alla maniera greca, su una collina naturale, insieme ai resti dell'unico anfiteatro romano in Calabria.

La città era anche dotata di terme, due acquedotti, fontane e necropoli. La vita della colonia terminò intorno al VII-VIII secolo d. C., quando la popolazione si spostò prima sulle alture e poi fino all'odierna Squillace, a causa di fenomeni di impaludamento che rendevano l'area inospitale. Il Parco conserva resti architettonici che testimoniano la frequentazione del sito fino al XII secolo: in particolare quelli dell'imponente basilica normanna, che accoglie e stupisce i visitatori e che suggerisce l'importanza del luogo, nodo cruciale per le vie di comunicazione e per i rapporti con il territorio, anche in epoca medievale. La visita si conclude con un interessante percorso di archeologia industriale: è ancora intatto il frantoio, costruito nel 1934 dalla famiglia Mazza.

MUSEO E PARCO ARCHEOLOGICO NAZIONALE DI SCOLACIUM

- Borgia - Via Scylletion
- 0961 391356
- www.musei.calabria.beniculturali.it
- **Tutti i giorni,** dalle 9.00 alle 20.00.

DOMENICA

"Lunghe ore di sogno con un panorama di meravigliosi scenari incantati", scriveva Bernard Berenson parlando della Calabria. Uno di questi sogni potrebbe essere il piccolo borgo di Badolato. Siamo nel tacco della penisola, lato ionico. Possiamo raggiungere Badolato da Catanzaro in circa un'ora, percorrendo la strada statale Jonica. Badolato, chiamato anche il Borgo degli Angeli, ha una storia di successo: abbandonato negli anni Settanta da quasi tutti gli abitanti (erano rimaste meno di 400 persone, dopo aver toccato, in passato, le 4000 unità), nel 1986 il quotidiano "Il Tempo" pubblicò l'articolo "Badolato, paese in vendita in Calabria", firmato da Mimmo Lanciano. Queste righe fecero il giro del mondo e arrivarono svizzeri, tedeschi, americani, inglesi, magnati, imprenditori, emiri ad acquistare edifici e antichi casali.

Poi vennero gli anni Novanta con il fenomeno, iniziato nell'agosto del 1997, della prima ondata migratoria, di cui furono protagoniste ottocento persone, quasi tutte curde, in fuga dalla guerra. Un bis ci fu poco prima di Natale. L'allora sindaco Gerardo Mannello si prese cura di 400 uomini, prima sistemandoli nelle tende allestite al centro sportivo e poi ospitandoli nelle case disabitate del borgo, messe a disposizione dalla generosità dei cittadini. Nel borgo ne sono rimaste una ventina, mentre il Centro per i rifugiati di Badolato continua il proprio lavoro con i nuovi arrivati, seguendo la stessa filosofia di integrazione. Oggi Badolato è un "paese albergo" nella migliore delle accezioni, in grado di trasmettere a visitatori e turisti l'esperienza della Calabria più vera, delle tradizioni e dell'enogastronomia. Il borgo è molto suggestivo, caratterizzato da un impianto bizantino, con il cuore nel centro storico con e le sue 14 chiese disposte sui quattro lati come a protezione. Gli angeli che danno il nome al borgo sono quelli del convento francescano di Santa Maria degli Angeli che si erge su una piccola collina (Petta degli Angeli) di fronte a Badolato. La fondazione del convento risale al 1603, quando papa Clemente VIII concesse la licenza. Nel 1736 i Francescani lo rilevarono e fecero erigere un campanile a torre. Al suo interno racchiude dei tesori preziosissimi, come un crocefisso ligneo settecentesco, un pergamo pensile della medesima età e un coro ligneo. Qui, dal 1987, vive una comunità di Mondo X, associazione fondata negli anni Sessanta da padre Eligio Gelmini. I ragazzi accolti da Mondo X vengo da situazioni difficili e qui possono trovare equilibrio e pace ma, soprattutto, un posto proprio nel mondo. Si occupano del giardino e dell'orto, del bestiame ma anche di artigianato e falegnameria. Sono angeli anche loro, in un processo di reintegrazione, di accoglienza e comprensione che, come i tesori nascosti di Calabria, ha bisogno di tempo e pazienza.

CONVENTO FRANCESCANO DI SANTA MARIA DEGLI ANGELI

- Badolato - Strada Provinciale, 136
- 0967 85021
- **Tutti i giorni** 10.00 - 12.00 / 15.00 - 18.00; **la domenica** fino alle 17.00.

PAOLA COSENZA

Città antica, spirituale, molto amata e frequentata, Paola è il punto di partenza di un weekend all'insegna del riposo e della preghiera. Da qui sono passati Greci, Romani, Svevi e i marchesi di Fuscaldo, che la governarono per circa tre secoli. Nel XV secolo la cittadina vide anche le gesta di Francesco d'Alessio, da tutti conosciuto come Francesco di Paola, che sarebbe stato poi proclamato santo dopo la morte avvenuta in Francia, nel 1507. La storia della città s'intreccerà sempre di più con le vicende di questo frate eremita che ottenne, per santità e per saggezza, grande fama a livello europeo.

VENERDÌ SERA

Paola è mare e montagna. Del suo centro storico, a cui possiamo dedicare una bella passeggiata serale, non possiamo perdere la monumentale Fontana dei Sette Canali, realizzata da artigiani locali, nel 1636.

La Fontana si apre come un grande ventaglio, a ricordare la coda del pavone, simbolo della città, e ha due bracci decorati da sette riquadri, che rappresentano i sette miracoli più celebri della vita di san Francesco.

Sotto ogni ritratto è posto un protome in pietra della cui bocca sorga l'acqua che poi viene canalizzata in una vasca semi circolare, sopra la quale vi è un ottavo grande riquadro con il ritratto del santo. Sopra il quadro sono posti lo stemma della famiglia Spinelli, ai due lati e al centro un pavone.

Numerose sono le chiese del centro storico: tra tutte vogliamo citare quella di Sottoterra, una delle più antiche della Calabria, edificata intorno al VIII secolo e oggi sovrastata dalla chiesa del Carmine.

Riscoperta nel 1876 è stata ritenuta da diversi studiosi una cripta: si tratta di un edificio a navata unica, sormontato da una volta a botte, suddivisa da tre archi in quattro campate, e con un'abside semicircolare.

Gli affreschi, figure bibliche dai colori vivaci, sono ritenuti i più antichi dipinti della Calabria cristiana.

SABATO

Santuario di San Francesco di Paola

È uno dei luoghi di fede e cultura più visitati del Sud Italia e in particolare in Calabria. La fama del santo protettore della Calabria è nota in tutto il mondo e ogni anno, in occasione dei festeggiamenti a lui dedicati (dall'1 al 4 maggio), migliaia di fedeli accorrono a rendergli omaggio. Il santuario di San Francesco di Paola risale al XV secolo, attorno agli anni 1435-1452, quando Francesco maturò l'idea di realizzare una piccola chiesa come luogo di preghiera per gli eremiti e per i fedeli che vi giungevano. Questo primitivo edificio oggi fa parte dei sotterranei del convento, formato da un antro rettangolare, con volta a botte, tramezzato da due archi rudimentali a tutto sesto e con un semplicissimo altare. Questo luogo è stato riscoperto solo in anni recenti: infatti, nel 1929, il solaio della cucina del convento sprofondò, e così si giunse a scoprire i ruderi del primitivo romitorio, che era dimenticato fin dall'occupazione francese del 1809. Già il santo aveva dato il via ai lavori di ampliamento della chiesa: tra il 1469 e il 1474 venne aggiunta una larga navata, con doppia volta a crociera, in senso trasversale rispetto alla primitiva chie-

Paola, santuario di San Francesco di Paola.

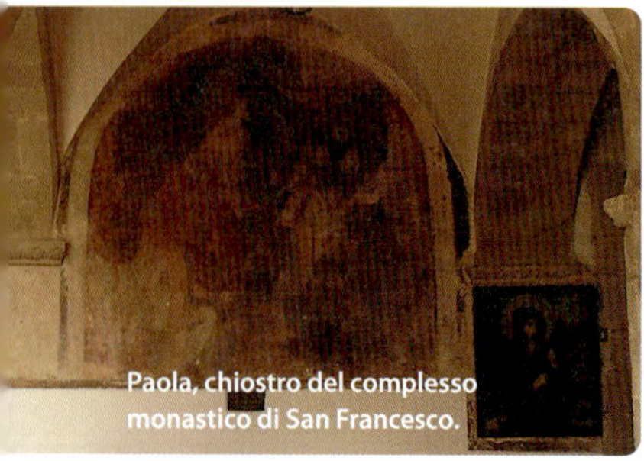
Paola, chiostro del complesso monastico di San Francesco.

sa, oltre a una navata minore a destra. L'ingresso fu spostato, creando quello attuale. La nuova chiesa venne dedicata a Santa Maria degli Angeli. La facciata è stata portata a termine solo nel Seicento, mentre l'interno, composto da un'ampia aula principale piuttosto spoglia e da un'unica navata laterale a destra, lungo la quale si aprono quattro cappellette, ha il suo culmine nella sontuosa cappella barocca che custodisce le poche reliquie di san Francesco pervenute a Paola, fra cui alcuni suoi abiti e frammenti di ossa.

Qui però restano le testimonianze di cinque dei miracoli del santo: il macigno all'ingresso della basilica, una grossa pietra che simboleggia la guarigione di un infermo che guarì portando il masso dal mare fino al santuario, man mano che camminava; la fornace utilizzata da san Francesco per far cuocere il materiale necessario alla costruzione della basilica e del convento (si narra che il santo entrò egli stesso nella fornace ardente per ripararla, e ne uscì illeso); la Fonte della Cucchiarella, che ricorda il miracolo secondo il quale questa fonte fu fatta sgorgare dal santo per dissetare gli operai che lavoravano alla costruzione del santuario; il Ponte del Diavolo, forse l'elemento più sugge-

Cosenza, rocca imperiale.

stivo: secondo la leggenda fu costruito dal diavolo in persona per ordine del santo; in cambio avendo chiesto il diavolo l'anima del primo passante, san Francesco chiamò un cagnolino.

E il diavolo adirato tirò un calcio al parapetto a sinistra, provocando un foro nel centro del ponte oltre a poggiarsi sulla parete a destra lasciandovi un'impronta; l'ultimo miracolo riguarda la bomba, conservata in una cavità del muro, che cadde nel torrente durante i bombardamenti del 1943 e che rimase inesplosa.

SANTUARIO DI SAN FRANCESCO DI PAOLA

Paola - Largo San Francesco

0967 85021

Tutti i giorni 10.00 - 2.00 / 15.00 - 18.00. **Domenica** fino alle 17.00.

Concludiamo il sabato con una visita al borgo di Luzzi, grazioso comune posto su una collina, tra i torrenti Ilice e San Francesco, luogo molto accogliente in particolar modo per le proposte enogastronomiche.

DOMENICA

Sarà un'intera giornata dedicata a Cosenza, un'altra delle città del sud Italia da riscoprire: pare sia chiamata l'Atene italiana e, disposta su sette colli, è circondata da un territorio vasto ed eterogeneo; a sud confina con il massiccio del Pollino, comprende zone collinari e vallate, fiumi e torrenti ed è bagnata da due mari, lo Ionio e il Tirreno. I palazzi, le chiese e il centro storico della città testimoniano ancora il suo grandioso passato. Possiamo iniziare la nostra visita dal castello svevo che svetta sul colle del Pancrazio. Edificato dai Saraceni dopo l'anno 1000, nel corso della sua lunga vita fu modificato e restaurato più volte. Da qui si può godere dell'incredibile vista su Cosenza e sulla Sila.

Dedichiamoci a questo punto al duomo, la cattedrale di Santa Assunta. Costruito in stile gotico cistercense conserva arredi, dipinti e affreschi bellissimi. Tra questi spicca il sepolcro di Isabella d'Aragona, finemente lavorato nel XIII secolo. Il duomo e tutto quello che custodisce sono Patrimonio dell'Umanità UNESCO.

STILO SEMINARA REGGIO CALABRIA

Stilo è un piccolo borgo che deve la sua fama al più celebre e discusso dei suoi figli: Tommaso Campanella. È un vero gioiello che un tempo accoglieva gli eremiti e i monaci basiliani che abitavano le grotte circostanti.

VENERDÌ SERA

Una bella passeggiata ci porta lungo il Corso, tra i palazzi borghesi, le case popolari tra cui troviamo appunto quella del filosofo, teologo e poeta, autore de *La città del Sole*. La vera chicca di Stilo è La Cattolica, piccola chiesa bizantina a pianta centrale di forma quadrata, che si trova alle falde del monte Consolino. Datata tra l'ultimo quarto del X e l'inizio dell'XI secolo, la Cattolica è quasi universalmente riconosciuta come opera bizantina: lo si evince dalla muratura in mattoni, dalla pianta a croce greca, dalle cinque cupolette che si innalzano sui tamburi

Stilo, chiesa bizantina La Cattolica.

Rovine del castello di Mezzatesta a Seminara.

cilindrici e dal nome "cattolica", legato al rito greco. Non a caso Stilo ha rappresentato nei secoli il più importante centro bizantino della Calabria meridionale. Nel 2009 venne realizzato, a opera della soprintendenza, un "parco della Cattolica", ovvero di un'area attrezzata dove i visitatori avessero la possibilità di fermarsi.

SABATO

Seminara

"La cittadina più ricca di scultura cinquecentesca di tutta la Calabria", così è stata definita la città di Seminara, a cui dedichiamo la giornata di sabato. Se fossimo stati qui tra il Cinquecento e il Seicento avremmo contato ben 33 chiese e 8 monasteri; poi i terremoti del 1783 e del 1908 danneggiarono irreversibilmente molti di questi.

Nel Medioevo, Seminara divenne la fortezza più imponente della Calabria tirrenica meridionale, e i resti delle mura di cinta sono visibili ancora oggi nella zona del Borgo, mentre nella cittadella medioevale si notano i resti del cinquecentesco Castello Mezzatesta. Seminara è anche il paese della ceramica, e numerose sono le botteghe artigiane che si affacciano sulla via principale.

Santuario della Madonna dei Poveri

Nella nostra visita alla scoperta del patrimonio storico-artistico della città ci fermiamo al santuario della Madonna dei Poveri. La chiesa ha una struttura maestosa con pronao e doppia torre campanaria, ed è suddiviso in tre navate da due fila di archi, ciascuna delle quali è sorretta da colonne rivestite in

Reggio Calabria, villa liberty e scultura di Paola Epifani.

marmo policromo con in alto capitelli finemente scolpiti. Qui è conservata una statua in legno della Madonna, coronata d'oro, proveniente dall'antica città di Tauriana e collocata sull'altare maggiore: questa Madonna è la più antica statua lignea della Calabria e il suo culto è talmente radicato che ogni anno, il 14 agosto, sono migliaia i credenti che accorrono a Seminara per partecipare alla festa in suo onore.

SANTUARIO DELLA MADONNA DEI POVERI

Seminara - Corso Barlaam, 87
0966 378671
Sempre aperto.

DOMENICA

Forse un giorno è poco per visitare tutta la città, capoluogo della Regione, poiché gli spunti di viaggio qui non mancano: natura, cultura, enogastronomia, tradizioni e storia sono le parole chiave di questa terra.

Potremmo dedicare la mattina della domenica a una passeggiata sul Lungomare Italo Falcomatà, con le sculture riccamente colorate di Paola Epifani, in arte Rabarama, e i tratti liberty della bellissima villa Genoese Zerbi. E ancora l'arena dello stretto che riprende il modello dei teatri greci e sorge in luogo del molo di Porto Salvo, distrutto dal terremoto che colpì le città di Reggio e Messina nel 1908. Il molo era un forte simbolo della città reggina: lì era approdato il re Vittorio Emanuele III il 31 luglio del 1900. In qualche modo, qui si fondono il passato e il presente della città.

Torniamo nel centro storico per visitare il duomo, uno dei più grandi edifici di culto della Calabria, dedicato a Santa Maria Assunta in Cielo. La cattedrale si presenta in stile neo-romanico, secondo i canoni della tradizione architettonica italiana, ma con caratteristiche proprie, che ne fanno un complesso originale, di notevole solennità, in particolare la facciata, divisa in tre settori da quattro torrette, con i tre portali di bronzo (1988), inaugurati in occasione del XXI Congresso Eucaristico Nazionale, svoltosi a Reggio: è qualcosa di unico nel suo genere.

Il portale sinistro dedicato alla Madonna della Consolazione è di Biagio Poidimani; il portale destro, Apostolato di Paolo, è di Nunzio Bibbò; il portale centrale, dedicato a Maria SS. Assunta è di Luigi Venturini ed è protetto da un protiro poggiante su fasci di colonne. All'interno, da non perdere, la cappella del SS. Sacramento del 1539, magnifica per intarsi marmorei e la tela raffigurante la Madonna della Consolazione, patrona principale della città. L'opera di Nicolò Andrea Capriolo, risalente al 1547, raffigura la Vergine in trono, con in braccio il bambino, affiancata dai santi Antonio da Padova e Francesco d'Assisi: è molto venerata dai reggini e, ogni anno, dal secondo sabato di settembre, resta esposta alla venerazione dei fedeli in cattedrale fino all'ultima domenica di novembre, quando, processionalmente e in modo solenne, viene riportata alla basilica dell'eremo, sua sede naturale.

Un'ultima delizia, in tutti i sensi, prima che arrivi la sera: il Museo del bergamotto. Voluto dal professor Vittorio Caminiti per permettere di conoscere e tramandare la storia, gli utilizzi e le tecniche legate a questo agrume tanto tipico di queste terre. Usato in cucina e in cosmesi, il succo del bergamotto oggi è molto apprezzato e diffuso. Grazie a questo museo possiamo conoscerne la storia dell'estrazione, la commercializzazione e i segreti.

Tempesta sullo stretto di Messina vista da Reggio Calabria.

PALERMO MONREALE GIBELLINA

Palermo è stata città fenicia, greca e romana, capitale araba, terra di conquista per Normanni, Svevi e poi Francesi e Spagnoli. Secoli di storia e di dominazioni hanno segnato il capoluogo siciliano, città dai mille volti, crocevia di popoli, amalgama di culture e tradizioni diverse. Nella città convivono armoniosamente cupole arabe, chiese dal gusto barocco, palazzi in stile liberty, teatri neoclassici, settecenteschi spazi verdi e brulicanti mercati storici, simili ai suk arabi. Si tratta di una città meravigliosa, piena di monumenti, chiese e opere d'arte, martoriata da gravi problemi sociali che si trascinano da tantissimo tempo. Un'evidente contraddizione che finisce per costituire ulteriore motivo di fascino, perché le difficoltà materiali non hanno mai messo in discussione il senso di comunità e attaccamento alla propria terra. Palermo è un rompicapo sociologico, ma allo stesso tempo una città bellissima da visitare. Non a caso, nel 2015, il centro storico cittadino è stato dichiarato Patrimonio dell'Umanità.

VENERDÌ SERA

Una passeggiata serale per la città non lascerà delusi coloro che transitano per piazza Pretoria, dove fa bella mostra di sé la monumentale Fontana Pretoria, circondata da splendidi palazzi, tra cui quello omonimo, e le chiese di San Giuseppe dei Teatini e di Santa Caterina. La storia della Fontana Pretoria è piuttosto singolare, dal momento che era destinata ad abbellire un giardino di Firenze, per la precisione quello di Luigi di Toledo che aveva commissionato all'architetto Francesco Camillani la realizzazione dell'opera. Camillani la terminò nel 1554 ma, nel 1573, la fontana fu venduta al Senato di Palermo – si dice – per far fronte ai debiti accumulati dalla nobile famiglia spagnola. Il trasporto da Firenze a Palermo fu abbastanza complicato. Alcuni pezzi rimasero a Firenze; altri si danneggiarono lungo il tragitto. A occuparsi della reinstallazione fu Camillo Camillani, figlio dell'artista fiorentino.

Anche la struttura della fontana è singolare: poggia su un base ovale, circondata da una balaustra che contiene le altre vasche, tre posizionate in modo concentrico una sull'altra, seguite da un'altra serie di dimensioni più piccole. Le statue, infine, rappresentano divinità e figure mitologiche: Ercole, Venere, Apollo, Bacco, Diana e Adone, solo per citarne alcune.

SABATO

Palermo è vita e rumore, mercato e religiosità. Per questo, per scoprirne l'anima e il volto possiamo dedicare la giornata a due luoghi speciali, forse meno noti della cattedrale, del Palazzo dei Normanni con la sua Cappella Palatina, di Palazzo Abatellis o di Monreale.

Santuario di Santa Rosalia

Fu costruito intorno al XVII secolo su precedenti edifici religiosi in onore della nuova santa patrona della città. Il santuario si trova all'interno di un anfratto di roccia, quasi sulla cima del monte Pellegrino e custodisce la memoria del prodigioso ritrovamento delle ossa di santa Rosalia.

Nel 1180, il senato palermitano edi-

Palermo, piazza Pretoria.

Palermo, teatro antico.

ficò un tempio sotto il titolo di Santa Rosalia presso l'antro e la preesistente chiesa bizantina retta da monaci dell'ordine benedettino, religiosi che avevano assistito spiritualmente la vergine durante gli anni dell'eremitaggio. Sebbene non elevata canonicamente agli onori degli altari, Rosalia rappresentava, in quegli anni, la figura mistica di riferimento per le popolazioni locali. Sarà papa Urbano VIII a inserirla nel martirologio romano il 26 gennaio 1630, in virtù del miracolo riconosciuto della cessazione della peste.

Nel luglio del 1624, grazie alla visione di una devota, vennero rinvenute le spoglie della santa; il 14 luglio 1624 il cardinale dichiarò solennemente l'autenticità del ritrovamento e le ossa vennero portate in processione per la città. Dopo tale processione, almeno secondo i diari dell'epoca, la peste a Palermo cessò all'improvviso e la santa divenne patrona della città dando inizio alla tradizione del Festino che sussiste fino a oggi. Le ossa vennero racchiuse in una preziosa urna d'argento e sono tuttora conservate nella cattedrale.

Varcato l'atrio scoperto si entra direttamente nella cavità della grotta, dove, sulla sinistra, sotto un baldacchino di forme barocche, è custodita la sacra immagine di Rosalia, rappresentata nell'estasi del trapasso. Davanti a questa immagine, Goethe, attratto dalle forme elette del simulacro, durante la sua visita vespertina, scrisse un ispirato elogio.

SANTUARIO DI SANTA ROSALIA

- Palermo - Via Bonanno Pietro
- 091 540326
- **Da lunedì al sabato** 9.00 - 18.00; **domenica e festivi** 8.00 - 19.00.
- **Durata visita:** 1 h circa.

Nostra Signora dei Rimedi

Durante la campagna per la conquista normanna della Sicilia (1064-1072), l'accensione dei fuochi, suggerita in sogno dalla Vergine, si rivelò un ottimo "rimedio" per scacciare gli insetti fastidiosi che debilitavano le truppe. Conquistata l'isola, in segno di gratitudine, il gran conte Ruggero edificò la primitiva chiesa dedicandola a Santa Maria dei Rimedi.

Nel 1611, per questioni logistiche e disegni tattico militari fu decretata da parte del viceré Fernández Pacheco la soppressione del luogo di culto, troppo prossimo a Palazzo Reale. Il viceré Pedro Téllez Girón, duca d'Ossuna, sognò però l'intervento della Vergine, contraria alla pianificazione, e impedì il trasferimento dell'istituzione e l'eventuale riconversione delle strutture. La costruzione continuò con l'aiuto del Senato palermitano e fu completata nel 1625.

La chiesa, restaurata nel 1844, sarebbe stata chiusa nel 1866 con la soppressione degli ordini religiosi. Con le nuove destinazioni d'uso tutti gli ambienti subirono spoliazioni, disassemblaggio di altari, arredi e decorazioni marmoree.

Grazie all'intervento del cardinale Ernesto Ruffini, arcivescovo di Palermo, la curia è rientrata in possesso dell'edificio dal Ministero della Difesa, e il 15 ottobre 1949, festa di santa Teresa d'Avila, lo stesso è stato riconsacrato. Il 16 maggio 1953 è stato dichiarato santuario mariano diocesano con dedica alla Madonna dei Rimedi.

Statua di santa Rosalia, patrona di Palermo, davanti alla cupola della cattedrale.

MADONNA DEI RIMEDI

Palermo - Piazza Indipendenza, 9

091 422473

info@madonnadeirimedi.it

www.madonnadeirimedi.it

Tutti i giorni dalle 7.00 alle 12.00 e dalle 17.00 alle 19.00.

DOMENICA

Due luoghi fuori Palermo raccontano, più di tutti, la spiritualità antica e moderna della Sicilia: Monreale e Gibellina.

Cattedrale di Monreale

A circa otto km da Palermo, nella cittadina di Monreale, sorge una bellissima cattedrale in stile arabo-normanno dedicata alla Vergine Maria. Il grandioso edificio religioso fu costruito nel 1174 per volere del re Guglielmo, in seguito a un'apparizione della Madonna che, in sogno, gli chiese di erigere un tempio in suo onore, indicandogli il luogo e dove trovare le risorse per farlo.

Il duomo si presenta all'esterno con un portico a trifora, sotto il quale stanno il pregevole portale bronzeo opera di Bonanno Pisano, e due grosse torri quadre di cui una trasformata in campanile.

L'interno a croce latina è diviso in tre navate intervallate da colonne sormontate da bellissimi capitelli scolpiti; le pareti sono ricoperte da magnifici mosaici a fondo d'oro di scuola bizantina (XII e XIII secolo) raffiguranti episodi della Bibbia e storie della Chiesa; infine, nell'abside centrale, si trova la figura di Cristo Pantocratore. Tra i numerosi tesori qui conservati meritano menzione: l'altare maggiore opera dell'argentiere Valadier (1711), i sarcofagi di Guglielmo I e Guglielmo II, l'organo a sei tastiere del XX secolo. Da non perdere la Cappella del Crocifisso, bell'esempio di barocco siciliano, che custodisce il tesoro della cattedrale con il reliquiario contenente una spina della corona di Cristo. Merita una visita anche il chiostro porticato del convento benedettino (XII secolo) accanto alla cattedrale per ammirare la ricca decorazione dei capitelli delle colonnine istoriate.

CATTEDRALE DI MONREALE

Monreale - Piazza Guglielmo II

091 6404413

Da lunedì al sabato 9.00 - 12.45 / 14.00 alle 16.45; **domenica e festivi, solo al pomeriggio** 14.00 - 17.00 (ultimo ingresso).

▶ **Durata visita:** 1 h circa.

Gibellina

Quella di Gibellina, città devastata dal terremoto del 1968, potrebbe sembrare una storia come tante altre: quella di una piccola città nell'entroterra, in una parte di Sicilia quasi dimenticata, lontano dal mare e dalla movida estiva. Il terremoto causò 1150 vittime, 98.000 senzatetto e sei paesi distrutti nella valle del Belice. La ricostruzione avvenne non sulle antiche vestigia ma circa 20 chilometri più a valle. Una scelta di comodità data la vicinanza con l'autostrada. Dove una volta c'era la vecchia città oggi giace silenziosa un'opera d'arte, metafisica, immersa in una valle solitaria, che copre i ruderi della vecchia Gibellina come un monumento: il Cretto di Alberto Burri, forse la più importante opera di Land Art al mondo. Nel 1981, Burri ricoprì le rovine della cittadina siciliana con una sorta di grande sudario, una grande distesa di cumuli di macerie racchiusi nel cemento; tra di essi le vecchie strade della vecchia città. È una potente opera di memoria di quanto avvenuto. Attraversare il labirinto trasmette una grande emozione e tanta malinconia: i vicoli bianchi sono profonde ferite nel terreno che un tempo ospitava vita, le pareti definiscono e distanziano, sembrano sorreggerci. Mentre lo sguardo si rivolge al cielo e il profumo della zagara ci inebria riconciliandoci con la storia.

CRETTO DI BURRI

- Gibellina, Strada statale 119
- 0924 985111
- **Sempre aperto.** Ingresso gratuito.
- **Durata visita:** 2 h circa.

Cattedrale di Monreale.

AGRIGENTO
VALLE DEI TEMPLI SAN CALOGERO

Astento si riesce a trattenere l'emozione quando la Valle dei Templi di Agrigento appare allo sguardo. In questa collina che piano piano scende verso il mare, i templi greci ci ricordano una delle più belle e ricche città del mondo antico. Anzi, «la più bella città dei mortali» come la definì Pindaro.

Agrigento, o Girgenti come si è chiamata fino al 1927, ha ispirato poeti e scrittori: Pirandello, Tomasi di Lampedusa, Sciascia e Camilleri hanno usato la città come metafora del mondo intero. Sono cresciuti in questi luoghi e da qui sono nate le loro opere. Cosa resta di quella città?

Ancora molto, nonostante negli anni Settanta il cemento abbia quasi assediato la Valle dei Templi. Il centro storico è ancora un piccolo gioiello di architettura del sud. Dall'alto, su tutto domina la cattedrale di San Gerlando e poi via via ecco chiese, facciate barocche, piazzette e vicoli in leggera salita. C'è abbastanza per riempirsi un bel weekend di arte e cibo, senza dimenticare i dintorni: la Scala dei Turchi, Sciacca ed Eraclea Minoa.

Agrigento, Valle dei Templi.

VENERDÌ SERA

Il centro storico di Agrigento è arroccato sulla collina che domina la città, ed è uno dei centri di origine araba meglio conservati in tutta la Sicilia.

Dal 2016 ha ripreso ufficialmente il nome arabo Girgenti, abolito durante il fascismo.

Ci si avventura in un dedalo di viuzze labirintiche, alla scoperta di una dozzina tra chiese e monasteri di enorme valore storico: il monastero di Santo Spirito, la cattedrale di San Gerlando, la chiesa di Santa Maria Dei Greci, il palazzo vescovile con il suo Museo diocesano. Una passeggiata nel centro storico di Agrigento può partire da via Atenea per giungere in piazza Purgatorio, dove troviamo le chiese di San Lorenzo e di Santa Rosalia, erette nel Seicento. In piazza Gallo è possibile vedere il Palazzo dell'Orologio, in stile neogotico, e poco più avanti la chiesa di San Giuseppe che risale al Settecento.

La chiesa di San Domenico merita una visita per le decorazioni e gli stucchi, per poi addentrarsi nel quartiere Rabato e perdersi tra i cortili e i vicoletti fino a raggiungere la medievale Santa Maria dei Greci. Il palazzo vescovile si trova poco più avanti: da lì si possono ammirare la Torre dell'Orologio e, al suo interno, il Museo diocesano. Arrivati in cima alla collina si staglia la facciata della cattedrale di San Gerlando.

SABATO

La Valle dei Templi si estende su una collina poco distante dal centro della città. È il sito archeologico più grande del mondo e, dal 1997, fa parte del Patrimonio dell'Umanità UNESCO.

Si tratta del nucleo originario dell'antica Akragas, fondata dai Greci nel 581 a.C., oltre a resti di dodici templi dorici, santuari e necropoli. Il parco comprende anche il Museo archeologico e il Giardino della Kolymbethra.

La visita può partire dalla Rupe Atenea, che ospita i resti del tempio di Demetra, costruito intorno al 470 a.C., inglobato all'interno della chiesa medievale di San Biagio. All'esterno della chiesa sono visibili le fondazioni dell'ingresso del tempio, mentre l'interno custodisce una cella, circondata da un muro di recinto. Proseguendo si può ammirare il santuario rupestre

Stradina tipica di Agrigento vecchia.

Agrigento. Cattedrale di San Gerlando.

di Demetra e Persefone e lungo la Via Sacra si raggiungono il Tempio di Giunone e il Tempio della Concordia, uno dei meglio conservati del mondo, l'unico di tutti quelli di Agrigento che reca quasi intatti tutti gli elementi dei frontoni e delle travi. Proseguendo si incontra il più antico di tutti i templi dorici di Agrigento, quello di Ercole, o Eracle.

Girando a sinistra, attraverso la porta Aurea, si arriva al tempio di Esculapio. Si apre poi l'immensa area del tempio di Zeus, di cui oggi restano soltanto rovine che riescono a trasmettere la grandiosità dei grandi templi dorici di epoca classica. Uno dei Telamoni, i giganti di pietra alti oltre sette metri che reggevano il tempio, ora si trova al Museo archeologico di Agrigento. L'area sotto il tempio di Ercole ospita il giardino della Kolymbethra e il tempio di Vulcano, o Efesto.

VALLE DEI TEMPLI

Agrigento - Ingresso Biglietteria Giunone, via Panoramica dei Templi

0922 1839996

www.parcovalledeitempli.it

Da lunedì a venerdì
dalle 8.30 alle 23.00.
(la biglietteria chiude alle 22.00);
sabato e domenica
dalle 8.30 a mezzanotte
(la biglietteria chiude alle 23.00).

Durata visita: una giornata intera.

DOMENICA

Casa di Pirandello

Luigi Pirandello, Premio Nobel per la Letteratura nel 1934, è forse il personaggio più rappresentativo di Girgenti. Una passeggiata letteraria nei luoghi di Pirandello inizia dalla sua casa natale, che si trova a circa cinque chilometri dalla città e oggi è un Museo. Si tratta di una costruzione rurale di fine Settecento, posta in una contrada di campagna, presso Agrigento, denominata "Caos", un altopiano a strapiombo sul mare, punteggiato da ulivi e querce. Le stanze, con vista sulla campagna, ospitano una vasta collezione di fotografie, recensioni e onorificenze, prime edizioni di libri con dediche autografe, quadri d'autore dedicati allo scrittore, locandine delle sue opere più famose rappresentate nei teatri di tutto il mondo. In questa casa rurale, Pirandello trascorse l'infanzia e l'adolescenza. Un vialetto dietro la costruzione porta al famoso pino di Pirandello: oggi l'albero non c'è più, ma c'è un cippo che ospita il vaso con le sue ceneri, come da sua richiesta. Ancora, va fatta una scappata alla solfatara che si trova nel territorio di Aragona, poco distante da Agrigento. La solfatara, spesso raccontata anche nelle Novelle, fu prima una fonte di ricchezza e poi di povertà per la famiglia Pirandello: proprio il suo tracollo diede il via a *Il fu Mattia Pascal*.

CASA NATALE DI PIRANDELLO

- Agrigento - Contrada Caos Villaseta, SS 11
- 0922 511826
- **Tutti i giorni** 9.00 - 19.30. Ultimo ingresso 30 min. prima della chiusura.
- **Durata visita:** 1 h circa.

Santuario di San Calogero

Torniamo in Agrigento per una visita alla chiesa di San Calogero, risalente a un'epoca compresa tra il XIII e il XIV secolo, periodo in cui la città era governata dalla famiglia Chiaramonte. L'edificio, di piccole dimensioni, sorge fuori le mura dell'antica città medievale. Tradizione vuole che nella zona abbia soggiornato, nel V secolo, il veneratissimo santo.

Nel 1573 fu costituita una confraternita che decise di ampliare e di riedificare la chiesa, affinché potesse diventare un oratorio per i devoti stessi. Nel 1598, papa Clemente VIII approvò le celebrazioni della festa di san Calogero in tutta la Sicilia e il culto del santo e del santuario stesso assunse, nel tempo, grande rilevanza religiosa e culturale. Nel 1863, in seguito all'applicazione delle leggi eversive, la chiesa venne assegnata ai Francescani in cambio del convento di San Vito, trasformato in carcere dalle autorità civili. La chiesa appare piuttosto sobria: la cappella al centro, contenente la nicchia dove è riposto il simulacro di San Calogero, è ornata di pregevoli stucchi. Rilevanti sono i particolari con le riproduzioni dei simboli identificativi del santo, ovvero il bastone e la cerva: il bastone rappresenta il sostegno che il santo usava nel suo peregrinare, la cerva è un simbolo presente nella sua vita.

SANTUARIO DI SAN CALOGERO

- Agrigento - Piazzetta San Calogero
- 327 1626044
- Dalle 8.30 - 12.00 / 17.30 - 19.00.
- **Durata visita:** 30 minuti circa.

CATANIA SIRACUSA

Chiunque desideri conoscere il cuore della Sicilia non può far a meno di visitare Catania. La città etnea ha qualcosa che la caratterizza in modo unico: innanzitutto il rapporto simbiotico con l'Etna. La Catania odierna risale all'ultima ricostruzione, quella del 1693, quando un terremoto violentissimo la rase al suolo; il barocco fu lo stile con cui furono ricostruiti quasi tutti i palazzi nobiliari e le chiese cittadine.

Non a caso, nel 2002, il centro di Catania è stato dichiarato Patrimonio dell'Umanità.

Piazza del Duomo accoglie i visitatori con "O Liotru", l'elefantino simbolo della città, considerato magico, protettore dalle eruzioni dell'Etna e ricordo di una religione dimenticata che rimanda a tempi antichi. La fontana, con l'elefantino, prende la forma attuale nel 1736, anche se è il risultato di elementi di età diverse: il basamento di marmo, l'elefante di pietra, l'obelisco portato a Catania dalle crociate, la proboscide restaurata e le zanne aggiunte dopo i danneggiamenti sempre del terremoto settecentesco. Fanno da cornice alla

Catania, vista sui crateri dell'Etna.

fontana il Palazzo degli Elefanti (Municipio), il Palazzo dei Chierici, unito alla cattedrale da un passaggio sopra la Porta Uzeda. Di fronte al municipio troviamo la fontana dell'Amenano, il fiume che scorre sotto Catania, visibile proprio lì sotto.

VENERDÌ SERA

Scopriamo Catania con una visita speciale, quella ai giardini botanici che racchiudono al loro interno le più belle piante del mondo. Il Parco Paternò del Toscano affonda le sue radici nelle ricche antiche colate laviche dando vita a una lussureggiante flora tropicale e subtropicale. Costruito nel secondo dopoguerra dall'esperto e amante di botanica Ettore Paternò del Toscano, questo giardino nasce come estensione della casa, per poi diventare uno dei maggiori parchi ammirati in tutto il mondo per la sua architettura e varietà di piante.

Qui è possibile perdersi ammirando la vegetazione florida e i bellissimi terrazzamenti asimmetrici, che uniscono un'architettura ricercata all'unicità della natura: il Parco, infatti, venne progettato perché le piante provenienti da ogni parte del mondo potessero fondersi tra loro. Tra le numerose tipologie, le palme sono tra le più presenti, con più di quaranta specie provenienti da tutto il mondo. Una parte del giardino botanico è dedicata al bosco mediterraneo, dove sono presenti le specie autoctone, tipiche proprio del bacino mediterraneo. I sentieri portano tra le agavi, le yucche e la moltitudine di piante che crescono tra le rocce laviche, tra gli stagni adornati da delicate ninfee, e tra le panchine del XVIII secolo, dove si potrà trovare ristoro con l'Etna sullo sfondo.

Catania, l'elefantino, simbolo della città.

PARCO PATERNÒ DEL TOSCANO

- Via Roma 61, S. Agata Li Battisti (CT)
- 348 3308910
- **Tutte le domeniche** alle 10.00 (con prenotazione); **tutti gli altri giorni il giardino è visitabile solo su prenotazione** per gruppi di minimo otto persone.
- Non è accessibile a persone con difficoltà motorie.
- **Durata visita:** 1 h e 30 minuti circa.

SABATO

Siamo nel centro cittadino, tra porta Udeza e la fontana dell'Elefante. Visitiamo il duomo. Costruita sui resti di antiche terme, la chiesa di Sant'Agata è stata più volte distrutta e riedificata dopo terremoti ed eruzioni dell'Etna. La prima costruzione risale al 1070 circa e, di quell'epoca, resta solo l'abside. L'aspetto attuale è il risultato dei lavori effettuati da Vaccarini (esterni) e Palazzotto (interno), tra il 1734 e il 1761. La facciata è realizzata interamente in marmo di Carrara con innesto delle colonne provenienti dall'antico teatro romano. Le statue di Sant'Agata sono distribuite su tutti gli ordini. L'interno è maestoso, a croce latina divisa su tre navate. Protetta dietro una cancellata, troviamo la cappella di Sant'Agata con la camera che contiene le reliquie. Di fronte all'altare c'è la tomba di Vincenzo Bellini, musicista catanese di nascita.

Per gli amanti dell'architettura religiosa, in particolare del barocco siciliano, la cattedrale rappresenta una vera e propria chicca, anche se ben visibili restano le tracce normanne e sveve, testimonianze delle successive ricostruzioni.

CATTEDRALE DI SANT'AGATA

- Catania - Via V. Emanuele II, 163
- 339 4859942
- **Durata visita:** 20 minuti circa.

La storia di sant'Agata è legata profondamente a quella della città: cresciuta in una famiglia illustre e ricca, morì martire il 5 febbraio 251, durante la persecuzione di Decio. La giovane si era donata a Cristo come vergine consacrata quando, nell'anno a cavallo fra il 250 e il 251 il proconsole Quinziano giunse a Catania anche per far rispettare l'editto imperiale che chiedeva a tutti i cristiani l'abiura pubblica della loro fede. Affascinato da Agata, che seppe essere una consacrata, le ordinò di adorare gli dei pagani. Al suo secco rifiuto, il proconsole la affidò per un mese alla cortigiana Afrodisia con lo scopo di corromperla, ma senza successo. Allora Quinziano avviò un processo contro di lei. Rinchiusa in carcere, la giovane fu sottoposta a tortura, che culminò con lo strappo di una mammella. A questo punto, le apparve san Pietro che la rassicurò e risanò le sue ferite. La furia di Quinziano, però, non era sanata, così la fece porre nuda su cocci di vasi: improvvisamente vi fu un terremoto e crollò il luogo dove avveniva il supplizio, seppellendo i carnefici. Infine venne sottoposta al supplizio dei carboni ardenti. A questo punto, secondo la tradizione, mentre il fuoco bruciava le sue carni, non bruciava il velo che lei portava; per questa ragione "il velo di sant'Agata" diventò da subito una delle reliquie più preziose. Agata morì, alla presenza di molti testimoni, nella sua cella pregando e ringraziando Dio di averle conservato la verginità.

Il mercato rionale di Catania.

Sant'Agata è la patrona di Catania, soprattutto perché, nel primo anniversario della sua morte, mentre una violenta eruzione dell'Etna minacciava di seppellire la città, i catanesi, compresi i non credenti, presero il velo deposto sul sepolcro e lo usarono come scudo contro la lava ardente, arrestando così il fiume di fuoco. Ancora nel 1886 il velo fermò la lava al borgo Nicolosi, posto sulle pendici del vulcano, che venne risparmiato dalla distruzione.

DOMENICA

Lasciamo Catania, per visitare una delle città più belle dell'Isola: Siracusa. Posta sulla costa sud-orientale, possiede una storia millenaria: annoverata tra le più vaste metropoli dell'età classica, primeggiò per potenza e ricchezza con Atene, la quale tentò invano di assoggettarla. Il grande filosofo greco Platone la visitò tre volte perché la riteneva la città giusta per fondare la sua repubblica ideale. Siracusa fu per secoli la capitale della Sicilia, fino alla conquista da parte degli Arabi che nell'878 spostarono la capitale a Palermo.

Il centro storico della città, Ortigia, assunse l'odierno aspetto barocco con la ricostruzione intrapresa a seguito del violento terremoto del 1693.

Mito greco e religione cristiana sono le fondamenta di Siracusa: la prima chiesa cristiana d'occidente fu fondata qui e san Paolo, in viaggio verso Roma, si fermò a Siracusa tre giorni. Una delle sante più amate d'Italia, Lucia, nacque e fu martirizzata a Siracusa, come racconta il capolavoro di Caravaggio nella chiesa di Santa Lucia alla Badia. Mito, religione ma anche scienza, perché Archimede, lo straordinario inventore, nacque a Siracusa e riposa nella (presunta) tomba nel parco archeologico di Neapolis. Infine, teatro, anfiteatro e ara di Gerone meritano da soli la visita alla città.

Santa Lucia alla Badia e Caravaggio

La chiesa sorge sul luogo in cui la santa fu martirizzata nell'anno 304, ed è quasi anonima se confrontata con la maestà e bellezza del duomo. L'interno è spoglio, in stile monastico, risultato di molti rifacimenti avvenuti nei secoli. Nelle catacombe troviamo il primo loculo della santa, poiché le spoglie furono portate nel santuario a lei dedicato a Venezia, nella chiesa di San Geremia.

Nel 1646 le invocazioni alla santa misero fine alla carestia che opprimeva Siracusa: secondo la devozione popolare un miracolo permise l'arrivo di due navi cariche di cereali nel porto di Ortigia. La chiesa di Santa Lucia alla Badia è famosa per la presenza dell'ultima tela dipinta da Caravaggio, che rappresenta proprio il seppellimento della santa. Di ritorno da Malta, in cerca di protezione dall'accusa di essere un assassino, Caravaggio dipinse questo quadro che doveva essere esposto sull'altare della chiesa. Il punto di vista dello spettatore è al livello del suolo, proprio dove è adagiato il corpo della santa, mentre i due seppellitori a destra scavano la fossa.

Si trattò di una straordinaria innovazione, perché fino a quel momento tutti i pittori avevano ritratto il martirio della santa di Siracusa e mai il suo seppellimento.

BASILICA SANTUARIO SANTA LUCIA AL SEPOLCRO

Siracusa - Via L. Bignami, 1

0931 67946

Da martedì a domenica
dalle 11.00 alle 16.00.

Parco archeologico della Neapolis

Il teatro greco, l'anfiteatro, l'orecchio di Dionisio, il tempio di Gerone e la tomba di Archimede sono una delle testimonianze archeologiche più importanti d'Europa. Il teatro ha conservato intatta la sua forma scavata nella roccia, che lo ha difeso dalle spoliazioni di materiale. Poteva contenere migliaia di spettatori: qui Eschilo rappresentò per la prima volta *I Persiani* e le *Etnee*. Ancora oggi il teatro è usato ogni estate per rappresentazioni teatrali e spettacoli. Una sorte diversa ha vissuto l'anfiteatro: parte della costruzione fu asportata dagli Spagnoli, che usarono le pietre per costruire i bastioni di difesa di Ortigia. Come in tutti gli altri anfiteatri romani, qui si tenevano spettacoli con gladiatori e belve. Da non perdere una visita alle latomie presenti nel parco, grosse fessure nella roccia risultato dell'estrazione delle pietre per le costruzioni. La più grande è quella del Paradiso al cui interno c'è il famoso orecchio di Dionisio, definito così da Caravaggio perché ha la forma di un grande padiglione auricolare e perché, secondo la leggenda, il tiranno di Siracusa Dionisio I usava le straordinarie caratteristiche acustiche di questo luogo per ascoltare da molto lontano i discorsi dei prigionieri che teneva qui rinchiusi. Da non perdere una visita alla presunta tomba di Archimede e alla suggestiva via dei Sepolcri.

PARCO ARCHEOLOGICO DI NEAPOLIS

Agrigento - Via Paradiso
0931 489511
Tutti i giorni dalle 8.30 alle 18.30.

Siracusa, teatro greco.

MESSINA

Messina è la porta d'ingresso della Sicilia. Una città dalla storia travagliata, soprattutto per il terremoto del 1908, che distrusse gran parte degli edifici, con i loro numerosi stili, dal gotico al normanno, dall'arabo-bizantino al barocco. Dopo quella data emblematica, nonostante le difficoltà, i lavori di ricostruzione e restauro sono stati portati avanti, in particolare durante gli anni Trenta. Così oggi è possibile ammirare la bellezza imponente del duomo, con il suo alto campanile che ospita l'orologio astronomico e visitare le numerosissime chiese che si trovano a ogni angolo della città.

L'itinerario lungo la sponda orientale consente di ammirare scorci panoramici di rara bellezza e di addentrarsi in un mondo artistico scandito dai numerosi monasteri e chiese, prevalentemente basiliani, che costellano il territorio fino alla Valle d'Agrò. Salendo da Mili Marina verso Mili San Pietro, si trova la chiesa basiliana di Santa Maria di Mili. La costruzione, voluta dal conte Ruggero, risale all'XI secolo; lo si può dedurre dalle iscrizioni riportate sulla lapide del figlio di Ruggero morto a Siracusa e seppellito in questa chiesa nel 1092. L'edificio è a una sola navata, con transetto a piano rialzato e tre arcate delimitanti il presbiterio. Tre sono le absidi come appaiono all'interno; all'esterno sola quella centrale è visibile, le altre due sono comprese nello spessore del muro. Tre sono le cupolette del transetto, si notano archi in mattoni nell'abside e ai lati la tipica decorazione in lesene ad archi incrociati. La chiesa è circondata da casette racchiuse da un muro di cinta, il che fa ritenere che si tratti dei resti dell'antico monastero dei monaci di San Basilio cui era affidata la chiesa.

VENERDÌ SERA

Siamo nel centro storico della città. Qui si eleva quello straordinario edificio che è il duomo. La sua bellezza sta in tutti gli stili architettonici che lo caratterizzano, da quello romanico al normanno, dal gotico al barocco. La storia di questa chiesa dedicata a Santa Maria Assunta è travagliata, fatta di incendi, bombardamenti, danni dovuti ai terremoti. Eppure, ogni volta, l'edificio è stato ricostruito, con il tentativo di mantenerne l'originalità. Oggi è ancora un luogo di grande religiosità e ricco d'arte, dove poter ammirare statue e dipinti, monumenti funerari, cappelle e oggetti sacri di grande pregio. Nell'atrio sud, si trova il Tesoro, una raccolta di creazioni di orafi e argentieri messinesi; se avete voglia di osservare Messina dall'alto, è possibile da qui salire sul campanile, una torre che ospita, a ogni piano, rappresentazioni artistiche, fino ad arrivare all'ultimo, dove si trova il grande orologio.

DUOMO

- Messina - Piazza del Duomo, 29
- 090 774895
- **Duomo:** dalle 7.30 alle 19.00. **Tesoro del duomo: dal martedì al sabato**, dalle 11.00 alle 13.00. **Campanile: tutti i giorni** dalle 11.00 alle 13.00.
- **Durata visita:** 1 h circa.

SABATO

Santa Maria della Valle

Le perle bizantine che si possono ammirare nel capoluogo sono disposte in differenti punti della città. La chiesa di Santa Maria della Valle risale al 1123, all'epoca di Ruggero II, quando in quest'area sembra fosse operante un complesso monastico retto da suore benedettine. Successivamente, la chiesa venne danneggiata da un incendio, e sarà Federico II d'Aragona

Messina, particolare della chiesa di Santa Maria Assunta.

a restaurarla. Il monastero rimarrà attivo fino al 1347, quando una terribile pestilenza contribuirà all'abbandono progressivo del sito, che diverrà definitivo verso la fine del Cinquecento.

I successivi terremoti avrebbero inflitto al monumento ferite sempre più profonde, fino al crollo della cupola e all'interramento parziale della struttura. L'impianto architettonico è composto da due corpi: il santuario con le absidi e il corpo delle navate. Vi sono quattro arcate asimmetriche, con uno spazio centrale a cupola, circondato da altrettanti corridoi pure simmetrici. Le arcate si appoggiano alle pareti esterne e al corpo delle navate per mezzo di archi ogivali. Alte monofore sono nelle pareti esterne, mentre nella facciata principale come nelle absidi si osservano finestre circolari; il presbiterio, ornato di merli, con le finestre armonicamente distribuite, risulta assai elegante e la struttura dà l'impressione all'esterno di un nobile palazzo.

L'Annunziata dei Catalani

Gioiello d'arte arabo-normanna con componenti bizantini, l'Annunziata è

Messina, chiesa dell'Annunziata dei Catalani.

uno dei pochi grandi monumenti che hanno resistito alle devastazioni dei terremoti e alla furia delle bombe incendiarie dell'ultimo conflitto mondiale, a testimonianza della grande arte araba, normanna e bizantina in Sicilia. Dell'originario impianto della chiesa della SS. Annunziata dei Catalani si può ammirare tutta la parte absidale, con il transetto sormontato da una cupoletta dal tamburo cilindrico ad arcate cieche, su piccole colonne e strette finestre, dai vivaci e armonici motivi geometrici. La chiesa, oggi privata dell'originario patrimonio artistico, come del resto tutti i monumenti antichi di Messina, è una basilica a croce latina con tre navate, che si trovano innestate su un transetto preceduto da archi.

La facciata è composta di tre porte: sopra quella centrale si trova uno stemma catalano a forma di rombo; le due porte laterali, diverse da quella centrale, sono architravate. Nel sottosuolo vi è la cripta che si snoda sotto il transetto ed è costituita da più locali, di cui il principale ha forma rettangolare con volta in muratura e altare rustico. La chiesa, restaurata nel corso dei secoli, si trova più in basso dell'odierno livello stradale, evidenziando come, per l'ammasso delle macerie del 1908, la città fu ricostruita a una quota di qualche metro più elevata. Collocata in pieno centro cittadino, nei pressi del duomo, è facilmente raggiungibile e visitabile.

DOMENICA

Lasciamo Messina e percorriamo la costa nord occidentale per visitare il santuario di Tindari, dedicato a Maria Santissima o Madonna Nera. Il santuario sorge sulla sommità del colle omonimo ed è inserito nella riserva naturale orientata Laghetti di Marinello che, insieme ai laghi di Ganzirri, costituisce uno degli ultimi esempi di ambiente salmastro costiero presenti nella Sicilia nord orientale. La riserva, che si estende per circa 400 ettari, fu istituita nel 1998 per proteggere la zona lagunare che si trova ai piedi del promontorio.

Il santuario a strapiombo sul mare e in corrispondenza dell'antica acropoli, fu costruito sui resti della città abbandonata, dove era stata eretta, precedentemente, una piccola chiesa che, distrutta nel 1544 dai pirati algerini, venne riedificata tra il 1552 e il 1598 e ampliata dal vescovo Giuseppe Pullano nel santuario, consacrato nel 1979. Qui la tradizione fa arrivare la statua della

Madonna, approdata nella baia a causa di una violenta tempesta notturna, all'epoca degli iconoclasti, probabilmente verso la fine del secolo VIII o nei primi decenni del secolo IX, e trova motivo di credibilità nel fatto che Tindari fu sotto la dominazione dei bizantini per circa tre secoli (535-836).

La Sicilia si oppose con energia all'eresia degli iconoclasti e Tindari, essendo stata sede di diocesi per circa cinque secoli, accolse felicemente la sacra immagine. Il colle del Tindari, tanto suggestivo, santificato dalla presenza della Madonna, divenne così il sacro, mistico colle di Maria. L'autore della statua rimane sconosciuto, ed è difficile definire l'epoca in cui essa fu scolpita. Considerando lo stile e tenendo conto che la Madonna tiene tra le braccia il divin Bambino, si potrebbe concludere che essa risalga a un'epoca posteriore al Concilio di Efeso, in cui fu definita la divina maternità di Maria; quindi probabilmente la statua è stata scolpita in Oriente tra il V e il VI secolo. La Madonna è rappresentata seduta, mentre regge in grembo il Figlio divino, che tiene la destra sollevata, benedicente e con in capo una corona di tipo orientale, una specie di turbante, dello stesso legno, decorato con leggeri arabeschi dorati. Il pellegrinaggio al santuario della Madonna di Tindari è una delle più antiche tradizioni siciliane, soprattutto nei comuni limitrofi, in particolare a Barcellona Pozzo di Gotto. Il pellegrinaggio di solito avviene nel mese di settembre, nei giorni dedicati alla ricorrenza, ovvero il 7 e l'8, quando folti gruppi di barcellonesi, bambini e adulti si dirigono verso il santuario a piedi.

Perché, certamente, la Madonna Nera è ragione del viaggio, ma anche la bellezza del luogo apre a respiri profondi dell'anima: il santuario sul promontorio e il mare di un azzurro quasi abbagliante che fa da cornice a una delle viste più incantevoli dell'isola. Tindari, inoltre, è terra di letteratura: qui hanno tratto ispirazione per le loro opere, Salvatore Quasimodo e Andrea Camilleri, e non mancano gli itinerari enogastronomici come quello che può portarci alla scoperta del vino Mamertino, vino antico e celebre, in quanto già citato nel *De Bello Gallico* di Giulio Cesare, il quale brindò proprio con un calice di Mamertino rosso al suo terzo consolato.

SANTUARIO DI TINDARI

Tindari - Via Mons. Pullano, 12

0941 369260

Santuario nuovo
6.45 - 12.30 / 14.30 - 20.00
(19.00 ora solare).
Santuario antico
lun - sab:
11.00 - 12.00;
tutti i giorni:
14.30 - 17.00.

Durata visita:
2 h circa.

Tindari, statua della Madonna nera.

ALGHERO ORISTANO

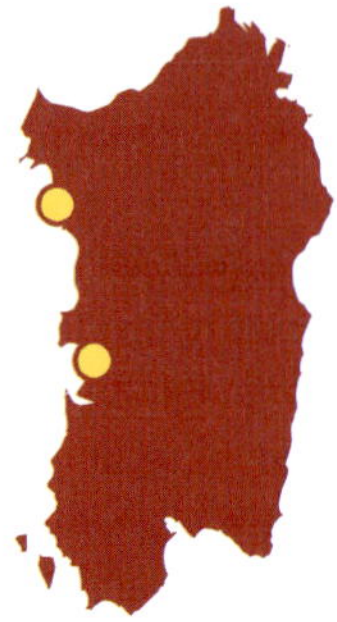

SARDEGNA

La Sardegna è stata tra le prime terre sulla quale le parole di san Francesco, protettore degli animali e predicatore della preghiera in povertà, hanno trovato terreno fertile. I seguaci di Francesco arrivarono attraverso la Toscana e la Corsica intorno al 1220 circa, poco più di dieci anni dopo la fondazione dell'Ordine. I primi francescani infatti preferivano luoghi dove poter godere il silenzio amico della preghiera, senza stare troppo distanti da un centro abitato, in quanto fonte di sussistenza e luogo in cui annunciare il Vangelo. Non a caso, per esempio, subito dopo approdarono all'eremo di Luogosanto, nel sassarese, intitolato ai santi Nicola e Trano e incastonato tra le rocce qualche chilometro sopra il paese.

VENERDÌ SERA

Partiamo da Alghero. La storia di questa città inizia nel 1102, quando i Doria, da Genova, decidono di costruire una città-fortezza, con tanto di mura, ancora oggi visibili. Lo stile architettonico predominante è quello aragonese-catalano, eredità del dominio degli Aragona: un mix architettonico, linguistico e anche culinario, molto interessante, unico in Sardegna. Proprio sotto il dominio spagnolo, la città conobbe un grande sviluppo anche culturale, con influssi del catalano ancora presenti nel dialetto locale. Alghero è meta amata sia dagli italiani sia dagli stranieri, proprio per questa sua poliedricità e per la comodità dei collegamenti con la terra ferma. E poi, i dintorni della città sono di incredibile bellezza: dai monumenti naturali come le grotte di Nettuno, le falesie di Capo Caccia e le fantastiche spiagge, come Mugoni, Porto Ferro, le Bombarde…

SABATO

Iniziamo la nostra avventura sulle orme dei Francescani, da Alghero e dalla chiesa di San Francesco, un vanto per lo stile gotico catalano in Sardegna. Si trova nella centralissima via Carlo Alberto. La sua facciata, tipica degli edifici francescani, è molto semplice. Non si conosce la data esatta della sua edificazione: secondo alcuni storici risalirebbe al XIV secolo, mentre altri collocano la costruzione al secolo successivo. Sicuramente venne realizzata in due fasi costruttive diverse: inizialmente vennero edificati il chiostro e il campanile, successivamente venne ampliata con l'aggiunta del convento. L'impianto originario della chiesa era formato da una sola navata, ma durante il XVI secolo venne modificata e assunse quello attuale di tre navate. Nella navata centrale troviamo una vola a botte, mentre sulle navate laterali quella a crociera. La parte centrale venne ricostruita in seguito a un crollo avvenuto nel 1593. Il campanile è a guglia. Il chiostro è sicuramente la costruzione più arcaica ed è formato da

Alghero, le grotte di Nettuno.

Esempio di nuraghi.

archi a tutto sesto, sui quali poggiano colonne con i capitelli decorati. Si trova a fianco della chiesa nell'attiguo convento, che va assolutamente visitato.

COMPLESSO MONUMENTALE SAN FRANCESCO

- Alghero - Via Carlo Alberto, 46
- 079 9792258
- **Gennaio/Giugno-Ottobre/Dicembre:** dalle 9.30 alle 12.30 e dalle 16.30 alle 20.00. **Luglio/Settembre:** dalle 9.00 alle 13.00 e dalle 17.00 alle 21.00.
- **Durata visita:** 2 h circa. La visita comprende: Sala del pozzo, Cripta, Sala Convegni (ex Refettorio), chiesa, Chiostro, Sala del Campanile, salita al Campanile e vista della città.

DOMENICA

Oristano rivela un lato sorprendente della Sardegna, rimasto intatto nel corso degli anni e ricco di storia. L'antica Aristanis era capitale del giudicato di Arborea, il più duraturo dei quattro regni rappresentati dai Quattro Mori sulla bandiera dell'isola. La città prosperò soprattutto grazie a due sovrani che lasciarono il segno nella storia della Sardegna: Mariano IV, che regnò su quasi tutto il territorio, ed Eleonora.

Preziosi lasciti del passato sono disseminati in tutta la provincia, la cui varietà di paesaggi comprende splendide spiagge sabbiose, spettacolari scogliere calcaree, verdi colline coperte di foreste e i famosi nuraghi. Il centro storico è tutto da scoprire: piazze, architettura e chiese come la cattedrale di Santa Maria Assunta con torre campanaria di forma ottagonale. L'attuale edificio, dopo il rinvenimento di alcune tombe, si è scoperto essere stato costruito su una precedente struttura di epoca bizantina. Una piccola chiesa poco conosciuta, invece, è la chiesa di San Francesco.

I Francescani si insediarono a Oristano prima del 1253. Dai pochi resti che sono pervenuti, si conosce che la chiesa duecentesca si presentava in stile gotico. Nel XIX secolo il precario stato di conservazione del complesso conventuale convinse l'arcivescovo di Oristano, Giovanni Maria Bua, della necessità della ricostruzione. Il progetto venne affidato al sassarese Antonio Cano, frate architetto formatosi all'Accademia di San Luca, a Roma. Demolita l'antica fabbrica nel 1835, il 17 febbraio 1836 si procedette alla posa e benedizione della prima pietra della nuova costruzione. L'8 settembre 1838, quando ancora non era terminata l'erezione della cupola ellittica prevista dal progetto del Cano, la fabbrica crollò. Successivamente l'architetto Gaetano Cima assunse l'incarico di elaborare un nuovo progetto, presentato nel 1841. Terminati i lavori, la nuova chiesa di San Francesco, eretta secondo i canoni del classicismo purista, venne aperta al culto nel 1847.

CHIESA DI SAN FRANCESCO

- Oristano - Via Duomo, 10
- 0783 78275
- **Tutti i giorni** 7.30 - 11.30 / 17.00 - 19.30.
- Il complesso è prettamente un luogo di preghiera e di spiritualità.

Oristano. Chiesa del VI secolo.

CAGLIARI SANT'ANTIOCO CARLOFORTE

Cagliari custodisce gelosamente la storia e la memoria delle antiche civiltà che qui si sono succedute. Nel corso dei secoli, i popoli che l'hanno abitata sono stati così numerosi e diversi da infonderle un carattere aperto e accogliente. Tra le sue strade resiste il ricordo delle diverse civiltà: punica, nei resti della Necropoli di Tuvixeddu, la Karales romana, come testimoniato dal grandioso anfiteatro; bizantina con la basilica di San Saturnino; pisana con le alte torri; fino ad arrivare alla piemontese con il meraviglioso Palazzo Regio. Dopo un inconsistente dominio austriaco, Cagliari e la Sardegna passarono ai Savoia, cosa che diede il via a un'epoca di grandi interventi urbanistici che gradualmente, avrebbero trasformato la città da fortificata a favore di un più razionale sviluppo con opere utili e di pregio. Dopo la Seconda guerra mondiale, la città vive una nuova vita: attorno al nucleo urbano di epoca storica comincia a nascere un centro abitato che in soli vent'anni, dal 1951 al 1971, vede raddoppiare il numero delle case, attirando la popolazione delle aree circostanti e gettando così le basi della odierna area metropolitana. Oggi Cagliari appare come una città complessa, divisa tra il suo importante patrimonio storico-culturale e il moderno, un capoluogo che tuttavia si è sviluppato negli anni in totale armonia con il territorio circostante che ne costituisce parte integrante e segno distintivo.

VENERDÌ SERA

Il venerdì sera è dedicato ai quartieri storici di Cagliari, che sono quattro e si sviluppano nel centro della città. Castello (Casteddu de Susu in sardo) è il principale: sorge in posizione predominante, su un colle calcareo, a circa 100 metri sul livello del mare.

Il quartiere fu fondato nel XIII secolo dai pisani, che lo fortificarono, dotandolo di mura, torri e bastioni. Ancora oggi si accede attraverso le antiche porte medievali, aperte nelle mura che cingono gran parte del perimetro del Castello, isolandolo dal resto della città. La Marina (Sa Marina) è il quartiere sorto tra il porto e il lato sud di Castello. Anticamente era abitato da pescatori, mercanti e da tutti coloro che lavoravano al porto, ed era chiamato anche Lapola, dal nome della torre pisana. Le sue origini risalgono ai tempi della dominazione pisana: sorse come zona destinata a ospitare i magazzini e le dimore dei lavoratori del porto. Il quartiere era dotato di un sistema difensivo di mura e bastioni, modernizzato dagli spagnoli e demolito nella seconda metà dell'Ottocento. Il quartiere Castello e gli altri confinanti (con Villanova e Stampace) offrono svariati motivi per una visita, sia per le numerose testimonianze storiche e artistiche che vi si trovano, sia per i luoghi forse più suggestivi, che si incontrano percorrendo le strette vie, le scalette, le piazzette che si aprono, come terrazze, su bellissimi panorami e si affacciano negli scuri androni dei palazzi, un tempo sontuose residenze nobiliari e oggi luoghi dal fascino decadente.

SABATO

Da Cagliari si può facilmente raggiungere l'isola di Sant'Antioco. Fin dall'antichità, l'isola è stata in collegamento con la terraferma sarda, come si nota immediatamente dalle rovine del ponte romano, ancora oggi visibili alla destra dell'attuale ponte stradale. L'isola è la più grande dell'arcipelago del Sulcis, parte sudoccidentale della Sardegna, e la quarta d'Italia. Vi sono solamente due centri abitati: Sant'Antioco e Calasetta, oggi tra i più visitati del Sulcis. Celebri le sue spiagge: una visita d'obbligo la merita quella di Maladroxia, dalla sabbia sottile e grigiastra, le cui acque termali erano già note agli antichi romani, e quella di Coqquaddus, vicino alla quale si possono incontrare fenicotteri e cavalieri d'Italia. Oltre alle spiagge vale la pena visitare la basilica di Sant'Antioco Martire e la necropoli punica.

Basilica di Sant'Antioco

La basilica di Sant'Antioco Martire, sorta sulla tomba del Santo, è uno dei monumenti più antichi dell'intera regione. Fu eretta intorno al V sec., con pianta quadrifida a croce greca. Nel XII secolo subì ampliamenti che ne modificarono la struttura fino a rendere irriconoscibile l'originaria costruzione altomedievale. Di questo periodo sono le navate laterali e l'allungamento della navata centrale con la conseguente scomparsa della

Cagliari, castello con torre di San Pancrazio.

croce greca. È probabile fosse presente una pavimentazione musiva bizantina, rovinata e poi perduta proprio con i lavori di ampliamento. Si deve giungere al XVIII secolo per vedere un ulteriore prolungamento delle navate e la creazione di una facciata in stile provinciale tardo barocco. Dopo l'intervento di ripristino del 1966, in cui furono eliminate alcune decorazioni pittoriche di scarso valore, un'ultima considerevole scoperta all'interno della basilica consiste nel ritrovamento di un fonte battesimale quadrato in pietra e di quattro sarcofagi, rinvenuti privi di qualsiasi materiale, in una campata della navata laterale.

BASILICA DI SANT'ANTIOCO MARTIRE

- Sant'Antioco - Piazza Parrocchia, 22
- 078 1921887
- **Tutti i giorni:** 9.00 - 12.00 / 15.30 - 17.15.
- **Durata visita:** 2 h circa.

Isola di San Pietro e Carloforte

Vista la vicinanza, nella stessa giornata possiamo visitare anche l'Isola di San Pietro e il suo unico e caratteristico centro abitato: Carloforte. Da Calasetta partono i traghetti che consentono di raggiungere l'isola in circa 30 minuti di navigazione.

L'Isola di San Pietro, di origini vulcaniche, possiede ben 33 km di costa, la maggior parte dei quali rocciosi e contraddistinti dalla presenza di grotte e falesie con la sola eccezione del fronte orientale, dove la costa si presenta pianeggiante e sabbiosa. Qui possiamo scoprire una natura tipicamente mediterranea: palme nane, corbezzolo, mirto e ginepro, inoltre l'isola ospita il gabbiano corso e il falco pellegrino oltre al raro falco della regina. Tra le prime cose da vedere a Carloforte, oltre alle spiagge, ci sono i resti dell'antica cinta muraria che venne edificata in seguito all'incursione dei corsari tunisini nel 1798.

Non meno affascinanti sono i monumenti religiosi che adornano il centro storico; tra quelli su cui soffermarsi ci sono sicuramente la bella chiesa dei Novelli, costruita per volere di papa Gregorio IX per ricordare i giovani della "Crociata dei fanciulli". Ma è alla chiesa della Madonna dello Schiavo che vogliamo dedicare un momento speciale: all'interno di questa chiesa è custodita la statua venerata dai carlofortini che furono prigionieri in Tunisia; in suo onore, un nome molto diffuso fra le figlie femmine nelle famiglie carlofortine era proprio "Schiavina".

CHIESA MADONNA DELLO SCHIAVO

- Carloforte - Via XX Settembre
- 348 3310887
- consorzioarcobaleno@tiscali.it
- **Dal lunedì al sabato,** dalle 9.00 alle 13.00 e dalle 16.00 alle 20.00. **Domenica e festivi,** dalle 9.00 alle 13.00 e dalle 16.30 alle 20.00.
- Contattare il consorzio per una visita.

Fuori dal centro, poco distante, si trovano le saline di Carloforte, dove è anche possibile ammirare magnifici esemplari di fenicotteri rosa.

DOMENICA

Dedichiamo la domenica a Cagliari: come abbiamo ricordato, i quartieri storici e più antichi di Cagliari sono quattro. Il quartiere Castello ha ospitato i palazzi del potere e le residenze nobiliari, tanto da identificarsi con la città stessa, che, infatti, in sardo si chiama Casteddu. Il quartiere è composto di architettura civile e militare come le torri fortificate: la Torre dell'Elefante, la Torre di San Pancrazio e la Torre dell'Aquila, sempre degli inizi del XIV secolo, inglobata oggi nel Palazzo Boyl, che costituisce ancora un accesso al Castello da sud, dal quartiere Marina, tramite il Portico delle Grazie.

Nel quartiere si contano attualmente sette chiese, tra cui la cattedrale e le quattro chiese di Castello, edificate nel XVI secolo e che testimoniano lo stile gotico aragonese (la Purissima, Santa Lucia, Madonna della Speranza, chiamata anche cappella gentilizia dei marchesi Aymerich di Laconi e Santa Maria del Monte, in passato oratorio della più antica confraternita di Cagliari, sciolta nel XIX secolo, oggi sede del Sovrano militare ordine di Malta).

Certamente da visitare è la cattedrale di Santa Maria Assunta e Santa Cecilia, con la facciata neoromanica e l'imponente campanile duecentesco. La chiesa presenta un insieme di diversi stili artistici e custodisce sette secoli di memorie storiche della città di Cagliari. Costruita nel Duecento, in stile romanico pisano, diviene cattedrale nel 1258, quando Cagliari fu capitale del regno di Sardegna. Nel corso del Seicento e poi del Settecento, il tempio fu rinnovato secondo i canoni dello stile barocco. Negli anni Trenta del Novecento venne innalzata l'attuale facciata in stile neoromanico, ispirata al prospetto del duomo di Pisa.

MARIA E SANTA CECILIA

Cagliari - Piazza Palazzo, 4/A

070 663837

Feriali, 9.00 - 14.00 / 16.00 - 20.00.
Festivi, 8.00 - 13.00 / 16.30 - 20.00.

Cagliari, castello con torre di San Pancrazio.

INDICE

Matera.

5 PREFAZIONE
9 INTRODUZIONE

IL NORD

14 VENEZIA
18 UDINE
22 SÜD TIROL
28 TRIESTE
32 LA LAGUNA DI GRADO
36 I COLLI EUGANEI
40 PADOVA
46 L'ALTO GARDA
50 IL VERONESE
54 VICENZA
60 IL MILANESE
68 BERGAMO
72 NOVARA
76 TORINO
80 GENOVA
84 LE CINQUE TERRE E SAN FRUTTUOSO
88 LA VIA ROMEA STRADA LONGOBARDA
92 BOLOGNA
98 LA FOCE DEL PO E RAVENNA

IL CENTRO

104 BADIA PRATAGLIA - CAMALDOLI - VALLOMBROSA
108 FIRENZE - PISTOIA
114 AREZZO - SAN SEPOLCRO - LA VERNA
120 MONTALCINO - VAL D'ORCIA E CORTONA
124 URBINO E LA FONTE AVELLANA
128 ANCONA - LORETO - RECANATI
132 ASSISI
138 L'AQUILA
142 ROMA ANTICA E MODERNA
148 CASTEL GANDOLFO E I CASTELLI ROMANI
154 FIUGGI - I MONASTERI DI SUBIACO - AGNANI

IL SUD E LE ISOLE

160 CASERTA - LA REGGIA E MONTECASSINO
164 NAPOLI E POMPEI
170 LA COSTIERA E SALERNO
174 BENEVENTO
178 PAESTUM E IL CILENTO
182 MATERA
186 ALTA MURGIA - GRAVINA - ALTAMURA
190 IL PARCO DEL GARGANO E IL CULTO DI SAN MICHELE
196 TRANI - RUVO DI PUGLIA - TERLIZZI - SOVERETO
200 BARI
204 TARANTO E IL SALENTO
208 LECCE
212 MILETO - VIBO VALENTIA
214 CATANZARO
218 PAOLA E COSENZA
222 STILO - SEMINARA - REGGIO CALABRIA
226 PALERMO - MONREALE - GIBELLINA
232 AGRIGENTO - VALLE DEI TEMPLI - SAN CALOGERO
236 CATANIA - SIRACUSA
242 MESSINA
246 ALGHERO E ORISTANO
250 CAGLIARI - SANT'ANTIOCO - CARLOFORTE

Allegato a Famiglia Cristiana di questa settimana
Direttore responsabile: Stefano Stimamiglio
Settimanale registrato presso il Tribunale di Alba il 7/9/1949 n. 5
P.I. SPA - S.A.P. - D.L. 353/2003 L. 27/02/04 N. 46 - a.1 c.1 DCB/CN

Allegato a Credere di questa settimana
Direttore responsabile: Vincenzo Vitale
Settimanale registrato presso il Tribunale di Alba il 23/10/2012 n. 4

Allegato a Maria con te di questa settimana
Direttore responsabile: Antonio Rizzolo
Settimanale registrato presso il Tribunale di Asti il 3/4/2018 n.2

www.famigliacristiana.it
www.credere.it
www.mariacontesettimanale.it

Finito di stampare nel mese di agosto 2023
presso Stamperia Artistica Nazionale S.p.A., Trofarello (TO)
Printed in Italy